***ACCESO GRATIS** a la Lectura en la Nube*

Para visualizar el libro electrónico en la nube de lectura envíe junto a su nombre y apellidos una fotografía del código de barras situado en la contraportada del libro y otra del ticket de compra a la dirección:

ebooktirant@tirant.com

En un máximo de 72 horas laborales le enviaremos el código de acceso con sus instrucciones.

DERECHO, LIBERTADES Y SEGURIDAD

Grandes incógnitas y reflexiones jurídicas

DERECHO, LIBERTADES Y SEGURIDAD

Grandes incógnitas y reflexiones jurídicas

Editores

Daniel Sansó-Rubert Pascual
David Carrión Morillo

Coordinadora

Carolina Cañadas Daraviña

tirant lo blanch
Valencia, 2025

EDITA: TIRANT LO BLANCH
C/ Artes Gráficas, 14 - 46010 - Valencia
TELFS.: 96/361 00 48 - 50
FAX: 96/369 41 51
Email: tlb@tirant.com
www.tirant.com
Librería virtual: www.tirant.es
DEPÓSITO LEGAL: V-4618-2024
ISBN: 978-84-1056-118-2
MAQUETA: Innovatext

Si tiene alguna queja o sugerencia, envíenos un mail a: *atencioncliente@tirant.com*. En caso de no ser atendida su sugerencia, por favor, lea en *www.tirant.net/index.php/empresa/politicas-de-empresa* nuestro procedimiento de quejas.

Responsabilidad Social Corporativa: http://www.tirant.net/Docs/RSCTirant.pdf

Óscar Andrés Molina

Beatriz Andrés Regalado

Joan Antón-Mellón

David Carrión Morillo

Carmen Florit Fernández

Julio Guinea Bonillo

Juan José Herbón Costas

Cristina Hermida del Llano

Miriam Jiménez Bernal

Diego López Garrido

Javier López Gutiérrez

Rubén Miranda Gonçalves

Rogelio Pérez Bustamante

Daniel Sansó-Rubert Pascual

Ismael Seijo Boado

Índice

Capítulo 3

LA DELIMITACIÓN DEL OBJETO DE LA LEY DE SEGURIDAD NACIONAL: EL CASO DE LA LUCHA CONTRA LA DESINFORMACIÓN

JUAN JOSÉ HERBÓN COSTAS

BLOQUE II

USOS, LÍMITES Y REGULACIÓN DE INTERNET, DE LAS REDES SOCIALES Y DEL METAVERSO

Capítulo 4

DESAFÍOS, USOS Y LÍMITES LEGALES EN EL MUNDO DEL METAVERSO

ÓSCAR ANDRÉS MOLINA

Capítulo 5

USOS, LÍMITES Y REGULACIÓN DE INTERNET, DE LAS REDES SOCIALES Y DEL METAVERSO

JAVIER LÓPEZ GUTIÉRREZ

Capítulo 6

SEGURIDAD DE MENORES Y ADOLESCENTES EN LA RED. ESPECIAL CONSIDERACIÓN DEL *SHARENTING* Y LA LLAMADA LEY DE RHODES

CARMEN FLORIT FERNÁNDEZ

Capítulo 7

LA RADICALIZACIÓN IDEOLÓGICA A TRAVÉS DE INTERNET Y LAS REDES SOCIALES COMO PROBLEMA DE SEGURIDAD. RELEVANCIA DE LA EDUCACIÓN EN VALORES DEMOCRÁTICOS COMO ESTRATEGIA PREVENTIVA

DANIEL SANSÓ-RUBERT PASCUAL

MIRIAM JIMÉNEZ BERNAL

BLOQUE III

EL PERMANENTE DEBATE SOBRE EL MODELO TERRITORIAL EN ESPAÑA

Capítulo 8

EL MODELO TERRITORIAL DE ESPAÑA

DIEGO LÓPEZ GARRIDO

Capítulo 9

LA IDEA NACIONAL EN LA DERECHA ESPAÑOLA DEL SIGLO XIX A LA ACTUALIDAD

JOAN ANTÓN-MELLÓN

ISMAEL SEIJO BOADO

Capítulo 10

EXENCIONES, PRINCIPIOS TRIBUTARIOS Y EL CONTROVERTIDO MODELO TERRITORIAL ESPAÑOL

DAVID CARRIÓN MORILLO

BLOQUE IV

EL DERECHO ANTE EL RETO MIGRATORIO Y LA CONSTRUCCIÓN DE IDENTIDADES NACIONALES

Capítulo 11

LA ARTICULACIÓN DEL ESPACIO DE LIBERTAD, SEGURIDAD Y JUSTICIA Y SU CONCRECIÓN FRENTE AL RETO MIGRATORIO

ROGELIO PÉREZ BUSTAMANTE
JULIO GUINEA BONILLO

Capítulo 12

DERECHO Y PROTECCIÓN DEL MENOR MIGRANTE, DESPLAZADO Y REFUGIADO EN LAS SOCIEDADES GLOBALIZADAS

CRISTINA HERMIDA DEL LLANO

Capítulo 13

LA FORMACIÓN DE LA IDENTIDAD TERRORISTA: EL PORQUÉ DE UN GRUPO TERRORISTA COMO ETA

BEATRIZ ANDRÉS REGALADO

Prefacio

Hay libros que no son necesarios, aunque puedan resultar interesantes e incluso divertidos y existen otros libros, por el contrario, que son tan necesarios que parecen imprescindibles no solo por lo que puedan aportar a la sociedad, sino por las herramientas que son capaces de ofrecer a sus lectores para poder afrontar exitosamente los peligros que les pueda deparar el futuro. Creemos que estamos ante uno de estos libros necesarios, por lo que esperamos que su incidencia se extienda más allá de la Academia y puedan leerlo tanto los juristas, sean estos profesores o profesionales en ejercicio, como los estudiantes universitarios.

Los libros necesarios no nacen de improviso, sino que deben ser consecuencia de un largo período de reflexión sobre las ideas que los conforman en la mayoría de las ocasiones, deben "cocerse a fuego lento" por tanto. En este caso, el origen de esta obra se encuentra en unas jornadas académicas que se llevaron a cabo en la Universidad Europea de Madrid en 2022. Ha pasado tiempo desde entonces, pero ha servido para que algunos juristas de los que participamos en ellas (y algunos otros más de primer nivel) se hayan aventurado a escribir y confeccionar los textos que presentamos en este libro, fruto de un análisis rico y profundo sobre varias de las ideas que en tales jornadas fueran expuestas.

El propio título de esta obra, "Derecho, Libertades y Seguridad: grandes incógnitas y reflexiones jurídicas", es claramente descriptivo de las ideas, conceptos e instituciones que se pueden encontrar dentro de sus páginas, ya que indica, a las claras y sin anestesia, los ejes sobre los que se va a vertebrar, en buena medida, la construcción del porvenir por parte de nuestros estados.

La dualidad libertad-seguridad sería para el Derecho una especie de trasunto de aquella distinción amigo-enemigo que era el eje central del concepto de *lo político* para el pensador y jurista alemán Carl Schmitt. Creemos que, debido al impacto imparable de la globalización, en nuestros tiempos los estados ya no pueden legislar al margen de la comunidad internacional, por lo que el contraste libertad-seguridad se convierte en un eje sobre el que deben asentarse las legislaciones venideras nacionales o domésticas, que van a conformar, indudablemente, un marco jurídico distinto.

Esta obra, por tanto, trata de profundizar ese nuevo eje central del Derecho, desgranando las múltiples partes que pueden existir dentro de él. Con la intención de simplificar y poner límites a una cuestión que resulta tan amplia como trascendente, nos hemos servido de una estructura conformada por cuatro bloques temáticos en los que se han agrupado ideas y materias afines.

El primer bloque, titulado "Seguridad, Defensa y razón de Estado en el contexto democrático ante la amenaza de la desinformación y la manipulación informativa", no se queda solo en el comentario sobre los males causados a la democracia que son provocados por la manipulación informativa y qué posibles soluciones podrían existir para evitarlos, sino que también explora en profundidad cómo se puede luchar contra la desinformación usando la Ley de Seguridad Nacional y plantea, sin ambages, la necesidad de adecuación de los servicios de inteligencia estatales a los desafíos informativos y tecnológicos futuros que, no hay duda de ello, han traspasado la frontera nacional para convertirse en internacionales.

El segundo bloque, que se titula "Usos, límites y regulación de Internet, de las redes sociales y del Metaverso" ofrece, precisamente, un análisis extenso de cómo se utilizan y cuál es el marco jurídico actual, y cuál debería ser el marco jurídico futuro, de esos dos elementos tecnológicos que se han vuelto imprescindibles para nuestra vida ahora, Internet y las redes sociales, y otro elemento que puede que algún día también se convierta en indispensable, el Metaverso. Además, también se aborda el análisis de dos cuestiones más concretas, aunque puedan tener un mayor impacto para las generaciones más jóvenes, como la seguridad de los menores de edad en la red y la radicalización ideológica, como problema para la seguridad de los estados, a través de Internet y las redes sociales.

El tercer bloque, cuyo título es "El permanente debate sobre el modelo territorial en España", supone, en principio, un cambio notable con respecto a los dos anteriores al centrarse en el "eterno" problema territorial español. Sin embargo, si no somos capaces de resolver este problema nacional, no vamos a poder afrontar, aunque sea con unas mínimas garantías de conseguir cierto éxito, los retos que nos presenta el impacto de la cuarta revolución industrial en la sociedad internacional, por lo que resulta más que necesario tratar esta cuestión. Este análisis del caso español cuenta con un detalle adicional que podría ser calificado incluso de innovador, ya que se van a confrontar los principios constitucionales tributarios con el modelo territorial español, llegando a realizar un estudio, incluso, de la colisión de ambas con las exenciones tributarias.

El cuarto, y último bloque, que cuenta con el título de "El Derecho ante el reto migratorio y la construcción de identidades nacionales", probablemente, es el que tiene un perfil más internacional de todos los bloques de la obra, como si pudiera servir de colofón a lo planteado a lo largo de todas sus páginas. Se estudian, por tanto, desde los derechos de los migrantes hasta la formación de la identidad terrorista (se toma de modelo a ETA), para proponer, finalmente, la articulación del Espacio de Libertad, Seguridad y Justicia como concreción y solución al reto migratorio que se está planteando a los países miembros de la Unión Europea.

No hay duda de que, además de estos, existen otros problemas y cuestiones acuciantes para nuestra sociedad hoy en día, pero con este libro hemos tratado de analizar y dar respuesta a un buen número de aquellos que, a nuestro juicio, son los más importantes. Los autores, con su profundo conocimiento de sus materias de especialización, han logrado unos excelentes trabajos para tratar de lograr que esta obra se convierta en una monografía de referencia y consulta obligada, si se quiere conocer con profundidad alguno de estos temas. Esperamos que así sea.

DANIEL SANSÓ-RUBERT PASCUAL
DAVID CARRIÓN MORILLO

BLOQUE I

SEGURIDAD, DEFENSA Y RAZÓN DE ESTADO EN EL CONTEXTO DEMOCRÁTICO ANTE LA AMENAZA DE LA DESINFORMACIÓN Y LA MANIPULACIÓN INFORMATIVA

Capítulo 1

Verdad a medias: la manipulación informativa y sus implicaciones en la democracia

DR. RUBÉN MIRANDA GONÇALVES[1]
Universidad de Las Palmas de Gran Canaria

1. INTRODUCCIÓN

En la actualidad, los medios de comunicación en todas sus formas han demostrado ser una valiosa fuente de apoyo y progreso en la humanidad. Su influencia y relevancia son tan pronunciadas que resulta difícil concebir una sociedad que pueda existir sin ellos. Debido a las facilidades que proporcionan, han marcado un punto de inflexión en la forma en que las personas se relacionan e interactúan, delimitando una clara distinción entre el pasado y el presente en términos de comunicación interpersonal. No obstante, la realidad nos ha venido demostrando que, muchas veces, los medios de comunicación son manipulados a conveniencia de terceros, cuestión que nos obliga a discernir entre lo que es verdadero y lo que es falso y que, en muchas ocasiones, esta manipulación llega a afectar al sistema democrático de un país.

El rápido avance de la era digital ha conllevado a que la información fluya a una velocidad nunca vista, por lo que los medios de comunicación, en general, se han convertido en una fuente

[1] Este trabajo se enmarca en el proyecto de investigación PID2021-125068OB-I00, "La manipulación informativa como problema de seguridad y de calidad democrática: descripción, consecuencias y respuestas", concedido por el Ministerio de Ciencia e Innovación de España.

de noticias e influencia que han ido causando un impacto significativo en la democracia y en todos sus procesos, pues a través de la manipulación se genera información falsa o engañosa que puede confundir a la ciudadanía y puede conllevar a que los ciudadanos tomen decisiones equivocadas. También se pueden manipular opiniones a través de información sesgada o manipulada, distorsionando el proceso democrático al crearse una imagen totalmente tergiversada de la realidad. A través de esta manipulación se pueden generar consecuencias graves para la estabilidad democrática y socavar la confianza de las instituciones de un país.

La presencia del derecho será indispensable para proteger a la sociedad de los efectos perniciosos que implica la manipulación informativa, proporcionando un marco legal que establezca cuáles son las reglas y los límites para difundir la información, garantizando que los medios de comunicación tengan la libertad de informar y de investigar sin interferencias, al tiempo que se establezcan límites éticos que deban cumplirse.

El derecho a la libertad de prensa (De Asis Roig, 1993: pp. 153-176) y a recibir información veraz son fundamentales en cualquier democracia, permitiendo que la ciudadanía acceda a información precisa y que sea real, de ahí la importancia del derecho como mecanismo eficaz para disuadir la manipulación informativa y promotor de la responsabilidad en la difusión de la información. En diversas ocasiones, la manipulación de información ha demostrado ser una fuente de propagación de ideales mal fundamentados, provocando una polarización en la sociedad, creando entornos de desconfianza y, en otros casos, conflictos más drásticos.

Conforme avanzamos hacia una mayor digitalización, se hace necesario reconocer que la manipulación de la información se ha convertido en un fenómeno que genera preocupación en los sistemas democráticos. La democratización de la comunicación y el acceso a una variedad de fuentes informativas han creado un terreno fértil para la gestión de la información y su difusión hacia el público. Asimismo, esta información puede ser veraz o no, lo que causará un impacto en la sociedad y en esa calidad democrática a la que nos referimos.

A lo largo de este capítulo se llevará a cabo un análisis de la manipulación informativa, explorando con profundidad en qué consiste este fenómeno y examinando detalladamente los tipos o técnicas más empleados por quienes buscan influir en la opinión pública. A mayor abundamiento, se considerarán las consecuencias que tiene la manipulación informativa en diferentes ámbitos, desde la polarización política hasta la desconfianza en las instituciones y la erosión de la confiabilidad de los medios de comunicación.

Asimismo, también se abordará cómo la manipulación informativa puede socavar la calidad de la democracia al obstaculizar la toma de decisiones informadas por parte de la ciudadanía. Por último, se explorarán las posibles propuestas y soluciones para abordar este creciente desafío, discutiendo el enfoque regulatorio, el papel de la alfabetización digital y la importancia de promover la transparencia en la información por parte de quienes participan en la difusión de noticias u otro contenido. Para conseguir los objetivos propuestos, se seguirá una investigación basada en el método deductivo, consultando fuentes bibliográficas y partiendo de lo general a lo particular.

2. CONCEPTO Y TÉCNICAS DE MANIPULACIÓN INFORMATIVA

La manipulación informativa puede definirse como aquella práctica engañosa que tiene por objetivo alterar, distorsionar o modificar la información y los hechos para influir en la percepción pública, en la opinión de las personas o incluso en la toma de decisiones. A través de la difusión de información falsa, sesgada o engañosa, se busca promover intereses particulares, manipular la opinión del público o buscar otro tipo de objetivo a expensas de la veracidad de la información.

Este *modus operandi* es utilizado a conveniencia de actores individuales para moldear la percepción y controlar las narrativas de los mensajes, ya sea a través de medios de comunicación con noticias falsas, propaganda, desinformación, etc., causando un impacto significativo en la percepción pública y en la calidad de toma de decisiones en la sociedad obteniendo un beneficio con ello.

Uno de los aspectos que merece especial atención es que la manipulación de la información ha ido ganando popularidad. Desde una perspectiva jurídica, nos encontramos ante un campo propicio para desarrollar nuevos enfoques y soluciones que aborden de manera adecuada este desafío en la sociedad actual, pues en cualquier democracia, los ciudadanos deben tener acceso a información objetiva y real para tomar sus decisiones de forma consciente. Cualquier tipo de manipulación informativa distorsionará este acceso e influirá en la toma de decisiones y, esta desinformación, impedirá que se tomen "decisiones racionales" (Valverde-Berrocoso et al., 2022: p. 98).

Es imprescindible comprender el concepto de democracia, pues está estrechamente relacionada con la manipulación informativa. Uno de los pilares de toda democracia es, precisamente, la garantía a un acceso completo y preciso de la información y en los últimos años la manipulación informativa, sobre todo a raíz de la era de la información digital, se ha convertido en una de las preocupaciones más relevantes de la ciudadanía.

A nuestro juicio, la manipulación informativa puede producirse de forma consciente o inconsciente. Será consciente cuando los partícipes sepan que están distorsionando, tergiversando o falsificando la información, lo que se conoce como *gaslighting*, es decir, dirigiendo o modificando los mensajes para que los sujetos los crean como ideas reales, cumpliendo el propósito de confundir o eludir a las masas, lo que en palabras de Samuel Toledano, citando a Marcelo López, sería la "visión parcial y superficial de la realidad, la acumulación de hechos sin sentido, redundantes, homogéneos, trivializados y fragmentarios o la visión artificial de la realidad, omisión de lo esencial, sacralización de la opinión o verificación de un poder". (Toledano, 2010: p. 209)

Con mayor razón, puede afirmarse que existen varias técnicas que pueden encajarse en este tipo de manipulación consciente. En primer lugar, nos encontraríamos con la negación de la realidad, manipulando hechos evidentes o eventos pasados, confundiendo a la víctima para que se cuestione su propia duda; en segundo lugar, la minimización de los hechos, manipulando los sentimientos o preocupaciones de la víctima y, en tercer lugar, el cambio de roles en donde el manipulador hace creer a la víctima que está equivocada.

Será inconsciente cuando la manipulación se produzca como la presentación de información de forma selectiva sin que las personas sean conscientes de esa manipulación, es decir, que no exista una intención maliciosa por parte de quien está comunicando o informando. Un ejemplo de ello podría ser cuando los medios de comunicación recurren a titulares sensacionalistas para atraer a la audiencia o cuando se apela a emociones como la felicidad, miedo o nostalgia a través de la publicidad para influir en el público. No hay una intención maliciosa de engañar, pero la información consumida puede influir perfectamente en nuestras acciones o creencias de manera sutil, sin que nos demos cuenta de esa influencia.

Para la manipulación informativa inconsciente se suele recurrir al *framing*, técnica a la que nos referiremos posteriormente, y que según como se lance el mensaje, causará un impacto u otro. No es lo mismo que los medios de comunicación informen sobre el fenómeno de la inmigración centrándose en aspectos negativos como pueden ser la seguridad, discriminación, xenofobia o gasto público, que hacerlo centrándose en aspectos positivos como la diversidad cultural, aportación de recursos económicos al Estado, aumento de la demografía, etc.

La manipulación informativa puede producirse de diferentes maneras, aunque las técnicas más habituales son la desinformación, la propaganda, las noticias falsas —conocidas como *fake news*—, manipulación de los medios de comunicación, *bots*, y las técnicas de *framing*—enmarcamiento—, a las que nos referiremos a continuación.

La **desinformación** puede definirse como la difusión de información falsa, inexacta o engañosa con el objetivo de inducir a error, confundir o manipular a quien la recibe. Se convierte en un elemento clave en la comprensión de esta problemática, puesto que se trata de uno de los tipos más insidiosos de manipulación informativa que existen en una democracia; una amenaza sutil pero significativa para la integridad informativa, una estrategia consciente de difundir datos falsos o inexactos para generar confusión en el público y moldear sus percepciones y que, en palabras de José Julio Fernández, "puede ser uno de los efectos habituales de la susodicha manipulación informativa que determina la imposibilidad del conocimiento fundado de los distintos sucesos" (Fernández Rodríguez, 2021: p. 2).

Han sido varios los casos en los que la desinformación ha afectado e influido en procesos electorales generando rumores falsos o bulos sobre un candidato y así manchar su reputación, mermando cualquier posibilidad de éxito. Entre ellos, se pueden destacar las más recientes elecciones presidenciales de los Estados Unidos, Brasil o Reino Unido, durante las cuales se difundieron una gran cantidad de noticias falsas sobre los candidatos a través de redes sociales y otras plataformas y se compartieron afirmaciones engañosas sobre propuestas políticas, etc.

Nos encontramos ante un fenómeno especialmente preocupante para la sociedad, pues este tipo de situaciones engañosas, confusas y demagógicas, establecen una fuerte violación al derecho de la información y el derecho a la libertad de expresión, constituyendo así un hecho ilícito y convirtiéndose en una de las mayores amenazas actuales para cualquier sistema democrático (Bennet, 2018: pp. 122-139).

En lo que respecta a la **propaganda** como forma de manipulación informativa, implica la difusión de información o mensajes que intentan influir en las actitudes, percepciones o comportamientos de una o varias personas. La finalidad de la propaganda es persuadir o convencer a alguien para moldear su opinión. Evidentemente, puede tener un impacto significativo y puede ser empleada en muchos contextos, tanto políticos como comerciales, entre otros.

A través de ella, se diseñan mensajes propagandísticos para apelar a emociones como el miedo, la esperanza, la solidaridad, entre otros, cuyo objetivo no es otro que crear una conexión emocional con el público para que tomen decisiones basadas, precisamente, en esas emociones en vez de decidir en base a la lógica o la información objetiva. Un claro ejemplo, a nuestro juicio, fue la promesa engañosa que se hizo durante la campaña de referéndum del Brexit en Reino Unido, donde se prometía que, si ganaba el sí a la salida de la Unión Europea, se destinaría todo el dinero ahorrado al sistema de salud británico, lo que en cifras económicas se traducía en una inversión semanal de 350 millones de libras.

Con relación a las **noticias falsas o *fake news*,** son quizás el más claro ejemplo de manipulación informativa que ha ido *in crescendo* en los últimos años. Nos encontramos ante noticias totalmente falsas que se presentan como reales y cuyo objetivo es engañar al público difundiendo información falsa o equivocada para obtener, verbigracia, un beneficio económico o incluso para influir en la opinión pública. Este tipo de estrategias, normalmente, buscan causar un impacto en la política exterior y así perturbar democracias consolidadas (Varela Hernández, 2021: p. 9).

Los aspectos más significativos de las *fake news* son que el autor o autores saben y son conscientes de que la creación y publicación de esa noticia es falsa y la presentan como cierta. Además, son conscientes también de que la difusión de la noticia es demasiado rápida, pues suelen emplearse medios digitales, redes sociales, plataformas, etc., que las convierten en virales y que dificulta sobremanera desmentir dicha información. Asimismo, el impacto que se genera en los medios de comunicación, instituciones o información en general puede colisionar con la confianza pública, puesto que no todas las personas van a verificar la información antes de compartirla, sino que en muchos casos van a compartir en sus redes sociales esa noticia y, a su vez, otros contactos harán lo mismo, contribuyendo a que todavía se haga más viral esa noticia falsa.

En otros casos, son los propios medios de comunicación quienes manipulan a la audiencia moldeando o distorsionando la información que se proporciona al público según su conveniencia, ya que están "regidos por el poder económico, sustentándose en muchas ocasiones de la publicidad" (Espinosa Sánchez, 2020: p. 47), lo que de forma inevitable puede llegar a afectar a la objetividad. Si bien es cierto que estos tienen la responsabilidad de proporcionar información veraz, en muchos casos no es así y la información que se da es parcial y lo hacen porque están influenciados por intereses particulares o gubernamentales, razón por la cual en muchas ocasiones se pueden "descubrir tendencias políticas en muchos medios de comunicación" (Labio, 2014: p. 3).

Por lo que respecta al uso de ***bots***, no se puede ignorar que la era digital ha creado nuevas herramientas como son los programas informáticos que están diseñados para realizar tareas de forma automatizada y que, en muchas ocasiones, son utilizados por empresas para realizar tareas automáticas como por ejemplo asistencia a clientes, realización de tareas repetitivas como recopilación y análisis de datos, generación de informes o procesamiento de información; también se usan en redes sociales para programar publicaciones y en otros casos, como en los motores de búsqueda, se emplean para rastrear o indexar sitios web. Este tipo de herramientas, igual que otras muchas fruto de la inteligencia artificial, si se usan de manera inapropiada, se convierten en armas potencialmente peligrosas, "una amenaza a la dignidad de la persona humana como fundamento de todos los demás derechos" (Miranda Goncalves, 2021: p. 52).

En el caso de la manipulación informativa, los *bots* juegan un papel relevante porque automatizan la difusión de información, mensajes o creación de contenido en línea, por lo que amplifican la información falsa o difunden teorías de conspiración que los convierte en una herramienta muy efectiva para llegar a millones de personas, en tanto en cuanto se pueden programar para difundir desinformación y propaganda de manera rápida, masiva y efectiva, generando incluso una amenaza en términos de ciberseguridad.

Por último, y no menos importante, se encuentra el ***framing***, una poderosa técnica de comunicación que acostumbra a usarse en contextos políticos, medios de comunicación y publicidad para influir en la interpretación de la información. Lo que hace verdaderamente útil a esta técnica es que "los medios promueven definiciones, interpretaciones, evaluaciones y recomendaciones particulares" (Terán Villegas, 2018: p. 189). Lo esencial del *framing* es la forma en la que se presenta el mensaje, las palabras que se utilizan en él y el contexto en el que se coloca, puesto que serán cruciales para moldear la opinión de la víctima y que esta tome decisiones de manera significativa, pudiendo ser *framing* positivo, si la información se presenta de manera optimista o favorable o bien *framing* negativo, si la información se emplea para resaltar los aspectos negativos, problemáticos o desfavorables de un tema.

Según se lance el mensaje el impacto puede ser positivo o negativo. Por ejemplo, un caso de *framing* positivo sería anunciar que el gobierno X aumentó un 10% la inversión de la educación este año, lo que implicará más recursos para los colegios y un futuro próspero para los estudiantes. Por el contrario, un caso de *framing* negativo sería anunciar que el gobierno X recortó el 90% la inversión en la educación este año, lo que implicará que los colegios se queden en una situación precaria, perjudicando al futuro de los estudiantes. Otro ejemplo sería anunciar por parte de la oposición que el aumento de impuestos se debe a la mala gestión financiera del gobierno, que está ahogando a los contribuyentes, mientras que, por otro lado, el gobierno se justificaría anunciando que el aumento de los impuestos es necesario para mantener los servicios públicos de calidad y así garantizar el bienestar de los ciudadanos.

Se presenta un gran desafío para los sistemas democráticos, pues la toma de decisiones informadas y la participación ciudadana son especialmente relevantes. No obstante, cuando la información es tergiversada, distorsionada o controlada de manera fraudulenta, los cimientos de la democracia se erosionan. Cuando la ciudadanía se ve inmersa en un sinfín de noticias falsas, perderá la capacidad de discernir lo qué es verdad y lo que no, adoptando así creencias equivocadas y perdiendo totalmente la confianza en las instituciones.

Sea como fuere, en cualquiera de los casos anteriores, estos factores generan un impacto en la generalización de información y en la creciente desconfianza en general, incluso hacia fuentes de noticias confiables. Cada vez será más habitual dudar de lo que es verdadero o falso, y que a su vez influirá en la toma de decisiones basadas en prejuicios e ideas preconcebidas.

Con la manipulación de la información se crea un ambiente mediático vulnerable, dificultando que la ciudadanía distinga entre noticias reales y noticias falsas, distorsionando la percepción de la realidad tanto de forma consciente como inconsciente. Ante este escenario, se plantea una preocupación de cómo afecta a la democracia, pues tal y como afirma Villamarín Carrascal, "la información de calidad es la materia prima para la deliberación pública y, por lo tanto, para el ejercicio de la democracia" (Villamartín Carrascal, 2013: p. 25).

3. IMPACTOS DE LA MANIPULACIÓN DE LA INFORMACIÓN EN LA CALIDAD DEMOCRÁTICA

La difusión de información falsa, tergiversada o maliciosa conlleva un daño que puede ser especialmente perjudicial, pues nada impide que afecte de manera irreparable a la reputación o dignidad de un individuo, atentando así contra sus derechos humanos y derechos fundamentales. Evidentemente, estos comportamientos tienen consecuencias jurídicas y conllevan sanciones proporcionales a la gravedad y naturaleza del daño que se ha causado, por lo que todo aquel que sea responsable deberá asumir las consecuencias.

Desde un punto de vista democrático, las consecuencias de la manipulación informativa generan una grave amenaza hacia la transparencia, elemento esencial para garantizar que se proporcione información verdadera para que se puedan tomar decisiones de forma consciente y ejercer el derecho a la libertad de manera plena. Cuando el objetivo es influir deliberadamente en la percepción pública, bien sea ocultando la verdad o distorsionándola de forma intencionada, lo que se produce es un deterioro de la capacidad de las personas para que comprendan cuáles son las verdaderas consecuencias de sus decisiones y de sus acciones. En este sentido, tal y como sostiene la profesora Laura Miraut, el libre desarrollo de la personalidad como manifestación legal del principio de autonomía individual, se refiere a la libertad que posee una persona para actuar de manera autónoma, siempre teniendo en cuenta los valores y bienes que el principio de respeto a los derechos de los demás impone (Miraut Martín, 2023: p. 46).

En caso contrario, se estará obstaculizando el ejercicio de cualquier responsabilidad social o cívica, pues la información sobre la que van a basar su elección u opinión estará contaminada. En este sentido, es muy relevante destacar que cuando se utiliza la manipulación informativa como una herramienta para encubrir o distorsionar la verdad, dependiendo de donde venga la información, también se puede considerar como un acto de corrupción o de abuso de poder.

Nos encontramos ante un modelo que algunos han denominado modelo en cascada —*cascade model*—, donde las élites de los sistemas económicos, políticos y sociales controlan e influencian la opinión pública a través de los medios de comunicación (Martín Núñez, 2004: p. 16). A medida que las noticias falsas y la desinformación se vuelven cada vez más prominentes, la capacidad de los ciudadanos para tomar decisiones de forma consciente se ve comprometida y se genera una polarización cada vez mayor en la sociedad.

La manipulación de la información no afecta a todos por igual, pues afecta en mayor medida a los colectivos vulnerables o fácilmente influenciables, provocando desigualdades y generando un impacto significativo en su vida y la calidad de la información a la que tienen acceso.

Dicha manipulación puede conllevar que estas personas tomen decisiones sin ser plenamente conscientes de lo que están haciendo, transmitiendo ese mismo mensaje o información falsa a otros, lo que crea una espiral de desinformación todavía mayor, dificultando el diálogo, la construcción del consenso y volviéndose más propensas a la polarización y al extremismo algo que, indudablemente, puede afectar a la democracia.

Estos grupos vulnerables son más propensos a creer y compartir información equivocada, pues por un lado no tienen acceso a una educación completa y, por otro lado, tampoco son capaces de discernir si es una información verdadera o falsa, dando lugar a la propagación de teorías de conspiración que pueden poner en riesgo su salud o la seguridad, e incluso que puedan sufrir algún tipo de estafa, trampa, etc. A este respecto, fue lo que ocurrió con el coronavirus, donde la proliferación de teorías conspiratorias y afirmaciones falsas tuvieron un gran impacto en la población, generando una confusión significativa que dificultó la comprensión de la naturaleza del virus y las medidas necesarias para contener su propagación, generando desconfianza en las instituciones y debilitando la capacidad de los gobiernos para tomar medidas efectivas, pues desde el momento en el que la población pierde la confianza, se debilita la capacidad de actuación.

Muchos colectivos, especialmente los más vulnerables, fueron gravemente afectados por la desinformación, bulos y las *fake news*, no solo por las afirmaciones falsas que se hicieron sobre el origen del virus, sino también sobre la seguridad de las vacunas, lo que provocó que una parte de la población decidiese no vacunarse, obstaculizando la capacidad de los líderes políticos a la hora de tomar decisiones y optando por no seguir las medidas de prevención recomendadas, poniendo en riesgo la salud de otras personas.

Cualquier manipulación de información plantea un dilema con relación a los derechos y libertades individuales. Esta distorsión de la información provoca un impacto negativo en la sociedad y viene a resaltar la importancia de abordarla desde una perspectiva jurídica y democrática. Así las cosas, es necesario establecer mecanismos legales que protejan la integridad de la ciudadanía y promulguen la libertad de expresión, sancionando a todos aquellos que manipulen la información con cualquier fin malicioso.

Llegados a este punto, y siendo patente la persistencia de la manipulación mediática en la sociedad actual, es evidente que esta problemática debe ser abordada. Para contrarrestar la influencia de la desinformación y la manipulación es necesario fortalecer la educación y promover el pensamiento crítico de la ciudadanía, no solo en el presente, sino también en el futuro, puesto que la información sigue siendo una de las principales herramientas de poder en la era digital.

El fomento de una educación de calidad centrada en la búsqueda de información verdadera y objetiva será crucial para prevenir la propagación de la manipulación informativa. Esta capacidad de discernimiento entre hechos y opiniones, que es una habilidad clave en la lucha contra la manipulación, todavía se encuentra lejos del alcance de muchos ciudadanos. Para poder avanzar en esta dirección, no solo debe fortalecerse una buena educación en medios, sino también promover la participación ciudadana y el desarrollo de una cultura democrática. Para ello, es esencial que cualquier plataforma, redes sociales[2] y medios de comunicación asuman una mayor responsabilidad, primero, proporcionando información

---

2 A raíz del Covid-19 varias redes sociales implantaron medidas para controlar las noticias falsas en sus cuentas. A mayor abundamiento, vid. Martínez-Sánchez, Juan Antonio. "Prevención de la difusión de fake news y bulos durante la pandemia de covid-19 en España. De la penalización al impulso de la alfabetización informacional", *Revista de Ciencias de la Comunicación e Información*, v. 27: pp. 15-32. Recuperado de: https://www.revistaccinformacion.net/index.php/rcci/article/view/236/374

real y, segundo, detectando y eliminando cualquier contenido falso o engañoso. Por esa razón, además, será esencial adoptar prácticas que verifiquen la información así corroborar que no sea falsa, práctica que ha sido denominada como *fact-checking* (Vázquez-Herrero, 2019: p. 3) y así "desenmascarar los errores, ambigüedades, mentiras, falta de rigor e inexactitudes de algunos contenidos publicados en los medios de comunicación" (Ufarte Ruíz, 2018: p. 734).

El mayor desafío que enfrentamos es cómo afecta la manipulación informativa a la protección de los derechos fundamentales y la preservación de la democracia. En la coyuntura actual, donde el acceso a la información instantánea es una realidad, puede convertirse en una amenaza del sistema democrático (López-Martín, 2023: p. 8). La velocidad con la que se difunden la información ha puesto de manifiesto la dificultad de llevar a cabo análisis precisos y tomar medidas que verifiquen cualquier información antes de que esta llegue al público, pues en la mayoría de los casos la información manipulada y la desinformación pueden pasar desapercibidas o incluso se puede llegar a normalizar.

Es imperativo destacar la importancia de la democracia como un sistema que promueve la igualdad, la libertad y la inclusión de todas las personas, erigiéndose como el sistema que garantiza los derechos y las oportunidades de los ciudadanos, sin excepciones ni discriminaciones, siendo necesario reforzar la transparencia, educación mediática y la responsabilidad que preserve la integridad de todo el sistema democrático. Si la información no es real y se manipula o distorsiona, se estará limitando la capacidad de la ciudadanía de tomar decisiones libres, autónomas e informadas en el proceso democrático, distorsionando cualquier percepción de la realidad.

4. DESAFÍOS Y ESTRATEGIAS PARA COMBATIR LA MANIPULACIÓN INFORMATIVA

La proliferación de plataformas en línea y las redes sociales en general, han provocado un énfasis excesivo en la tecnología que hace necesaria la participación y revisión humana como complemento de herramientas tecnológicas capaces de revisar la información que se publica en la red. Es cierto que la tecnología puede desempeñar un papel importante en la detección de noticias falsas, pero no es la solución perfecta, por eso debe complementarse con la participación humana.

La inteligencia artificial puede ser un aliado en la detección temprana de cualquier noticia falsa. Para ello, los algoritmos pueden analizar patrones de desinformación y comportamiento en línea que identifiquen este tipo de noticias. Basta con entrenarlos para reconocer las *fake news* y que estos alerten a las plataformas y a los usuarios. Por este motivo, la batalla contra la información incorrecta y las noticias falsas debe quedar fundamentada en datos científicos, la verificación de información y la rectificación de datos no resulta adecuado para contrarrestar la epidemia informativa que estamos enfrentando en la actualidad (Catalán-Matamoros, 2020: pp. 1-4).

El problema de la manipulación informativa se ha convertido en uno de los mayores desafíos en la era digital, pues cada vez se vuelve más sofisticada y omnipresente. En esta línea, dada su fácil y rápida propagación antes de que pueda verificarse su veracidad, la convierte en una de las mayores amenazas de la democracia y la paz social. Asimismo, la automatización y los *bots* permiten difundir información falsa a una velocidad vertiginosa. Una estrategia para contrarrestarlos pasaría por implementar herramientas, algoritmos o programas que detecten las noticias falsas e identificar a los responsables de su creación y difusión. Igualmente, quienes son detractores del empleo de *bots* plantean la preocupación de que el periodismo basado en algoritmos podría constituir un modelo con falta de garantías y transparencia no solo para la comunicación, sino también para la democracia en sí misma (Túñez-López, 2019: pp. 1411-1433).

La transparencia en los algoritmos de las plataformas en línea es otro aspecto importante. Las empresas de tecnología y las redes sociales pueden aumentar la transparencia en sus algoritmos y procesos de recomendación o perfilado, ayudando a reducir la información falsa. Asimismo, aprovechando los beneficios de la tecnología, pueden implementarse herramientas que permitan a los usuarios reportar contenido sospechoso para que sea eliminado de internet.

La promoción de la verificación de hechos es un elemento crucial en la lucha contra la manipulación de la información. Las organizaciones de verificación de la información, en general, desempeñan un papel clave al evaluar la precisión de las noticias y las afirmaciones vertidas en ellas. Algunos ejemplos de estas organizaciones son FactCheckEU (Europa), FactCheck.org (Estados Unidos), Faktisk.no (Noruega), Dossier.gr (Grecia), Pagella Política (Italia), Les Décodeurs (Francia), Africa Check (África) o Boom FactCheck (India). Colaborar con medios de comunicación y plataformas en línea para identificar y corregir información falsa será trascendental para mantener la integridad de la información que llega al público.

Para ello, una estrategia a seguir sería apostar por la educación mediática ya sea con programas educativos en los colegios o bien con campañas de concientización pública, es decir, combatir la manipulación informativa educando a la población para que aprendan a discernir la información real de la falsa, sabiendo identificar fuentes confiables y fuentes no confiables, y hacerlo con campañas de concientización para educar a la población sobre los riesgos de la manipulación informativa y aprender a detectarla, sin que ello afecte al libre desarrollo de la personalidad. Así lo advierte el profesor Ara Pinilla cuando defiende que "el libre desarrollo de la personalidad carecería de significado concreto en una representación de la experiencia individual que carece de oportunidades activas para expresar sus ideas y posiblemente influir en la toma de decisiones colectivas que guían la vida en comunidad" (Ara Pinilla, 2014: p. 342).

La falta de regulación y supervisión real en las plataformas digitales conlleva a que se difunda sin restricciones, lo que permite que afecte a la opinión pública sin paliativos. Desde un punto de vista jurídico, podría apostarse por aprobar legislación más estricta que combatiese la desinformación, encontrar un equilibrio entre la protección de las libertades públicas y la preservación de la integridad de la información en una democracia para garantizar que la sociedad pueda tomar decisiones informadas y fundamentadas en hechos reales, eso sí, sin afectar a la libertad de expresión, entendida la libertad tal y como referencia Norberto Bobbio, es decir, la capacidad del individuo para elegir su comportamiento sin que influencias externas condicionen su toma de decisiones personales (Bobbio, 2003: p. 305). Cualquier regulación futura deberá ser cuidadosamente equilibrada para proteger la integridad de la información y la libertad de expresión. Reconocer la libertad de expresión no es suficiente; es necesario que esta libertad de expresión refleje una voluntad que sea igualmente libre (Bobbio, 1993: p. 202).

Debe existir una legislación penal que castigue la difusión deliberada y torticera de información falsa, pero habrá que aplicarla de manera proporcional y justa para que no se afecte a ningún derecho fundamental alineándose, en todo caso, con los estándares internacionales de derechos humanos, es decir, respetando los principios de proporcionalidad (Miranda Goncalves, 2021: pp. 1-18), no discriminación, etc. En esta línea, también deberá definirse de forma muy clara qué es la información falsa para no generar inseguridad jurídica.

Sobre este aspecto, la profesora Nuria Belloso sostiene que se percibe una creciente inseguridad jurídica que pone en riesgo los cimientos del Estado de Derecho y afectaría al retroceso de los derechos que hasta el momento están consolidados (Belloso Martín, 2020: p. 38). El Derecho no se limita a un conjunto estático de reglas y no debe estar sujeto a decisiones caprichosas del poder. La "nueva normalidad", con sus implicaciones sociológicas y económicas, está generando su propio conjunto de normas y también requiere enfoques de interpretación renovados. Estas reglas son innegociables en un contexto de supervisión y control estatal en busca del bienestar de los ciudadanos. Sin embargo, la adaptación a nuevas necesidades y respuestas no debe comprometer los principios fundamentales del Estado democrático de Derecho (Belloso Martín, 2020: p. 38).

Cada contexto y sociedad puede enfrentar diferentes desafíos y problemas específicos que contribuyan a la desinformación. Comprenderlos será fundamental para desarrollar soluciones efectivas. Finalmente, la colaboración global es esencial ya que la manipulación de la información no es una cuestión únicamente estatal, puesto que a menudo trasciende fronteras. Una posible solución pasaría porque los diferentes Estados trabajen juntos abordando la desinformación y desarrollando estándares compartidos para la responsabilidad de las plataformas en línea (Vázquez-Herrero, 2019).

6. CONCLUSIONES

Los medios de comunicación desempeñan un papel fundamental en la vida cotidiana y en la configuración de la opinión pública. Su influencia es tan profunda que resulta difícil imaginar una sociedad sin ellos. Sin embargo, esta influencia también plantea desafíos significativos relacionados con la manipulación de la información.

La manipulación de la información representa una amenaza directa para los procesos democráticos al distorsionar la realidad y crear una imagen tergiversada de los hechos. Esto puede llevar a la toma de decisiones equivocadas por parte de los ciudadanos y socavar la confianza en las instituciones democráticas. La polarización, la desconfianza y los conflictos pueden ser el resultado de la manipulación informativa.

Esta distorsión de la información se presenta como una amenaza directa a los fundamentos de una democracia saludable. Al alterar y manipular los hechos con el objetivo de influir en la percepción pública y en la toma de decisiones, se socavan los principios de una sociedad informada y de un proceso democrático transparente. Esto pone en peligro la capacidad de los ciudadanos para tomar decisiones racionales y conscientes.

La manipulación informativa ha ganado terreno en la era digital, lo que exige una revisión y adaptación de las leyes y regulaciones existentes para abordar este desafío. En una democracia, el acceso a información objetiva y precisa es esencial para el proceso de toma de decisiones. La manipulación informativa, ya sea consciente o inconsciente, perturba este acceso y, por lo tanto, debe ser combatida mediante enfoques legales y éticos sólidos. Estaremos ante una manipulación informativa consciente cuando los actores tengan la intención deliberada de distorsionar la información para promover sus intereses; será inconsciente cuando la manipulación se produzca de manera inadvertida, como resultado de la presentación selectiva de información sin una intención maliciosa. Ambas formas de manipulación pueden influir significativamente en la percepción pública y en la toma de decisiones.

Existen diferentes técnicas de manipulación informativa, por ejemplo, la desinformación, la propaganda, las noticias falsas, la manipulación de los medios de comunicación, el uso de *bots* y el *framing*. Estas técnicas son utilizadas para influir en la opinión pública y pueden tener un impacto significativo en la sociedad y en la política. Es esencial comprender estas técnicas para poder abordar de manera efectiva la manipulación informativa. Cualquiera de estas, ya sea a través de la difusión de información falsa, tergiversada o maliciosa, representa una seria amenaza para la sociedad contemporánea y la democracia. Esta práctica no solo puede dañar la reputación y la dignidad de la persona —principio fundamental de un Estado democrático y de derecho (Miranda Goncalves, 2020: p. 151)— atentando contra los derechos humanos y fundamentales, sino que también socava la transparencia, un elemento esencial para la toma de decisiones informadas y el ejercicio de la libertad.

La manipulación informativa obstaculiza el ejercicio de la responsabilidad social y cívica, ya que la información en la que se basan las decisiones de las personas está contaminada. Esto puede llevar a una propagación descontrolada de información errónea, generando una espiral de desinformación, polarización y extremismo que afecta negativamente a la democracia. Además, los grupos más vulnerables son particularmente susceptibles a la manipulación informativa, ya que a menudo carecen de una educación completa y la capacidad de discernir entre información veraz y falsa. Esto puede tener consecuencias graves, como la adopción de creencias erróneas, la propagación de teorías de conspiración y la puesta en riesgo de la salud y la seguridad de estas comunidades.

Para lograr una democracia sólida, estable y saludable será esencial abordar y combatir la desinformación de una forma integral. Para ello, no solo habrá que poner en práctica medidas educativas, sino que también habrá que implementar el *fact-checking*, verificando los hechos e informaciones antes de lanzarlos públicamente. Enfrentar la manipulación de la información, promover la educación mediática y fortalecer la responsabilidad en la difusión de noticias y datos son esfuerzos interconectados que requieren la participación activa de educadores, periodistas, plataformas en línea, gobiernos y ciudadanos. La integridad de la información y el proceso democrático dependen de nuestra capacidad para abordar estos desafíos de manera efectiva en la era digital.

7. BIBLIOGRAFÍA

Ara Pinilla, I. (2014), *La difuminación institucional del objetivo del derecho a la educación*, Madrid: Dykinson.

Belloso Martín, N. (2020), *La multidimensionalidad de una pandemia. Sociedad y Derecho en la era del post-coronavirus*, Cuadernos Electrónicos de Filosofía del Derecho, núm. 43: pp. 22-45. Recuperado de: https://ojs.uv.es/index.php/CEFD/article/view/17445/pdf

Bennet, L. y Livingston, S. (2018), "The disinformation order: Disruptive communication and the decline of democratic institutions", *European Journal of Communication*, v. 33, núm. 2: pp. 122-139. Recuperado de: https://journals.sagepub.com/doi/abs/10.1177/0267323118760317

Bobbio, N. (2003), *Teoría General de la Política*, Madrid: Trotta.

Bobbio, N. (1993), *Igualdad y libertad, traducción de Pedro* Aragón Rincón, Barcelona: Paidós.

De Asís Roig, R. (1993-1994), Secreto profesional e información, *Derechos y libertades: Revista de Filosofía del Derecho y derechos humanos,* núm. 2: pp. 153-176. Recuperado de: https://e-archivo.uc3m.es/bitstream/handle/10016/1472/DL-1993-I-2-Asis-.pdf

Catalán-Matamoros, D. (2020), La comunicación sobre la pandemia del COVID-19 en la era digital: manipulación informativa, fake news y redes sociales, *Revista Española de comunicación en salud,* suplemento 1: pp. 1-4. Recuperado de: https://e-revistas.uc3m.es/index.php/RECS/article/view/5531/3921

Espinosa Sánchez, N. (2020), Censura y manipulación informativa durante las primeras semanas de la crisis del Coronavirus en España, La razón histórica. *Revista hispanoamericana de Historia de las Ideas,* núm. 46: pp. 39-62. Recuperado de: https://dialnet.unirioja.es/servlet/articulo?codigo=7369905

Fernández Rodríguez, J. J. (2021), Aproximación crítica a la manipulación informativa: el ejemplo de las redes sociales, Gladius et Scientia. *Revista de Seguridad del CESEG,* núm. 3: pp. 1-23. Recuperado de: https://revistas.usc.gal/index.php/gladius/article/view/8909

Labio, A. (2014), Poder y Manipulación Informativa. Una aproximación desde el pensamiento crítico, *Razón y palabra,* núm. 43: pp. 1-9. Recuperado de: https://idus.us.es/bitstream/handle/11441/17226/file 1.pdf?sequence=1&isAllowed=y

López-Martín, Á., Gómez-Calderón, B. y Córdoba-Cabús, A. (2023), La desinformación, en auge: una análisis de los bulos sobre política española, Visual Review: International Visual Culture Review, v. 14, núm. 1: pp. 1-12. Recuperado de: https://journals.eagora.org/revVISUAL/article/view/4596/2918

Martín Núñez, M. y Montero Sierra, A. (2004-2005), *La manipulación en los medios de comunicación: tratamiento informativo del 11M,* Forum de Recerca, núm. 10: pp. 1-35. Recuperado de: https://dialnet.unirioja.es/servlet/articulo?codigo=6979435

Martínez-Sánchez, J. A. (2020), "Prevención de la difusión de fake news y bulos durante la pandemia de covid-19" en España. *De la penalización al impulso de la alfabetización informacional, Revista de Ciencias de la Comunicación e Información,* v. 27: pp. 15-32. Recuperado de: https://www.revistaccinformacion.net/index.php/rcci/article/view/236/374

Miranda Goncalves, R. (2020), La protección de la dignidad de la persona humana en el contexto de la pandemia del Covid-19, *Justiça do Direito,* v. 34, núm. 2: pp. 148-172. Recuperado de: https://seer.upf.br/index.php/rjd/article/view/11013/114115433

Miranda Goncalves, R. (2021), *Inteligencia artificial y derechos humanos: Una solución a los conflictos éticos y morales a través de una regulación normativa futura, Artificial intelligence and human rights,* Madrid: Dykinson: pp. 48-76.

Miranda Goncalves, R. (2021), Consideraciones sobre el principio de proporcionalidad en los derechos fundamentales: mención especial a la videovigilancia masiva, *Revista de Direito da Faculdade Guanambi,* v. 8, núm. 2: pp. 1-18. Recuperado de: https://portaldeperiodicos.animaeducacao.com.br/index.php/RDFG/article/view/13957

Miraut Martín, L. (2023), *La formulación jurídica del libre desarrollo de la personalidad,* Madrid: Dykinson.

Terán Villegas, O. R. y Aguilar Castro, J. L. (2018), Modelo del proceso de influencia de los medios de comunicación social en la opinión pública, *Educere: Revista Venezolana de Educación,* núm. 71: pp. 179-191. Recuperado de: https://dialnet.unirioja.es/servlet/articulo?codigo=6607517

Toledano, S. (2010), Obsoleta manipulación: elementos reales, virtuales y ficticios para una nueva concepción de la información, Miguel Hernández *Communication Journal,* núm. 1: pp. 201-221. Recuperado de: https://dialnet.unirioja.es/servlet/articulo?codigo=3338079

Túñez-López, M., Toural-Bran, C. y Valdiviezo-Abad, C. (2020), Automatización, bots y algoritmos en la redacción de noticias. Impacto y calidad del periodismo artificial, *Revista Latina de Comunicación Social,* núm. 74: pp. 1411-1433. Recuperado de: https://nuevaepoca.revistalatinacs.org/index.php/revista/article/view/222

Ufarte-Ruiz, M. J., Peralta-García, L. y Murcia-Verdú, F. J. (2018), *Fact checking: un nuevo desafío del periodismo,* Profesional De La información, v. 27, núm. 4: pp. 733-741. Recuperado de: https://revista.profesionaldelainformacion.com/index.php/EPI/article/view/epi.2018.jul.02/40572

Valverde-Berrocoso, J., González Fernández, A. y Acevedo-Borrega, J. (2022), "Disinformation and multiliteracy: A systematic review of the literatura", *Comunicar. Revista Científica de Educomunicación,* núm. 70: pp. 97-110. Recuperado de: https://www.revistacomunicar.com/ojs/index.php/comunicar/article/view/C70-2022-08

Varela Hernández, A. (2021), La manipulación informativa: una vieja amenaza que requiere de una solución multilateral, equilibrada e innovadora, Gladius et Scientia. Revista de Seguridad del CESEG, núm. 3: pp. 1-13. Recuperado de: https://revistas.usc.gal/index.php/gladius/article/view/8910

Vázquez-Herrero, J., Vizoso, Á. y López-García, X. (2019), *Innovación tecnológica y comunicativa para combatir la desinformación: 135 experiencias para un cambio de rumbo,* El profesional de la información, v. 28, núm. 3: pp. 1-12.

Recuperado de: https://revista.profesionaldelainformacion.com/index.php/EPI/article/view/epi.2019.may.01/43978

Villamarín Carrascal, J. (2013), Estándares de calidad de la información y democracia de calidad, Chasqui: *Revista Latinoamericana de Comunicación*, núm. 122: pp. 23-30. Recuperado de: https://dialnet.unirioja.es/servlet/articulo?codigo=5791073

Capítulo 2

Democracia, seguridad, transparencia y actividad de inteligencia: la necesidad de adecuación de los servicios de inteligencia a los desafíos tecnológicos futuros

DR. DANIEL SANSÓ-RUBERT PASCUAL[1]
Universidad Nacional de Educación a Distancia (UNED)

1. LA INTELIGENCIA COMO ACTIVIDAD LEGÍTIMA EN, POR Y PARA LA DEMOCRACIA

La regulación de los servicios de inteligencia, así como el desempeño de la propia actividad de inteligencia, ha sido siempre un objeto fascinante para el estudio del Derecho y un desafío para su aplicación. Diversidad de factores entran en juego, de entre los que cabría destacar su impacto sobre los derechos fundamentales y las libertades públicas. Cuestión no exenta de dificultades inherentes a la regulación del ámbito del secreto y la razón de Estado, que caracterizan este espacio de actuación estatal. A lo que cabría añadir toda una serie de casos judiciales especialmente conflictivos (Caso Perote, la gestión y el uso de los fondos reservados…) y episodios desacertados protagonizados por los servicios

[1] Este trabajo se enmarca en el Proyecto de Investigación "La manipulación informativa como problema de seguridad y de calidad democrática: descripción, consecuencias y respuestas" (Referencia: PID2021-125060B-100), financiado por la convocatoria de Generación de Conocimiento 2021-Proyectos de Investigación Orientada 2021.

de inteligencia a lo largo de la historia (Navarro, 2017), como el recientemente acecido "caso Pegasus", en los que las estructuras de inteligencia se han visto envueltas resultando cuestionadas tanto sus funciones, como su puesta en práctica.

Para tratar de neutralizar en origen posibles prácticas inapropiadas o, incluso, de naturaleza antijurídica asociadas a los servicios, al tiempo que prevenir posibles derivas autoritarias, se han instaurado progresivamente una serie de premisas en beneficio del fortalecimiento democrático. En consecuencia, en democracia, los servicios de inteligencia no intervienen en la definición de los objetivos de la seguridad nacional (ausencia de autonomía), ya que la política de seguridad no es superior al resto de los objetivos y políticas nacionales cuyo ejercicio corresponde al Gobierno. El papel de los servicios se restringe a la dimensión técnica, esto es, a asesorar y alertar al poder político sobre posibles fuentes de riesgo para el Estado (Ruiz Miguel, 2002). Pero será el decisor político el que fije los objetivos de su política de seguridad y, por ende, de sus servicios de inteligencia.

Estos servicios se caracterizan por desempeñar su función como asesores del poder político, que es el que ostenta el monopolio a la hora de establecer cuáles serán los objetivos de la organización de inteligencia. Los servicios de inteligencia no son más que organismos públicos responsables de facilitar al presidente del Gobierno y al Gobierno de la Nación las informaciones, análisis, estudios o propuestas que permitan prevenir y evitar cualquier peligro, amenaza o agresión contra la independencia o integridad territorial del Estado, los intereses nacionales y la estabilidad del Estado de Derecho y de sus instituciones. El objetivo esencial es proporcionar al Gobierno la información necesaria para prevenir y, en su caso, evitar cualquier riesgo o amenaza que pudiera afectar a la independencia e integridad del Estado, los intereses nacionales y la estabilidad del Estado de Derecho y sus instituciones.

Todo ello fruto de la madurez institucional bajo el rubro del Estado constitucional, alcanzada por los servicios de inteligencia. Transformaciones de calado que, lejos de su reconocimiento, son percibidas negativamente por un amplio espectro de una ciudadanía desinformada y contaminada por falsas informaciones y estereotipos, con respecto a qué son y para qué sirven, los servicios y actividades de inteligencia. Para ello, cobra relevancia difundir la legitimidad de los servicios de inteligencia y el desempeño de sus funciones de protección del Estado y sociedad, de conformidad con la legalidad, como un elemento relevante en términos de calidad democrática.

Curiosamente, a pesar de la indudable naturaleza pública de los servicios de inteligencia como una institución más de la Administración pública y su carácter democrático —que los diferencian de otros organismos de inteligencia como las policías políticas o las agencias autónomas de inteligencia propias de otra tipología de regímenes políticos-, las constituciones parecen rehuir su regulación como algo incómodo o tabú. No reciben el mismo tratamiento, como otras instituciones de seguridad y defensa igualmente integrantes de la Administración, vinculadas por igual a la defensa del orden constitucional (Sansó-Rubert, 2020).

Dicho esto, el estímulo para la producción científica enfocada al desarrollo de una teoría democrática de la inteligencia y de los respectivos servicios, así como la correspondiente articulación de la normativa aplicable, representa un acicate en aras de alentar su constante adaptación al escenario democrático en el que han de desenvolverse. Como auspicia ANTÓN-MELLÓN, su adecuación a un necesario, al tiempo que imparable, cambio de paradigma en el ámbito de la seguridad (2024) (de la seguridad reactiva a la preventiva y de la seguridad utilitarista propia de la realpolitik a una seguridad democrática, basada en valores y principios democráticos y constitucionales más propia de una visión wilsoniana del mundo y de la seguridad).

La transformación no está exenta de dificultades y el camino por recorrer es largo. Para empezar, la construcción de un nuevo marco regulatorio de la actividad de inteligencia adecuado al marco democrático constitucional demanda la superación de la tónica imperante donde el mundo de los servicios de inteligencia resulta, todavía hoy, opaco a las Constituciones escritas (Revenga, 2001).

En concreto, para el caso de España, las estructuras y servicios de inteligencia, a raíz de la transformación operada con la entrada en vigor del Texto Constitucional de 1978, se han ido incardinando progresivamente y de manera coherente en las dinámicas propias de un régimen democrático (Díaz Fernández, 2005). Actualmente, orientan sus esfuerzos hacia la anticipación, prevención y proactividad (prospectiva) al servicio y protección del orden constitucional, frente a cualquier amenaza o riesgo susceptible de atentar contra la seguridad y la paz de la nación, contra sus instituciones constitucionalmente reconocidas, así como contra el sistema de derechos y libertades fundamentales.

La legislación del Centro Nacional de Inteligencia (LCNI, 2002), recoge exprofeso su misión de proveer al presidente del Gobierno y al Gobierno de "informaciones, análisis, estudios o propuestas que permitan prevenir y evitar cualquier peligro, amenaza o agresión contra la independencia o integridad territorial de España" (LCNI, 2002). De hecho, sus misiones aparecen genéricamente descritas como "obtener, evaluar e interpretar información y difundir la inteligencia necesaria para proteger y promover los intereses políticos, (...) y estratégicos de España" (LCNI, 2002). Y, en su artículo 4, encomienda expresamente al Centro las funciones de "prevenir, detectar y posibilitar la neutralización de aquellas actividades de servicios extranjeros, grupos o personas que pongan en riesgo, amenacen o atenten contra el ordenamiento constitucional, los derechos y libertades de los ciudadanos españoles, la soberanía, integridad y seguridad del Estado".

Para alcanzar los objetivos legalmente pergeñados a través del desempeño adecuado de sus funciones se ha desarrollado un conjunto de controles con las debidas garantías constitucionales, que contribuyan a su satisfacción dentro del marco legalmente establecido. No hay que perder de vista que, para su consecución, en ocasiones los servicios de inteligencia requerirán de iniciativas que impliquen limitaciones de importantes derechos fundamentales.

Esta cuestión del control de los servicios de inteligencia ha cobrado recientemente renovado interés, no sólo en España, sino también en el conjunto de la Unión Europea y en la esfera internacional, a raíz del afloramiento de diversidad de casos de especial relevancia mediática. Episodios de presuntas actuaciones de interceptación de comunicaciones por parte de los servicios de inteligencia en los que el recurso a programas de vigilancia (spyware) como Pegasus y similares habrían vulnerado derechos y libertades fundamentales.

Motivados por el debate suscitado en términos jurídicos, políticos y desde la perspectiva de la seguridad, se ha procedido a una revisión de la literatura actualizada especializada y de los informes de organismos e instituciones nacionales, comunitarios e internacionales, relacionada con el control democrático de la actividad de inteligencia. Revisión incentivada, de una parte, por el ánimo de reflexionar sobre su adecuación a los desafíos presentes y futuros planteados por los avances tecnológicos y su idoneidad frente al corolario de amenazas a enfrentar por los servicios de inteligencia. Y, de otra, por la necesidad de incentivar la revisión de un modelo nacional de inteligencia que no ha sufrido apenas variaciones desde la transformación del Centro Superior de la Defensa (CESID), al Centro Nacional de Inteligencia (CNI) en el 2002.

En comparación, una mirada a lo que se ha hecho en los últimos tiempos en los países de nuestro entorno al respecto, basta para percatarse de todo el camino que queda por recorrer. El Reino Unido (desde el año 2000), Italia (2009), Francia (2015) y Alemania (2009 y 2016) han reformado en profundidad sus sistemas de control sobre la actividad de la inteligencia, reforzando las facultades parlamentarias de control y/o creando organismos especializados e independientes de nueva planta (en el que a veces participan expertos en comunicaciones electrónicas), que supervisan de continuo la actividad de los servicios e informan periódicamente a los comités parlamentarios o al propio poder Ejecutivo (Revenga, 2020), que es a quien corresponde garantizar, en último extremo, que la función de inteligencia no acabe socavando, en nombre de la seguridad, los fundamentos del Estado democrático.

2. EL AUGE DE LAS NUEVAS TECNOLOGÍAS Y EL CIBERSPACIO COMO ELEMENTOS DISRUPTIVOS DE LA ACTIVIDAD DE LOS SERVICIOS DE INTELIGENCIA

A lo largo del último siglo la aceleración tecnológica ha transformado profundamente los Estados, la política, la economía, las comunicaciones, las sociedades y a nosotros mismos como individuos. Y, por extensión, la esfera de la seguridad. Avances tecnológicos que se han vuelto cómplices de los retos y desafíos a los que debemos hacer frente en la actualidad y, en las próximas décadas. Como nos recuerda Beck, vivimos inmersos en la sociedad del riesgo (Beck, 2006).

Y es que el mundo evoluciona a lomos de la revolución digital y de las comunicaciones, hacia una nueva experiencia del hombre y del poder (Lasalle, 2019). Una evolución digital, donde el acceso a la información y su control se convierten en elementos clave del poder contribuyendo decididamente a su reconfiguración y ejercicio. Una nueva realidad digital global en constante transformación, que obliga de facto a una reformulación de las formas de participación democrática, del ejercicio de nuevos derechos digitales y de cómo gestionar los correspondientes desafíos aparejados a las mismas (Lucas Murillo de la Cueva, 2004: pp. 71-110), entre ellos los relativos al ámbito de la seguridad y la inteligencia.

De hecho, el estímulo para la producción científica enfocada al desarrollo legislativo y orgánico de la actividad de inteligencia y de los respectivos servicios, así como la correspondiente articulación de la normativa aplicable, ha sido motivado, de una parte, por los análisis más recientes sobre gobernanza que enfatizan la necesidad de incorporar prácticas de rendición de cuentas, transparencia y participación democrática en la implementación de las políticas públicas (Muñoz y Antón-Mellón,2018: p. 11). Y, de otra, como ya se ha expresado, en respuesta a una serie de casos, especialmente conflictivos, que han suscitado el interés académico y el imperativo político y jurídico de establecer controles al ejercicio de la actividad de inteligencia.

El desarrollo y empleo de innovadores sistemas de software de vigilancia de las comunicaciones (spyware) como Pegasus, así como las futuribles evoluciones tecnológicas aplicables a este campo, constituyen un desafío disruptivo de la actividad de inteligencia de primer nivel. "La aceleración de las tecnologías de la comunicación y la información ameritan una profunda reflexión acerca de la suficiencia o insuficiencia del control judicial existente, actual y futura. La interceptación de las comunicaciones no significa lo mismo en 2022 que, en 2002, ni significará lo mismo en unos pocos años" (Defensor del Pueblo, 2022: pp. 7-8). Así lo ha expresado el Defensor del Pueblo español en las consideraciones finales de su informe de 18 mayo de 2022 en relación con su actuación de oficio ante el Centro Nacional de Inteligencia (CNI) con la finalidad de comprobar si las presuntas actuaciones de interceptación de comunicaciones mediante el spyware Pegasus a las que aludían por aquellas fechas en los medios de comunicación se habían llevado a cabo, en su caso, con pleno respeto a las garantías establecidas en la Constitución y en el resto del ordenamiento jurídico.

En todo caso, constatado el escrupuloso funcionamiento acorde a los controles actualmente vigentes por parte del servicio de inteligencia español como refleja el informe citado, el Defensor de Pueblo introduce con acierto la necesidad de abrir el debate ante el vigente contexto de revolución tecnológica imparable sobre la suficiencia o insuficiencia de los actuales controles establecidos a la actividad de inteligencia ante la duda razonable de la existencia de vacíos legales generados por el despegue tecnológico que puedan poner en duda la legitimidad de las actuaciones de los servicios de inteligencia y su legalidad práctica, ante posibles vulneraciones de derechos y libertades. Cuestión que invita, cuanto menos, a explorar posibilidades de perfeccionamiento del sistema actual de controles atendiendo así las reflexiones de la doctrina científica que se ocupa de temas de seguridad e inteligencia y las preocupaciones de algunos ciudadanos y organizaciones, al igual que las consideraciones que pudiera formular el Parlamento Europeo y los Tribunales europeos de Derechos Humanos (TEDH) y de Justicia de la Unión Europea (TJUE) sobre este tipo de programas de vigilancia.

Invocar la protección de la seguridad nacional y la razón de Estado como pretexto para eludir controles y normativa no tiene cabida. No puede hacer inaplicable el Derecho y eximir a los Estados democráticos de sus obligaciones de cumplir con la ley. La vigencia y cumplimiento de los controles de la actividad de los servicios de inteligencia responde al interés primordial de los Estados de proteger las funciones esenciales del Estado y los intereses fundamentales de la sociedad, comprendiendo la prevención y sanción de actividades capaces de desestabilizar gravemente los estructuras constitucionales, políticas, económicas o sociales de un país y, en particular, de que amenace el ejercicio y disfrute de derechos y libertades propios de una democracia constitucional.

Los sistemas de ciber espionaje global son una realidad y han llegado para quedarse. Y, aun asumiendo como como punto de partida que la mayoría de los gobiernos se abstendrán del uso ilegítimo de software espía, en ausencia de un marco legal sólido que incluya salvaguardias y supervisión, el riesgo de abuso es significativamente muy alto. No puede obviarse el riesgo de que el recurso a un sistema de vigilancia secreta para proteger la seguridad y otros intereses nacionales esenciales legítimos pueda derivar en un instrumento que socave o atente contra el buen funcionamiento de los procesos democráticos bajo el pretexto de defenderlos. Motivo por el que el debate planteado y la necesidad de reflexionar sobre la forma en que las agencias de inteligencia y los cuerpos de seguridad deben controlar el uso de estos recursos tecnológicos es hoy ineludible e, incluso, impostergable.

La protección de la privacidad y el derecho a la dignidad y la vida privada en un mundo cada vez más digital, donde cada vez más las actividades humanas tienen lugar en línea, demandan una mayor garantía y niveles de protección ante potenciales transgresiones. No sólo debe abordarse desde un enfoque de respeto de los principios jurídicos democráticos comunes establecidos en los textos constitucionales y Tratados, sino como una cuestión fundamental de si la vida humana futura será libre y se desenvolverán bajo parámetros democráticos o controlada por procesos digitales.

Recalcar en todo caso que, la necesidad de ejercicio del control democrático de la inteligencia no significa limitar la capacidad de acción de los organismos que poseen estas facultades, sino que se debe entender como aquellos mecanismos que permiten un desarrollo de las capacidades y uso de los medios de obtención de información y elaboración de inteligencia, acordes a los imperativos legales propios de un régimen democrático constitucional. Todo ello en aras de avanzar hacia la consolidación de la democracia, como modelo de gobierno prevalente.

Instaurar una sociedad digital en la que la confianza de los usuarios en las tecnologías y sus usos esté mínimamente garantizada es fundamental. Máxime cuando en cuestión de unos años, el ciberespacio se alzará como una dimensión fundamental para la estabilidad y defensa de los valores y principios constitucionales y democráticos, así como de los derechos fundamentales de los ciudadanos. Especialmente en lo tocante a la protección de sus datos personales, su privacidad, su libertad de expresión y el acceso a una información veraz y de calidad. Preocupación compartida por la Agencia Europea de Derechos Fundamentales a través de su informe relacionado con la casuística que nos ocupa *Surveillance by intelligence services: Fundamental rights safeguard and remedies in the EU* (2017).

Y es que la ciudadanía digital deberá ir de la mano de una gobernanza legal, que establezca una serie de derechos fundamentales que garanticen, parafraseando a HABERMAS, que el desafío de la técnica no sea respondido solo con la técnica, sino también y principalmente, desde los derechos digitales (2010). Como expresa LASSALLE, hablamos de derechos que, a partir de la experiencia humana de lo que es la dignidad de la persona en Internet, la salvaguarden frente a las amenazas criminales que acompañan la transformación digital. Derechos todos tendentes a evitar la cosificación digital del hombre y la explotación de su vulnerabilidad a través del mundo digital (Lasalle, 2019: pp. 160 y ss.).

En definitiva, la situación planteada exige emprender una rigurosa reforma democrática de los servicios de inteligencia, conformando mecanismos y herramientas institucionales de control y supervisión democráticos sólidos. El propósito de este análisis radica en contribuir a la superación de esta situación, tratando de dilucidar si es plausible una evolución de las capacidades de control de las actividades del servicio de inteligencia español existentes, ante el avance tecnológico y la ausencia de normativas y estrategias aplicables al respecto.

Este objetivo final, viene acompañado de las necesidades de ejercicio del control democrático de la inteligencia estatal, lo cual no significa limitar la capacidad de acción de los organismos que poseen estas facultades (Sansó-Rubert, 2006), sino que se debe entender como aquellos mecanismos que permiten un desarrollo de las capacidades y uso de los medios de obtención de información y elaboración de inteligencia, acordes a los imperativos legales propios de un régimen democrático constitucional. Todo ello en aras de avanzar hacia la consolidación de la democracia, como modelo de gobierno prevalente.

3. ADAPTANDO LA ACTIVIDAD DE INTELIGENCIA A LAS EXIGENCIAS DEMOCRÁTICAS. ¿CÓMO ADECUAR LOS CONTROLES DE LOS SERVICIOS DE INTELIGENCIA ANTE EL DESAFÍO PLANTEADO?

La actividad de inteligencia en su conjunto no es una actividad estatal común. El sigilo con el que lleva sus actividades; la protección del secreto (compatible con las exigencias democráticas), respecto de sus fuentes y métodos, así como en muchos casos, de las identidades involucradas en ella; la habitual existencia de limitaciones —de diverso grado según los países— al control de los fondos[2] con que se lleva a cabo; el empleo de técnicas e instrumental sofisticado que le permite penetrar todos los aspectos de la privacidad de los habitantes; su carácter sensiblemente *oneroso* para el Estado, respecto de otras actividades, todo ello determina la necesidad de establecer precisos límites a la competencia de los órganos y organismos de inteligencia y, a la vez, un adecuado control. A lo que cabría añadir la exigencia de un compromiso ético y democrático que evite la politización de la inteligencia. Básicamente, evitar que los servicios de inteligencia operen como "enclaves autoritarios" (Estévez, 2015; Basombrío y Rospigliosi (2006), al tiempo que evitar todo escándalo político que, en el ámbito de la inteligencia, resultan especialmente erosivos para la democracia.

Dando por sentada la legitimidad de los servicios de inteligencia en el Estado constitucional, como sólidamente argumenta Ruíz Miguel (2003) en su estudio monográfico sobre *Servicios de inteligencia y seguridad del Estado constitucional*, la solución que se adopte acerca de la cuestión del control de los servicios de inte-

---

2 El control presupuestario se menciona expresamente (control presupuestario del sector seguridad) en el Código de conducta de la OSCE, como un elemento clave de control parlamentario. Éste debe considerarse como un requisito mínimo. El obstáculo principal a este respecto es la existencia de los denominados "presupuestos negros", es decir, aquellos ingresos que no se incluyen en el presupuesto anual. Para que este control sea adecuado, todos los gastos deberían quedar reflejados en el presupuesto anual y deben pagarse con fondos gubernamentales (nunca fondos externos). Un ejemplo positivo donde la Comisión de Inteligencia y Seguridad analiza detalladamente el presupuesto nacional de inteligencia denominado "*Single Intelligence Account*", donde se incluyen los gastos correspondientes de personal, material y agentes. Véase a este respecto, *Seguridad Vs Democracia. Los controles democráticos en las Fuerzas Armadas y servicios de seguridad.* Consejo de Europa, (ed.), Arturo del Burgo. Editorial Lacoonte. Pamplona. Navarra: p. 38.

ligencia parte de la premisa de que se pueden encontrar varios tipos de control. Cada país adopta el sistema de control de sus agencias de inteligencia en virtud de múltiples factores, como se colige de las diferencias en la legislación y en las instituciones implicadas. En función del número de controles que se establezcan y la naturaleza de estos (naturaleza proactiva o reactiva), el sistema de inteligencia estará sometido a un mayor o menor nivel de vigilancia.

La importancia del marco legal es requisito sine qua non para una adecuada garantía de la seguridad nacional. Ésta, no puede ser nunca un pretexto para olvidar el compromiso del Estado de Derecho que caracteriza a las democracias, incluso en las situaciones más extremas. Por ello, el uso de poderes excepcionales por parte de los servicios de inteligencia debería estar previsto en las leyes (cuándo, quién, qué, por qué, cómo).

De forma sucinta, A partir de la Ley 11/2002, de 6 de mayo, reguladora del Centro Nacional de Inteligencia, además de la Ley Orgánica 2/2002, reguladora del control judicial previo del CNI, podemos destacar cuatro tipos de controles de los Servicios de Inteligencia, vinculados a los tres poderes del Estado, además del tipo de control presupuestario cuyo control lo ejerce el Tribunal de Cuentas.

Controles sobre los que profusamente se ha disertado y escrito que no parecen satisfacer plenamente las necesidades de control, habida cuenta de los últimos acontecimientos, por lo que se proponen las siguientes reflexiones al respecto. Así, un elemento básico de partida para el logro del objetivo de adaptación de los sistemas de supervisión en respuesta a los cambios tecnológicos consiste en disponer de una regulación jurídica de los servicios de inteligencia que satisfaga varios requisitos. En primer término, disponer de una regulación que resulte accesible y claramente comprensible por la generalidad de los ciudadanos. No en vano se trata de establecer las normas que rigen una función pública esencial para el mantenimiento de la seguridad colectiva. En un segundo plano, lograr articular una regulación que no suscite dudas sobre la compatibilidad entre la capacidad operativa que se asigna a los servicios de inteligencia para el cumplimiento de sus funciones y la salvaguarda de los derechos fundamentales reconocidos en la Constitución.

Por otro lado, puesto que los órganos de supervisión están compuestos en su mayoría por expertos jurídicos, la incapacidad para acceder a los datos e información relevantes a veces se reduce al hecho de contar con unas capacidades y conocimientos técnicos limitados. En particular, ante una tecnología que evoluciona rápidamente en el espacio digital, resultan cruciales las capacidades y los conocimientos técnicos especializados en los órganos de supervisión. La falta de conocimientos especializados a la hora de tratar con el secreto y con las cuestiones técnicas, también supone un problema para los actores judiciales y extrajudiciales.

La elaboración de la legislación en materia de inteligencia debería implicar un debate de política de Estado. Ni de partido, ni en defensa de intereses corporativos, sino inclusivo con respecto al conjunto de todas las partes legítimamente interesadas. Durante los debates sobre los proyectos de legislación en materia de inteligencia, los gobiernos deberían tomarse tiempo para aclarar las necesidades de los servicios de inteligencia y explicar cuáles son las garantías de derechos fundamentales que la ley ha establecido y que deben prevalecer en un sistema democrático.

Adoptando como propio los dictámenes del Tribunal Europeo de Derechos Humanos la supervisión efectiva debe ser entendida como un «control continuo» en cada fase del proceso del denominado ciclo de inteligencia. Especialmente cuando estén implicados diferentes órganos, en tanto que pueden darse posibles lagunas o solapamientos. Dichas deficiencias menoscaban la idoneidad de las medidas de salvaguarda adoptadas. De igual forma, resultaría muy útil a efectos de control someter la cooperación internacional en materia de inteligencia a normas que sean evaluadas por los órganos de supervisión.

A pesar de que muchos países cuentan en su acervo normativo con legislaciones relativas a la cooperación internacional en materia de inteligencia. Sin embargo, es muy reducido el número de ello que establecen la exigencia a los servicios de inteligencia de redactar normas internas sobre los procesos y las modalidades de la cooperación internacional, incluidas las medidas de seguridad relativas al intercambio de datos. Y, de existir estas normas tienen por lo general un carácter secreto. En esta misma línea, reforzaría el panel de control la definición en el seno de la normativa aplicable de las competencias de los órganos de supervisión respecto de la cooperación internacional en materia de inteligencia.

A su vez, las nuevas realidades en la esfera de la seguridad descritas, demandan nuevas necesidades de control de los servicios de inteligencia. Atendiendo a la búsqueda del equilibrio entre la seguridad nacional y los derechos y libertades públicas, cabe reflexionar sobre los beneficios de establecer en el sistema español un control extraordinario, independiente y autónomo, que garantice el cumplimiento de los derechos fundamentales, tanto de los miembros activos del Servicio, como de los ciudadanos, ante situaciones de indefensión creadas por actos llevados a cabo por los órganos de Inteligencia del Estado.

En concreto, la creación de la figura del *Intelligence Ombudsman*. Figura que no es extraña en el contexto internacional de la seguridad, la defensa y la inteligencia. Estados como el australiano han incluido entre sus controles del Sistema de Inteligencia, el modelo del Inspector General de Seguridad e Inteligencia, el cual se establece como órgano independiente cuya función se centra en revisar las actividades de las seis agencias de Inteligencia del país con el objetivo de garantizar el cumplimiento de las directrices gubernamentales conforme a los Derechos Humanos (Igis, 2019).

Otro ejemplo de ello es el estadounidense. Denominado Inspector General para la Comunidad de Inteligencia. Figura creada a través de *Intelligence Authorization Act of 2010*, dotada de autoridad legal e independencia sobre el resto de Inspectores Generales del Senado con las funciones de realización de auditorías, investigaciones, inspecciones y evaluaciones a las distintas agencias que conforman la Comunidad de Inteligencia de Estados Unidos. Y asistido por otros Inspectores Generales, que conforman subcomités específicos para cada una de las agencias que conforman la Comunidad de Inteligencia (DNI, 2019). En este caso, la designación del Inspector General la realiza el presidente, por y con el consejo y consentimiento del Senado (DNI, 2019). Finalmente, destacar la iniciativa finlandesa de crear la figura del *Ombudsman* en los asuntos de inteligencia que tendrá el cometido de controlar, tanto de los órganos de Inteligencia civiles, como militares, en aras de asegurar el respeto de los derechos humanos (YLE, 2019).

Recogiendo todas estas iniciativas de éxito que consolidan sistemas de inteligencia democráticos, autores como Fernández Rodríguez (2012) o Pulido Gragera (2022), se han hecho eco realizando propuestas para la instauración del *Ombudsman* a efectos de contribuir al control de la comunidad de inteligencia española. Destacar de sus propuestas el hincapié puesto en la estructura del *Intelligence Ombudsman* español no dependa, ni orgánica, ni funcionalmente de ninguna institución, lo que proporcionaría un estatus de independencia y autonomía suficiente para no tener ningún tipo de vinculación en competencias con los poderes públicos.

En lo relativo al procedimiento de elección del *Ombudsman,* la idea de su independencia a través de una necesaria obtención de mayoría absoluta por parte del Congreso lo que obligaría a un entendimiento y consenso por parte de los grupos parlamentarios. En cuanto al perfil de esta figura, el que se exija un perfil profesional de reconocido prestigio, con un amplio conocimiento del ámbito de la Seguridad Nacional y los aspectos relacionados con los órganos productores, receptores e integradores de Inteligencia en nuestro país. En lo referente a la duración de su mandato, el establecimiento de 5 años para lograr una continuidad en las legislaturas, como refuerzo a las características de imparcialidad e independencia, coincidiendo con el establecido para la figura del Defensor del Pueblo en nuestra legislación (Ley Orgánica

3/1981). Y, en cuanto a las funciones específicas como *Intelligence Ombudsman,* el que se establezca como premisa exclusiva el dar respuesta a las peticiones de amparo ante actividades de inteligencia que puedan poner en entredicho el cumplimiento de los derechos fundamentales incluidos en nuestra Carta Magna. Subrayar, que en todo lo relativo al ámbito de los controles ya existentes se prevé que permanezca al margen, al objeto de no incurrir en duplicidades ineficaces que complicaran la función esencial otorgada a esta figura.

En todo caso, y a modo de cierre, la clave de bóveda redunda en la necesidad de una triple especialización por parte del organismo o figura que vaya a ejercer el respectivo control de la actividad de inteligencia. En primer término, conocer el ámbito y funcionamiento de la Inteligencia y el desempeño de los servicios. En segundo lugar, requiere de una contante actualización del conocimiento los avances tecnológicos y sus aplicaciones y, finalmente, el saber jurídico que le permita dirimir los conflictos de derechos que puedan suscitarse.

Igualmente, en el supuesto que nos ocupa, cabe reclamar una mayor implicación supranacional en términos de control parlamentario cuando éste, a nivel nacional, resulta inoperante a pesar de su especial valor y responsabilidad como sede de la soberanía de un sistema eminentemente parlamentario como es el español. Concretamente del Parlamento Europeo que, a finales del 2022 solicitó a la Agencia de los Derechos Fundamentales de la Unión Europea (FRA) el apoyo para reforzar los trabajos del comité de investigación responsable de la investigación del empleo del programa Pegasus, así como de otros sistemas de vigilancia equivalentes (Comité PEGA), recabando información sobre la cantidad de Estados miembros y de países no pertenecientes a la Unión Europea (UE), que utilizan este tipo de herramientas[3]. A su vez,

---

3 For more details, see European Parliament (n.d.), Committee of inquiry to investigate the use of Pegasus and equivalent surveillance spyware.

las altas instituciones de la comunidad europea también se han hecho eco del tema[4]. Cuestión que no solo preocupa en Europa, en tanto que el Alto Comisionado de las Naciones Unidas para los Derechos Humanos también se ha ocupado del abuso de esta tipología de instrumentos de vigilancia, así como de la necesidad de implementar mejores salvaguardas sobre su uso[5].

Por otro lado, el poder judicial también desempeña importantes funciones de control. Control que puede ser previo, cuando los tribunales deciden si los servicios de inteligencia tienen autorización para el ejercicio de poderes o atribuciones excepcionales y que, por la tanto, su actuación este legalmente justificadas y amparada. O bien ejercer un control posterior: enjuiciar si las operaciones desarrolladas por los servicios se ajustan al marco legalmente establecido.

A pesar del esfuerzo legislativo, el modelo vigente adolece de lagunas que es necesario abordar para adecuar los diversos controles recogidos en la norma y sobre los que no nos hemos extendido por cuestiones de límite de espacio, ante el desafío tecnológico planteado. Atendiendo a la sofisticación tecnológica que han alcanzado los instrumentos de los que puede valerse un servicio de inteligencia para realizar sus tareas, lo que se propone es la creación de una malla institucional que permita un control multidimensional.

---

4 Council of Europe, Committee on Legal Affairs and Human Rights (2022), Pegasus and similar spyware and secret state surveillance, 8 April 2022;] Council of Europe, Commissioner for Human Rights (2023), Highly intrusive spyware threatens the essence of human rights, human rights comment, Strasbourg, Council of Europe, 27 January 2023; see also Council of Europe, Information Society Department (2022), Pegasus spyware and its impacts on human rights, Strasbourg, Council of Europe, 20 June 2022.

5 United Nations, Office of the United Nations High Commissioner for Human Rights (2022), The right to privacy in the digital age, A/HRC/51/17, 4 August 2022.

Las nuevas realidades tecnológicas en la esfera de la seguridad, demandan nuevas necesidades de control de los Servicios, en una doble perspectiva garantista: por una parte, para avalar la defensa del orden constitucional por parte de las Agencias de Inteligencia, y por otro lado, en garantizar al propio Servicio y a sus integrantes de una cobertura constitucional y orgánica que evite el aprovechamiento extremo y sobredimensionado del órgano de inteligencia por parte del Poder Ejecutivo para sus propios intereses.

4. PROPUESTAS DE MEJORA A FUTURO

La democracia moderna se asienta sobre el principio de la confianza, que se extrapola a los servicios de inteligencia y se conforma a través de la transparencia. Sin esa confianza es muy difícil lograr una democracia avanzada: vencer toda desconfianza y recelo hacia los servicios de inteligencia, logrando la convivencia entre el derecho a saber y la obligación de ocultar. Entender que hay ciertas cuestiones que deben ser protegidas tras el velo del secreto, pero sin tolerar engaños, mentiras y tergiversaciones.

En una democracia es clave que sus instituciones tengan crédito y reconocimiento social; que generen confianza. Para ello, lo servicios de inteligencia deben apostar por ser y expresarse con la mayor claridad posible: dejar claro qué se puede decir de un servicio de inteligencia y de sus actividades y que se puede saber de él. Y, en paralelo, todo lo que sobre el servicio no se puede conocer para que resulte eficaz y fiel a su misión. La transparencia es consustancial a la democracia. Confiere credibilidad y confiabilidad institucional, de ahí la importancia de seguir apostando por el desarrollo de la cultura de inteligencia como un medio óptimo para el desarrollo de la transparencia. Para un servicio de inteligencia es tan importante el secreto para poder ser eficaz como la transparencia para poder ser creíble, tener crédito y generar confianza. Resulta indispensable en clave democrática seguir construyendo una relación positiva entre la sociedad y sus servicios de inteligencia. Esta corriente de pensamiento empuja hacia una reforma de las leyes o directamente la creación de nuevos instrumentos normativos más precisos y transparentes de los servicios de inteligencia, como la normativa que regula la clasificación y desclasificación de documentos. Todo un esfuerzo de los servicios de inteligencia por progresar hacia una normalización jurídica propia del estado democrático de derecho.

El futuro es el que tiene que determinar el presente. Los servicios de inteligencia no pueden mirar hacia el futuro contemplando el retrovisor. Es necesario que piensen el presente y actúen en función de los posibles derroteros y escenarios a futuro. Desde este planteamiento, los servicios de inteligencia serán tecnológicos o no lo serán. Ello, sin perder de vista el capital de la inteligencia humana. Se abre un mundo nuevo que va a revolucionar la forma de ser y de estar de los servicios de inteligencia (Velasco, 2024).

Todo parece indicar que los vertiginosos avances tecnológicos serán de tal magnitud y calado que sus repercusiones impactarán a todos los niveles sociales y realidades humanas de forma irreversible. Y los servicios de inteligencia no serán una excepción y deberán entender el mundo en el que han de operar y desenvolverse. El poder ya no solo implica controlar la información y los datos, sino en controlar la tecnología. En este contexto, Velasco propone una aproximación a la transinteligencia entendida como forma de superación de los límites impuestos por la naturaleza humana y la forma de trabajar de los servicios de inteligencia. Sería la búsqueda, a través de la tecnología del mejoramiento de las capacidades del ciclo de inteligencia de la actividad de inteligencia, así como de las técnicas y medios de análisis, obtención y protección de la inteligencia; sería el resultado de la integración entre la máquina, la inteligencia artificial y el ser humano aplicado al mundo de los servicios de inteligencia (Velasco, 2024: pp. 29-30). La búsqueda a través de la tecnología del mejoramiento de la misión, visión y valores de un servicio de inteligencia.

Perspectiva que necesariamente debe complementarse con el desarrollo de una cultura democrática de inteligencia, no sólo por parte de los propios servicios (exigible a sus integrantes), sino a su vez extensiva a los ciudadanos. Y es que la relevancia de conjugar la práctica de la inteligencia con la cultura democrática no es baladí. Comprender lo necesarios que son los servicios de inteligencia y entender en qué consiste su desempeño y misión es hoy más necesario que nunca. El afianzamiento de los sistemas democráticos no solo no ha sido un impedimento, sino que se ha convertido en un acicate más, y cada vez más necesario, para contar con servicios eficaces, por supuesto, al servicio del Estado.

Y bien lo saben, particularmente, quienes son responsables de su funcionamiento en el marco de sociedades democráticas, por lo que llevan empeñados desde hace tiempo en «normalizar» las relaciones entre el mundo de los servicios de inteligencia y la «sociedad civil» mediante un incremento de la visibilidad de los mismos, y un compromiso con la difusión de una «cultura de inteligencia» capaz de rescatarlos para siempre de la histórica percepción del ciudadano sobre sus servicios de inteligencia (generalmente poco halagüeña) y, cambiando las mentalidades, permitir que los servicios de inteligencia ocupen el lugar que le corresponde en la sociedad[6], desterrando los mitos y las visiones distorsionadas de los mismos. Subrayar, que no se trata de un mero esfuerzo propagandístico, sino dar a conocer la labor de dicha institución, su funcionamiento, la legislación que lo regula y su contribución fundamental a garantizar la seguridad del Estado y, sobre todo, su vocación de servicio como un elemento más del Estado, como la Sanidad Pública, la Enseñanza, la policía o el Ministerio de la Vivienda. Un organismo al servicio del Estado con funcionarios sujetos a la Ley como cualquier otro ciudadano y con una función muy determinada marcada por una normativa específica reguladora de la actividad de inteligencia.

---

6 Breve y esclarecedora exposición de los beneficios de la creación de una «cultura de la inteligencia» y los problemas a los que se enfrenta en Lacoste, P., "Cultura e intelligence: un progetto per l'Università», en *Per Aspera ad Veritatem. Rivista di intelligence e di cultura professionale*", núm. 6 (1996). Accesible en: http://www.sisde.it/sito/Rivista6.nsf/stampe/

Es por ello por lo que apostar por una «cultura de la inteligencia», implica que los servicios («sin menoscabo de la seguridad») se abran a la sociedad porque deben apoyarse en ella para desarrollar con éxito su labor, porque solo de esta forma se podrá evitar, concluye Galvache, «uno de los males más peligrosos para un servicio de inteligencia: el ensimismamiento, la desconexión con el referente contextual que aísla la y conduce al pensamiento circular y acrítico» (Galvache Valero, 2004: pp. 151-180).

En su noción más simple, podría decirse que ésta consiste en el conjunto de prácticas, hábitos, paradigmas y supuestos que informan la actividad de los operadores de inteligencia. Este conjunto determina la forma en que los operadores de inteligencia se conciben a sí mismos (su visión), su rol dentro del aparato estatal (su misión), la forma en que interactúan entre sí (la profundidad, intensidad y fluidez de la comunidad que constituyen), así como la manera en la que valoran y evalúan el escenario en el que deben desplegar su actividad, los procesos de selección de los medios más idóneos para desarrollarla, y priorizan metas y objetivos frente a coyunturas concretas (Dershowitz, 2006; Owens, C., 2003). En definitiva, explicar que significa Inteligencia en el contexto de las sociedades democráticas: "La Inteligencia como cualquier función pública que presta un servicio al Estado y a la sociedad, necesita ser entendida por el ciudadano. Crear conocimiento sobre la misión y las funciones de estas organizaciones" (Goodman, M., 2006; Greenberg, 2007: pp. 169-180), que posibilite la recomposición de la imagen social de los servicios de inteligencia.

Adoptando como referente la obra Conceptos fundamentales de inteligencia, texto básico indispensable para la comprensión del tema, se describe el concepto "cultura de inteligencia" como una dinámica en la que se incardina la política de apertura de los servicios de inteligencia occidentales a inicios del siglo XXI, con el fin de fomentar "la comprensión cívica sobre la realidad de los organismos de inteligencia" (Velasco y Díaz, 2016: pp. 109-117). Ese mandato va más allá de constituirse en un mero mecanismo de fiscalización de sus actividades por parte de la ciudadanía (estrategia de control a través del conocimiento del desempeño). Su esencia es el de una "estrategia de fomento real de la cultura en el campo de la inteligencia" y el fin sería la búsqueda de una "ciudadanía informada" en materia de seguridad, defensa y, en especial, en el campo de la inteligencia. En el texto especializado Glosario de Inteligencia se define conceptualmente la "cultura de inteligencia" como el "conjunto de conocimientos que la sociedad debe tener sobre la necesidad, el fin y la función de un servicio de inteligencia, de manera que perciba como propias las cuestiones relacionadas con su seguridad, su libertad y la defensa de sus intereses" (Esteban Navarro, 2007: pp. 68-69). Iniciativa política e institucional que se inserta como una tipología específica derivada de una estrategia más amplia de difusión cultural de los asuntos de seguridad y defensa (Estévez, 2022).

Conocimiento reforzado a través de "el conjunto de iniciativas y recursos que promueven la conciencia de su necesidad y aportan comprensión cívica sobre la realidad de los organismos de inteligencia en el ámbito de la seguridad y la defensa en el seno de una sociedad. Una necesidad que, preservando la obligada reserva y cautela propia y natural, incluye la comprensión general de la actividad de un organismo de inteligencia para garantizar los intereses económicos, sociales o defensivos de un Estado en el marco de actuación de un ordenamiento jurídico riguroso" (Navarro Bonilla, 2004: p. 22).

Su materialización requiere de la realización de un corolario de actividades de divulgación y de formación sobre qué es la inteligencia y cuál es su aportación a la seguridad, en diferentes ámbitos y con diversos niveles de profundidad y de especialización, en función del público al que vaya destinado la campaña divulgativa. Estas actividades varían su enfoque en función del "target social" al que van destinadas: desde el ámbito académico altamente especializado hasta escolares y adolescentes (Díaz y Del Real, 2018a; 2018b), con un recorrido ambicioso por la diversidad de escalones sociales intermedios. Esos aportes no solo redundan en el conocimiento social compartido y las percepciones positivas sobre la labor de los servicios de inteligencia, sino que contribuyen de forma notable a reforzar su legitimidad. Por lo tanto, la cultura de inteligencia permite a la sociedad la acumulación de capital cultural sobre sus servicios. Ayuda a crear las condiciones pedagógicas propicias, que favorezcan la comprensión y el entendimiento por parte de la ciudadanía acerca de las realidades, vicisitudes y prolegómenos propios del ámbito de la actividad de inteligencia, así como acerca de las funciones, objetivos, misión y desempeño (González Cussac et al. 2012).

La clave de bóveda de la cultura de inteligencia la conforma el que los ciudadanos comprendan el valor y la necesidad de disponer de un servicio de inteligencia, de manera que la sociedad perciba como propias las cuestiones relacionadas con su seguridad, su libertad y la defensa de sus intereses. vinculados con la seguridad y defensa nacional, volcados con el aseguramiento del ejercicio de las libertades públicas y derechos inherentes a la democracia (Martínez, 2007). Se trata de un proceso natural de adquisición de conocimiento y aprendizaje, claro indicador de madurez democrática.

Su éxito demanda de la sociedad no solo su interés y predisposición a conocer, sino también a respetar y comprender la naturaleza de los servicios de inteligencia. En especial, el carácter parcialmente secreto del trabajo de inteligencia (Lowenthal, 2003). Por consiguiente, la inteligencia no es ni debe ser secreta, pero sí tiene que salvaguardar secretos. Esa realidad no supone una contradicción, sino parte de la esencia de la actividad de inteligencia, regulada a través de los cauces de legalidad pertinentes establecidos para la gestión del secreto, que debe ser interiorizado. En palabras de Herman (1991: p. 106), "el sello de la inteligencia: la base de su relación con el gobierno y la sociedad y de su propia autoimagen". Por consiguiente, el secreto no está reñido con el imperativo democrático. El equilibrio entre secreto y ejercicio de transparencia y publicidad, junto con la regulación normativa de la actividad de inteligencia, sirve en gran medida de contrapeso frente a cualquier tipo de desvío en el uso correcto de las capacidades de inteligencia, que contravenga el ordenamiento jurídico.

Un factor básico para el logro de ese objetivo de normalización es, como expresa con claridad Miguel Revenga, disponer de una regulación jurídica de los servicios de inteligencia que satisfaga varios requisitos (2019); en primer lugar, y de manera destacada, una regulación que resulte accesible y claramente comprensible por la generalidad de los ciudadanos, ya que se trata de establecer las normas que rigen una función pública esencial para el mantenimiento de la seguridad colectiva. En segundo término, ha de ser una regulación que no arroje sombras sobre la compatibilidad entre la capacidad operativa que se asigna a los servicios de inteligencia para el cumplimiento de sus funciones y la salvaguarda de los derechos fundamentales reconocidos en la Constitución: si, en resumidas cuentas, de lo que se trata es de incrementar la seguridad, la visión menos atinada sería aquella que contemplara la libertad como una amenaza, en lugar de como la seña de identidad que hay que preservar incluso (y quizá de manera especialmente pronunciada) en el ámbito de la actuación de los servicios de inteligencia. Y ello para conjurar el riesgo de que las peculiaridades que distinguen algunas de sus formas de trabajo sean simultáneamente una amenaza para la libertad y los derechos.

Finalmente, y de manera muy esquemática, debe ser una regulación que lleve incorporada en el núcleo mismo de sus disposiciones un sistema de controles plurales capaces de producir un doble efecto: permitir la plena incorporación de la función de inteligencia en la lógica que sustenta la actuación de los poderes y de las Administraciones públicas del Estado democrático y, en segundo lugar, y como consecuencia, promover una comprensión generalizada sobre la importancia de las misiones que cumplen y generar confianza *ad intra* y *ad extra* para incrementar la eficacia y la eficiencia en el desempeño de sus cometidos (Revenga, 2019).

En todo caso, hay que ser conscientes de que la difusión de una cultura de inteligencia no es tarea fácil. A pesar de los logros, no cabe la autocomplacencia. La ausencia de una arraigada cultura de seguridad e inteligencia continúa representando un obstáculo difícil de superar para su materialización efectiva.

5. CONCLUSIONES

La primera conclusión que puede extraerse de este análisis es que el caso Pegasus, sin duda, ha erosionado notablemente la confianza pública en las estructuras de inteligencia españolas. Además de poner de relieve múltiples deficiencias y aspectos cuanto menos mejorables en el control de la actividad de inteligencia. En consecuencia, con independencia de otras finalidades igualmente relevantes, la adaptación de los mecanismos de control deberá tener como objetivo la reconstrucción de la confianza perdida, demostrando un compromiso institucional con la transparencia, la rendición de cuentas y el respeto por la legalidad y los derechos.

Por otra parte, si bien los métodos de vigilancia digital son recursos importantes para las labores de inteligencia, resulta que su empleo puede interferir con distintos derechos fundamentales, en particular, el derecho a la intimidad y la protección de datos. Tras el conocimiento de la existencia de programas cada vez más sofisticados (e intrusivos) de intervención masiva de las comunicaciones, el desarrollo de nuevos controles y el perfeccionamiento de los existentes se percibe como una necesidad cada vez más acuciante. Conscientes de ello, otra conclusión es que se requiere de más investigación para poder alcanzar soluciones y propuestas óptimas para garantizar una sólida supervisión fáctica de la actividad de inteligencia en relación con el creciente despliegue de la tecnología. Cuestión que no es baladí, si se tiene en consideración cómo los avances tecnológicos y su aplicación evolucionan más rápido que la capacidad de prever sus derivas e impacto y legislar en consecuencia.

Por todo ello, unos mecanismos de control convenientemente actualizados resultan más necesarios que nunca; más aún, si queremos conservar el carácter de ciertos derechos como derechos básicos o fundamentales, necesitamos marcos legales y directrices de actuación accesibles y claros: prever el tipo de conductas que pueden dar lugar a una orden de intervención; definir las categorías de individuos cuyas comunicaciones pueden ser intervenidas; someter la intervención a límites temporales; regular el procedimiento dirigido a almacenar, examinar y usar la información obtenida mediante la intervención; adoptar precauciones relacionadas con la transmisión de los datos e incluso prever el sistema aplicable dirigido al borrado o a la destrucción de los datos almacenados.

Por todo ello, es indispensable asumir que la reforma de la inteligencia no es cuestión de un momento único, sino de todo un proceso en constante transformación. Resulta incuestionable asumir que los servicios de inteligencia necesitan una base legal adecuada a las transformaciones y avances tecnológicos, sujeta a continuo seguimiento y actualización.

La protección de personas y sociedades de las amenazas a la seguridad respetando los derechos fundamentales es factible. La dificultad estriba, por una parte, en determinar la idoneidad de las medidas en relación con las necesidades, requerimientos, funciones y objetivos propios de los servicios de inteligencia en el desempeño de sus quehaceres institucionales. Y, por otro lado, asumir que la mera promulgación de legislación democrática no significará que los cambios esperados sobrevendrán sin más en la práctica. Legalidad y legitimidad solo podrán lograrse si se percibe que el control democrático de los servicios de inteligencia funciona, y si el valor del conocimiento y la inteligencia imparcial se reconocen como una condición de buen gobierno.

Sea como fuere, en todo caso, haciendo de la necesidad virtud, el escándalo suscitado por el empleo de sistemas de vigilancia como Pegasus ha supuesto un potente revulsivo suscitando una magnífica oportunidad para reflexionar en torno a la actividad y servicios de inteligencia y sus desafíos presentes y futuros.

6. BIBLIOGRAFÍA

Agencia de los Derechos Fundamentales de la Unión Europea (FRA) (2017), *Surveillance by intelligence services: Fundamental rights safeguard and remedies in the EU.*

Anton-Mellon, J. (Coord.) (2024), *Teoría de la inteligencia en sistemas políticos democráticos*, Valencia: Tirant lo Blanch.

Bacon, F. (1988), *Novumorganum*, Madrid: Hogar del Libro, reedición.

Beck, U. (2006), *La sociedad del riesgo: hacia una nueva modernidad*, Madrid: Paidós Ibérica.

Carbonell-Miró, V. y Triviño-Salazar, J. C. (2019), "Intelligence Oversight in Spain: Assessing the Role of the National Intelligence Council", *Intelligence and National Security*, 34 (7): pp. 1013-1032.

Centro Nacional de Inteligencia. Recuperado de *https://www.cni.es/es/queescni/controles/controleconomico/*

Del Burgo, A. (Ed.) (2010), *Seguridad Vs Democracia. Los controles democráticos en las Fuerzas Armadas y servicios de seguridad. Consejo de Europa*, Pamplona: Editorial Lacoonte .

Dershowitz, A. M. (2006), *Preemption. A Knife Th at Cuts Both Ways*. New York, W. W. Norton & Co.

Díaz Fernández, A. y del Real Castrillo, C. (2018a), "Espías y seguridad: Evaluación del impacto de vídeos animados sobre los servicios de inteligencia en escolares". Comunicar: Revista científica iberoamericana de comunicación y educación 56: pp. 81-89.

Díaz Fernández, A. y del Real Castrillo, C. (2018b), "The animated video as a tool for political socialization on the intelligence services". Revista Comunicación y sociedad 3 (31): pp. 281-295.

Díaz Fernández, A. (2005), *Los servicios de inteligencia españoles*, Madrid: Alianza.

—, (2023)"Reining in Pegasus: The Oversight of the Spanish Intelligence Service in the *Catalangate*", *Études françaises de renseignement et de cyber*, 2023/1, núm. 1: pp. 101-114.

Esteban Navarro, M. A. (Coord.) (2007), *Glosario de inteligencia*, Madrid: Ministerio de Defensa: pp. 68-69.

Estevéz, E. (2022), "Desafíos actuales de inteligencia en América Latina: legados, democratización, prioridades y dimensiones estratégica y criminal", *Revista de la Escuela Nacional de Inteligencia*, núm. 1: pp. 67-96.

Fernández Rodríguez, J. J.; Sansó-Rubert, D.; Pulido Gragera, J. y Monsalve, R. (Coords.) (2012), *Cuestiones de Inteligencia es la Sociedad Contemporánea*, Madrid: Ministerio de Defensa (España)-Centro Nacional de Inteligencia (CNI).

Galvache Valero, F. (2004), La inteligencia compartida, Cuadernos de estrategia, Madrid: Instituto Español de Estudios Estratégicos-Ministerio de Defensa de España, núm. 127: pp. 151-180.

Goodman, M. (2006), "Studying and Teaching About Intelligence: The Approach in the United Kingdom." *Studies in Intelligence*, 50.

Greenberg, H. (2007), "Intelligence of the Past: Intelligence for the Future", Loch Johnson (Ed.), *Strategic Intelligence: Understanding the Hidden Side of Government.* Vol. 1. (Westport; London: Praeger Security): pp. 169-180.

Habermas, J. (2010), *Ciencia y técnica como ideología,* Madrid: Tecnos.

Lasalle Ruiz, J. M. (2019), *Ciberleviatán: el colapso de la democracia liberal frente a la revolución digital,* Madrid: Arpa Editores.

Ley 11/2002, de 6 de mayo, reguladora del Centro Nacional de Inteligencia.

Ley Orgánica 2/2002, reguladora del control judicial previo del CNI.

Ley Orgánica 3/1981 de 6 de abril, del Defensor del Pueblo.

Lawton, S. (s.f.). Leadership. Recuperado de https://www.dni.gov/index.php/who-we-are/organizations/icig/icig-about-us/icig-leadership.

Lowenthal, M. (2003), *Intelligence. from secrets to policy,* Nueva York: CQ Press.

Lucas Murillo de la Cueva, P. (2004), "Derechos fundamentales y avances tecnológicos. Los riesgos del progreso", *Boletín Mexicano de Derecho Comparado* 109: pp. 71-110.

Martínez, R. (2007), "Cultura política sobre inteligencia: hacia un encuentro con la sociedad," Diego Navarro Bonilla y Miguel Ángel Esteban Navarro (coords.), *Terrorismo global, gestión de información y servicios de inteligencia,* Madrid: Plaza y Valdés: pp. 165-206.

Owens, C. S. (2003) *Unlikely Partners: Preemption and the American Way* of War, Washington, DC, National Defense University Press.

Pérez-Villalobos, M. C. (2008), *El control de los servicios de inteligencia en los Estados democráticos,* Madrid: Plaza y Valdés.

Pulido Gragera, J. y Sansó-Rubert Pascual, D. (2020), "Estado, servicios de inteligencia y controles democráticos: el modelo español", en Pulido Gragera, Julia y Sansó-Rubert Pascual, Daniel (Coords.), Seguridad y derecho*: principales desafíos a debate,* Madrid: Dykinson.

Real Decreto 1287/2005 de 28 de octubre, por el que se modifica el régimen económico presupuestario del Centro Nacional de Inteligencia.

Real Decreto 385/2013, de 31 de mayo, de modificación del Real Decreto 1886/2011, de 30 de diciembre, por el que se establecen las Comisiones Delegadas del Gobierno.

Revenga Sánchez, M.; Díaz Fernández, A. M. y Jaime Jiménez, O. (2009), *Cooperación europea en inteligencia: nuevas preguntas, nuevas respuestas,* Navarra: Aranzadi.

Revenga Sánchez, M. (2019), "El control del Centro Nacional de Inteligencia: una perspectiva comparada", *Revista Española de Derecho Constitucional*, 116: pp. 13-44.

Revenga Sánchez, M. (2020), "Seguridad y libertad en el sistema democrático", en Fernández Rodríguez, J. J. (Coord.), *Actas del XVII Congreso de la Asociación de Constitucionalistas de España*, Valencia: Tirant lo Blanch: pp. 25-30.

Ruíz Miguel, C. (2002), *Servicios de inteligencia y seguridad del Estado constitucional*. Madrid: Tecnos.

Ruíz Miguel, C. (2003), "Problemas actuales del Derecho de los servicios de inteligencia", *Anuario de Derecho Constitucional y Parlamentario*, 15: pp. 141-170.

Sansó-Rubert Pascual, D. y Pulido Gragera, J. (2020), *Seguridad y Derecho: principales desafíos a debate*, Madrid: Dykinson.

Sansó-Rubert Pascual, D. (2022), *Terrorismo, seguridad y retraimiento democrático. El declive del Estado de Derecho*, Madrid: Dykinson.

United Nations, Office of the United Nations High Commissioner for Human Rights (2022), *The right to privacy in the digital age*, A/HRC/51/17, 4 August 2022.

Velasco, F.; Navarro, D. y Arcos, R. (Eds.) (2010), *La inteligencia como disciplina científica*, Madrid: Editorial Plaza y Valdés y Servicio de Publicaciones del Ministerio de Defensa.

Velasco Fernández, F. y Díaz Fernández, A. (2016), "Cultura de inteligencia", Díaz Fernández, A. (Dir.), *Conceptos fundamentales de inteligencia*, Valencia: Tirant lo Blanch: pp. 109-117.

Velasco, F. (2024), "Los servicios de inteligencia, más allá de lo establecido: pensar lo impensable. Reflexiones de un observador culpable", en Antón-Mellón, J. (Coord.), *Teoría de la Inteligencia en sistemas políticos democráticos*, Valencia: Tirant lo Blanch: pp. 13-39.

Capítulo 3

La delimitación del objeto de la Ley de Seguridad Nacional: el caso de la lucha contra la desinformación

DR. JUAN JOSÉ HERBÓN COSTAS
Teniente Coronel Auditor

1. A MODO DE INTRODUCCIÓN: LA SEGURIDAD NACIONAL, ENTRE LA POLÍTICA Y EL DERECHO

La seguridad nacional es un concepto tan mal definido que aún no he encontrado a nadie capaz de aclararme su significado.

MOSS, John[1]

Las dificultades padecidas por el modelo presidencialista de gobierno de los Estados Unidos durante la II Guerra Mundial condujeron a la aprobación, en 1947, de la *National Security Act* (*NSA*), que dotó al presidente, como comandante en jefe de las Fuerzas Armadas y en el contexto de la "crisis mundial" que supuso la Guerra Fría,[2] de un "*national security policymaking process*" (Mulcahy, 1995: p. 237), que facilitara la toma de decisiones en relación con el posible uso de la fuerza, incluido el armamento nuclear. Este proceso discurre en el seno de un *National Security Council* (*NSC*) en el que toman asiento los principales asesores presidenciales (señaladamente los secretarios de

---

1 La cita de las palabras del presidente de la comisión redactora la *Freedom of Information Act* (1966) procede de REVENGA SÁNCHEZ, M., *El imperio de la política. Seguridad nacional y secreto de Estado en el sistema constitucional norteamericano*, Ariel, Barcelona, 1995: p. 17.

2 Vid. *National Security Council Report 68* "United States Objectives and Programs for National Security", aprobado por el presidente Truman el 7 de abril de 1950 (desclasificado el 27 de febrero de 1975).

Estado y de Defensa, el director de la Agencia Central de Inteligencia y, desde 1953, el "asesor especial del presidente para asuntos de la Seguridad Nacional"), que es apoyado por un sistema de comités que facilita la coordinación entre los distintos departamentos y agencias de la administración federal[3] afectados por la gestión de las crisis que amenacen la seguridad nacional (Woodward, 2003: p. 30: "Una parte fundamental de la elaboración de las políticas en el ámbito de la seguridad nacional era la gestión de crisis"), y cuya actuación se caracterizó por el secreto hasta que, en pleno escándalo del *Irangate*, la aprobación de la *Goldwater-Nichols Department of Defense Reorganization Act* de 1986 obligó al presidente a presentar un informe anual al Congreso sobre la estrategia de seguridad nacional[4]. Una medida que desnaturalizó unos documentos que, desde entonces, "operan más como discursos que como estrategias" (Lettow, 2021: p. 148), y a través de los que se aproximaron a esta materia los expertos y analistas que, tras los atentados del 11 de septiembre de 2001 (Ballesteros Martín, 2016: p. 31), propiciaron la difusión de la seguridad nacional entre los socios europeos de la Organización del Tratado del Atlántico Norte (Hispan, 2011).

En España, la desmilitarización de la seguridad nacional[5] favoreció el impulso ejercido desde los centros de pensamiento del

---

3 Wanis-St. John, A., "The National Security Council: Tool of Presidential Crisis Management", *Journal of Public and International Affairs*, vol. 9, nº. 1, 1998: p. 104, describe el *NSC System* como "una institución con tres componentes interrelacionados: una estructura de comités multinivel compuesta por agrupaciones interdepartamentales e interagencias, un gestor ejecutivo/asesor presidencial (ahora el consejero de Seguridad Nacional), y una organización completa del personal gestionada por el consejero de Seguridad Nacional". La traducción es mía.

4 Vid. Sección 108 *NSA*, "Annual National Security Strategy Report".

5 Compárense la regulación de la seguridad nacional establecida en los artículos 37 de la Ley 1/1967, de 10 de enero, Orgánica del Estado, y 3 de la Ley Orgánica 6/1980, de 1 de julio, que regulaba los criterios básicos de la Defensa Nacional y de la Organización Militar, con la actualmente vigente Ley Orgánica 5/2005, de 17 de noviembre, de Defensa Nacional, donde no se efectúa ninguna referencia a esta materia.

Ministerio de Defensa[6] para que se adoptara un modelo de seguridad nacional basado en la elaboración de estrategias (Ballesteros Martín, 2004: pp. 15-64), que fructificó con la aprobación, en 2011, de una Estrategia Española de Seguridad (EES, 2011) que abanderó una modificación normativa y orgánica de las estructuras de la seguridad en la Administración General del Estado (AGE) (EES, 2011: p. 81). Una iniciativa que comenzó a cuajar al año siguiente con la creación de un Departamento de Seguridad Nacional (DSN) que, integrado en el Gabinete de la Presidencia del Gobierno, quedó encargado del asesoramiento al presidente en esta nueva materia,[7] y que consolidó con la aprobación por el Consejo de Ministros de 31 de mayo de 2013 de una *Estrategia de Seguridad Nacional 2013* (ESN 2013) y la creación del Consejo de Seguridad Nacional (CSN), que asumió la asistencia al presidente del Gobierno en la dirección de la política de seguridad nacional.[8]

1. LA LEGALIZACIÓN DE LA SEGURIDAD NACIONAL: UNA REVOLUCIÓN TRUNCADA

— [...] Mañana nos veremos y entonces me contarás cómo el príncipe de Salina ha soportado la revolución.

—Se lo diré ahora con cuatro palabras: dice que no ha sido ninguna revolución y que todo seguirá como antes.

TOMASI DI LAMPEDUSA, Giuseppe
El gatopardo, Barcelona: Argos Vergara, 1980: p. 109.

---

6 Que fructificó, posteriormente, con la designación como responsables del Departamento de Seguridad Nacional de diversos militares que habían ocupado destinos en el Instituto Español de Estudios Estratégicos. Vid. "Moncloa cesa por sorpresa al director operativo del Departamento de Seguridad Nacional", *El Confidencial Digital*, 2 de noviembre de 2018.

7 Vid. Real Decreto 1119/2012, de 20 de julio, que modificó el Real Decreto 83/2012, de 13 de enero, que reestructuró la Presidencia del Gobierno.

8 Vid. Real Decreto 385/2013, de 31 de mayo, que modificó el Real Decreto 1186/2011, de 30 de diciembre, que establecía las Comisiones Delegadas del Gobierno.

Los redactores de la ESN 2013, conscientes de la debilidad de los apoyos normativos que sostenían el nuevo entramado de la seguridad nacional que pretendían impulsar, reclamaron la aprobación de una ley orgánica que abordara "[l]a reforma paulatina del Sistema de Seguridad Nacional y el perfeccionamiento de los instrumentos de gestión de crisis" (ESN 2013: p. 58). La Ley 36/2015, de 28 de septiembre, de Seguridad Nacional (LSN), tomó como objeto de su regulación, en consecuencia, la gestión de crisis, por tratarse de una materia susceptible de justificar una regulación legal, a diferencia de lo que ocurre con la organización de la AGE, en la que se insertaría la reforma del Sistema de Seguridad Nacional (SSN) pretendida por la ESN 2013, que se encuentra abierta a la libre disposición de la potestad reglamentaria del Gobierno y de las autoridades ministeriales.[9] Una gestión de crisis que quedó condicionada a la declaración de una "situación de interés para la Seguridad Nacional" (SISN)[10] que es definida como "aquella en la que, por la gravedad de sus efectos y la dimensión, urgencia y transversalidad de las medidas para su resolución, requiere de la coordinación reforzada de las autoridades competentes en el desempeño de sus atribuciones ordinarias, bajo la dirección del Gobierno, en el marco del Sistema de Seguridad Nacional, garantizando el funcionamiento óptimo, integrado y flexible de todos los recursos disponibles, en los términos previstos en esta ley" (Artículo 23.2 LSN), y que se caracteriza, frente a las otras situaciones de crisis reguladas por la legislación de cada ramo, por su naturaleza multisectorial.[11]

---

9 Vid. artículo 59 de la Ley 40/2015, de 1 de octubre, de Régimen Jurídico del Sector Público.

10 Así lo establece, sin dejar lugar a duda alguna, el artículo 23.1 LSN: "La gestión de crisis se desarrollará en la situación de interés para la Seguridad Nacional, adaptándose a las específicas circunstancias de esta, de acuerdo con lo dispuesto en este título".

11 Para una explicación más detallada del mecanismo de respuesta previsto en la LSN que, por problemas de espacio, aquí no puede acometerse, vid. HERBÓN COSTAS, J. J., "La gestión de las crisis en el marco de la Ley de Seguridad Nacional: la pandemia por covid-19 y la necesidad

La LSN regula las condiciones de ejercicio de la competencia del Estado sobre seguridad nacional (STC 184/2016, de 3 de noviembre, FJ 3°); una competencia "en estado de necesidad",[12] que tiene como fin permitir la organización de "la acción del Estado dirigida a proteger la libertad y el bienestar de sus ciudadanos, a garantizar la defensa de España y sus principios y valores constitucionales, así como a contribuir junto a nuestros socios y aliados a la seguridad internacional en el cumplimiento de los compromisos asumidos" (Artículo 3 LSN), para hacer frente, a través del SSN, no a cualquier contingencia, sino a "riesgos y amenazas extraordinarias y cualificadas [para las que] es necesario arbitrar medidas igualmente excepcionales. Tal parece ser, en efecto, el significado del concepto de 'seguridad nacional' que maneja la Ley" (Casino Rubio, 2016: p. 3).

Esta revolución normativa superó una concepción de la seguridad nacional que trataba de "ganar la paz" a través de la elaboración de estrategias (Ballesteros Martín, 2004: p. 62), para dirigir ahora al SSN hacia la planificación de la coordinación de las administraciones públicas [13] en escenarios de crisis que ame-

---

de una urgente reforma", *Revista Española de Derecho Constitucional* núm. 121, enero/abril 2021: pp. 139-168.

12 Parejo Alfonso, L., *Lecciones de Derecho Administrativo,* 10ª edición, Tirant lo Blanch, Valencia, 2020: p. 381, define este tipo de competencias en los siguientes términos: "son las que se actualizan, desde las correspondientes previsiones normativas, en cuanto concurren las circunstancias, contempladas desde luego por el ordenamiento jurídico, en las que por su carácter extraordinario y por razón de las exigencias inherentes a su superación, dicho ordenamiento queda en suspenso, siquiera parcialmente y desde luego en punto al orden competencial. Así sucede en los estados de necesidad tanto formalizados [estados de excepción, sitio y alerta (*sic*), por ejemplo], como no formalizados (catástrofes naturales, por ejemplo)".

13 Arnáez Arce, V. M.ª, "La planificación como instrumento al servicio de los principios de actuación de las Administraciones Públicas", *Academia Vasca de Derecho, Boletín JADO,* nº 22, diciembre 2011: p. 53: «Por lo tanto hay que entender que la potestad administrativa de planificación y el

nacen la estabilidad del Estado o la seguridad de sus ciudadanos, articulada a través de los instrumentos previstos en el título IV LSN: un "catálogo de recursos humanos y de los medios materiales de los sectores estratégicos de la Nación" (Artículo 28.1 LSN) y los "planes de preparación y disposición de recursos para la Seguridad Nacional" (Artículo 28.3 LSN). El legislador asumió, contra el criterio manifestado por la ESN 2013,[14] que el "problema de [...] la defensa del estado moderno no es un problema político, sino técnico" (Malaparte, 2021: p. 35), y abordó el cambio de rumbo necesario para conseguir la legalización de la seguridad nacional, centrando la atención del SSN en la gestión de crisis. Un giro copernicano que puso en peligro la pervivencia de una actividad estratégica que había permitido la colonización del SSN,[15] y que pasaba de ser el eje de la actividad del SSN a quedar recogida ahora, de manera aparentemente testimonial en el título preliminar de la LSN (Artículo 4 LSN), al margen del objeto de esta norma.[16]

---

principio de coordinación están indisolublemente unidos en virtud de una especial relación de instrumentalidad».

14 Este documento contiene treinta y tres referencias al término "política", y otras diez más a su plural.

15 Álvarez Álvarez, J., *Burocracia y poder político en el régimen franquista (El papel de los Cuerpos de funcionarios entre 1938 y 1975)*, Instituto Nacional de Administración Pública, Alcalá de Henares, 1984: p. 24: "El fenómeno de la colonización se produce cuando en un determinado sector no existe ningún Cuerpo suficientemente fuerte como para patrimonializarlo, al menos totalmente, y un Cuerpo de funcionarios 'extraños', ajenos al sector, logra apropiarse del mismo, en mayor o menor medida".

16 Artículo 1 LSN: "Esta ley tiene por objeto regular:
a) Los principios básicos, órganos superiores y autoridades y los componentes fundamentales de la Seguridad Nacional.
b) El Sistema de Seguridad Nacional, su dirección, organización y coordinación.
c) La gestión de crisis.
d) La contribución de recursos a la Seguridad Nacional".

Semejante coyuntura explica la curiosa redacción dada a la LSN —certeramente señalada por Casino—,[17] que a duras penas enmascara el uso de la gestión de crisis como caballo de Troya que abriera las puertas de las Cortes Generales para obtener el blindaje legal del SSN frente a futuras restructuraciones de la AGE.[18] Una maniobra que ha permitido al SSN seguir dedicándose al "arte" de la elaboración de unas estrategias (Ballesteros Martín, 2004: p. 65) mediante las que garantizaría la seguridad nacional ("La herramienta para conseguir la Seguridad Nacional es la Estrategia de Seguridad Nacional" en Ballesteros Martín, 2004: p. 39), al tiempo que ha mostrado una pertinaz renuencia a adaptarse a las novedades introducidas por la LSN, que le hace aparecer "respetuoso de una legalidad que tenía el propósito de violar, aunque sin correr el riesgo de ponerse fuera de la ley".[19] Una reviviscencia de la tradicional resistencia burocrática al cambio, magistralmente retratada por Joly en *El arte de medrar*: "Las fuerzas primitivas originarias que han constituido un estado de cosas determinado en un momento dado tienden a perpetuarse en las instituciones, a organizarse en clases, en castas, en privilegios y soberanía, paralizando o desarmando las fuerzas contrarias que podrían destruirlas" (Joly, 2002: p. 38).

---

17 M. Casino Rubio, *op. cit.*: p. 3: "Si se repasa su contenido y, en particular, su Título III (relativo a la "gestión de crisis en el marco del Sistema de Seguridad Nacional"), podrá comprobarse, en efecto, que la Ley apenas si contiene alguna regla de actuación o la previsión de alguna habilitación legal de la correspondiente potestad pública, salvo la relativa a '*la declaración de la situación de interés para la seguridad nacional*' (art. 24), bien que en los deficientes términos que luego veremos. Si abundan, por el contrario, y en un buen número, además, las reglas orgánicas relativas al denominado 'sistema de seguridad nacional' (Título II)". Las cursivas proceden del original.

18 En su primera reunión, el 11 de julio de 2013, el CSN "acordó el procedimiento de elaboración del anteproyecto de Ley Orgánica de Seguridad Nacional".

19 Malaparte, C., *op. cit.*: p. 40, atribuye esa actitud al mariscal Pilsudski ante el golpe de estado que protagonizó en Polonia en 1926.

2. EL PROCEDIMIENTO DE ACTUACIÓN CONTRA LA DESINFORMACIÓN Y SU VALIDACIÓN POR EL TRIBUNAL SUPREMO

Podrá objetar que no se trata en absoluto
de un procedimiento; tiene toda la razón, porque solo
es un procedimiento si yo lo reconozco como tal.
Sin embargo, de momento lo haré así, en cierto modo
por compasión. No se puede ser más que compasivo,
si es que se le quiere prestar atención siquiera.
No diré que se trata de un procedimiento chapucero,
pero quisiera ofrecerle ese calificativo para su propio gobierno.

KAFKA, Franz
El proceso, Barcelona: Penguin Random House, 2003: p. 51.

El Procedimiento de actuación contra la desinformación (PAD) fue aprobado por el CSN en su reunión del 6 de octubre de 2020, y publicado en el *Boletín Oficial del Estado* del 5 de noviembre de 2020 a través de la Orden PCM/1030/2020, de 30 de octubre. En realidad, se trata de una revisión de un primer PAD que fue aprobado por el CSN el 15 de marzo de 2019,[20] pero que no fue publicado oficialmente.[21] Pese a que el CSN justificó la aprobación del PAD, a modo de marchamo democrático, en el cumplimiento de las exigencias planteadas en una serie de documentos (de naturaleza política y no jurídica) emanados de la Unión Europea (UE),[22]

---

20 Vid. Apartado 1 del Anejo del PAD, "Contexto", párrafo noveno: "la actualización de este procedimiento".

21 Sobre este extremo, extraña la sorprendente afirmación de la STS III (Secc. 4ª) núm. 1238/2021, de 18 de octubre (FD 6º.2), de que "la Sala entiende que la demandante admite en el Procedimiento impugnado un fin legítimo y que *lo admite desde la comprensión de qué es la Seguridad Nacional*, lo que quizás explique que *no haya atacado el anterior Procedimiento de 2019*" (las cursivas son mías): no aclara el alto Tribunal cómo se impugna una disposición cuya existencia se desconoce por su falta de publicidad oficial.

22 Vid. apartado 2 del anejo del PAD, "Propósitos y objetivos", en cuyo párrafo segundo se citan el Plan de Acción para la lucha contra la desinformación,

su publicación desató una tormenta mediática, que se centró en el temor al establecimiento de una censura previa prohibida constitucionalmente.[23] Una justificación europeísta que sorprende, a la luz de la responsabilidad exclusiva atribuida a los estados miembros de la UE en materia de seguridad nacional,[24] y que no excusa de señalar la imprecisión terminológica y la carencia de fundamento legal con la que la UE trata la desinformación,[25] que parece haber impregnado el texto de un PAD que también fue duramente criticado por su más que deficiente redacción, señalada con su habitual agudeza por Miguel Ángel Aguilar.[26]

---

presentado y aprobado en el Consejo Europeo de los días 13 y 14 de diciembre de 2018, la Comunicación Conjunta de la Comisión al Parlamento Europeo, al Consejo Europeo, al Consejo, al Comité Económico y Social Europeo y al Comité de las Regiones, sobre La lucha contra la desinformación acerca de la COVID-19 y el *European Democracy Action Plan.*

23 Artículo 20.2 de la Constitución. Vid. Peralta Gutiérrez, A., "La verdad no justifica la censura. El juicio comparado de derechos en materia de desinformación, seguridad nacional y libertad de expresión", *La Ley*, n.º 9772, 18 de enero de 2021.

24 Artículo 4.2 del Tratado de la Unión Europea: "La Unión [...] Respetará las funciones esenciales del Estado, especialmente las que tienen por objeto garantizar su integridad territorial, mantener el orden público y salvaguardar la seguridad nacional. En particular, la seguridad nacional seguirá siendo responsabilidad exclusiva de cada Estado miembro".

25 Espaliú-Berdud, C., "Persecución jurídico-penal de la desinformación en España en el contexto de la Unión Europea", *Profesional de la información* v. 31, n. 3, 2022: p. 7, cita las conclusiones de Pamment, J., "The EU's role in fighting disinformation: Taking back the initiative", *Carnegie Endowment for International Peace, working paper,* junio 2020, sobre el tratamiento de la desinformación por la UE, a la que caracteriza "by a lack or terminological clarity, nuclear and untested legal foundation, a weak evidence base, an unreliable political mandate, and a variety of instruments that have developed in a organic rather than a systematic manner".

26 Aguilar, M. A., "La verdad y sus escoltas", *Vozpopuli,* 10 de noviembre de 2020: que apuntó que el texto del PAD "no pasaría el control de alcoholemia ni la más elemental auditoría lingüística".

El PAD establece una regulación orgánica que permite al SSN participar, a través de una combinación de órganos y autoridades de la AGE (entre los que se introduce un órgano de nuevo cuño, la Comisión Permanente contra la desinformación; CPD) y de la colaboración público-privada,[27] en la lucha contra la desinformación hasta un nivel político-estratégico del que queda excluido un Consejo de Ministros que es desplazado de sus responsabilidades constitucionales (Artículo 97 de la Constitución) por un CSN que se atribuye facultades de "[g]estión política de la respuesta a una crisis, y [de] adopción de medidas en el caso de atribución pública a un tercer Estado de una campaña de desinformación", a propuesta de su Comité de Situación (Anexo I al PAD).

El mayor logro del PAD es el alumbramiento del nuevo "Sistema Nacional para la prevención, detección, alerta, seguimiento y respuesta cuyas causas, medio y/o consecuencias están relacionadas con la desinformación", responsable de proceder tanto a la "detección de campañas de desinformación y su análisis ante unos posibles impactos en la Seguridad Nacional, como para el apoyo en la gestión de situaciones de crisis donde pudiera haber una afectación derivada de dichas campañas" (Apartado 4 del Anejo al PAD), tareas que desarrolla a través de cuatro niveles de activación (técnico, de coordinación, político-estratégico y de "gestión

---

27 El apartado 3 del anejo al PAD, "Órganos, organismos y autoridades responsables", aclara que conforman este nuevo sistema el CSN, el Comité de Situación, la Secretaría de Estado de Comunicación, unas autoridades competentes entre las que contempla a la citada Secretaría de Estado, la "Presidencia del Gobierno (DSN)", el CNI y los Gabinetes de comunicación de los ministerios y de otros organismos relevantes, a los que se añaden un sector privado y una sociedad civil que engloba "los medios de comunicación, las plataformas digitales, el mundo académico, el sector tecnológico, las organizaciones no gubernamentales y la sociedad en general", y cuya participación en el sistema queda condicionada al criterio de unas autoridades competentes que "podrán solicitar la colaboración de aquellas organizaciones o personas cuya contribución se considere oportuna y relevante en el marco de la lucha contra el fenómeno de la desinformación".

política" en el marco del SSN. Apartado 4 del Anejo al PAD), cuyo funcionamiento en detalle se desglosa, de manera ciertamente confusa, en el Anexo I al PAD.

No extraña que el PAD fuera objeto de cuatro recursos contencioso-administrativos, de los que solamente uno mereció una decisión sobre el fondo.[28] En la STS III (Secc. 4ª) núm.1238/2021, de 18 de octubre, el Tribunal Supremo apreció la conformidad a derecho del PAD, construyendo para ello una argumentación que sostiene la desestimación del recurso sobre dos afirmaciones basilares: la primera, que el PAD no es una norma jurídica, por lo que no forma parte del sistema de fuentes del derecho, sino un protocolo de actuación del SSN;[29] la segunda, que "[c]omo la desinformación objeto del Procedimiento afecta a la Seguridad Nacional, la actuación contra la misma se inserta en la lógica del Sistema de Seguridad Nacional" (FD 3º ap. 5).[30]

---

28 El Tribunal Supremo inadmitió, por falta de legitimación activa, tres de ellos (presentados por el *Partido Popular*, por *VOX* y por el *Club Liberal Español*) y resolvió el fondo del presentado por *Confilegal Editorial SL*.

29 En el FD 2º, el Tribunal supremo explica que el PAD no puede ser considerado ni un "procedimiento" ni una disposición general o reglamentaria, "pues no tiene vocación normativa o reguladora, ni se integra en el sistema de fuentes"; más bien puede considerarse como "un plan de organización y método de actuación o 'protocolo', incluso como una instrucción interna" de funcionamiento de los órganos que integran el SSN, que ejercerían unas competencias que ya tenían atribuidas previamente.

30 El Tribunal Supremo aceptó tanto la "definición jurídica" aportada por la Comunicación COM (2018) 236 de la Comisión Europea, como "información verificablemente falsa o engañosa que se crea, presenta y divulga con fines lucrativos o para engañar deliberadamente a la población, y que puede causar un perjuicio público" (FD 3º ap. 2), como la caracterización realizada por el PAD, como "difusión sistemática y masiva de información inveraz potenciada en el entorno digital, difuso y complejo, por el que fluyen nuevas formas de obtener y dar información, y todo con el fin de incidir en la población, desinformándola e incidiendo en los procesos democráticos y electorales y que por razón de su entidad y origen puede considerarse como [un] peligro para la Seguridad Nacional" (FD 3º ap. 3).

Con este asiento, el alto Tribunal desestimó las alegaciones planteadas por la entidad recurrente por entender que el CSN "está normativamente apoderado para elaborar y aprobar un instrumento de actuación"; que el PAD no desapodera de sus atribuciones al Centro Nacional de Inteligencia, por lo que el tratamiento de la desinformación no queda exento de ninguno de los controles judiciales establecidos sobre la actuación de los servicios de inteligencia; y que, al no ser el PAD una disposición reglamentaria, no se produjo una omisión del procedimiento establecido para la elaboración de este tipo de normas (artículo 26 de la Ley 50/1997, de 27 de noviembre, del Gobierno), ni su contenido se vería afectado por la reserva de ley orgánica establecida en el artículo 81 CE para la regulación de los derechos fundamentales y libertades públicas.

Declarada la conformidad a derecho del PAD, se encuentra todavía pendiente la decisión del Tribunal Constitucional sobre el recurso de amparo anunciado contra dicha decisión.[31]

3. A MODO DE CONCLUSIÓN: LA LUCHA CONTRA LA DESINFORMACIÓN Y LA LEY DE SEGURIDAD NACIONAL

Sólo los jueces tienen la palabra, el deber de hablar
se impondrá tan sólo si ellos no proclaman toda la verdad.

ZOLA, Émile
"Carta a Francia", *Yo acuso,* El Viejo Topo, Barcelona, 1998: p. 76.

El Tribunal Supremo justificó la inserción del PAD en la lógica del SSN en atención a que "la desinformación [...] afecta a la seguridad nacional". Una conclusión alcanzada en parte debido a la endeblez de las alegaciones planteadas por la entidad recu-

---

31 "Confilegal recurre en amparo ante el Constitucional el procedimiento de Actuación contra la Desinformación", *Confilegal,* 22 de noviembre de 2021.

rrente,[32] y en parte a la astuta argumentación esgrimida por la representación procesal del Estado, y que obligaría al PAD a desarrollar, en coherencia, una de las dos funciones asignadas legalmente al SSN: bien una planificación de la gestión de una SISN[33] que desarrolle el objeto de la LSN, bien un desarrollo estratégico de segundo nivel[34] que desarrolle la ESN 2017; cualquier otro contenido diferente situaría al PAD fuera del marco regulatorio de la LSN.

En cuanto a la gestión de crisis, debe recordarse aquí que el PAD justifica su aprobación en la protección de unos procesos electorales que en condiciones de normalidad son competencia de una administración electoral encargada, según dispone el artículo 8.1 de la Ley Orgánica 5/1985, de 19 de junio, del Régimen Electoral General, de "garantizar en los términos de la presente Ley la transparencia y objetividad del proceso electoral y del principio de igualdad". Esta administración electoral solamente puede ser desplazada del cumplimiento de sus obligaciones, sometiéndola al cumplimiento de las directrices de coordinación aprobadas por el CSN,[35] bajo la declaración presidencial de una SISN; un asunto sobre el que el PAD guarda un absoluto silencio.

---

32 Señalada por la STS III (Secc. 4ª), núm. 138/2021, de 18 de octubre, FD 7º 1 4º: "Que como sucedáneo de razonamiento se alegue que el Procedimiento no hace referencia alguna a la Directiva 2002/52 SIC —sin más cortesía procesal en la cita— a nada conduce: la carga procesal de la demandante es razonar en qué aspectos la infringe y no confundir lo que considera una exigencia de motivación con eventuales infracciones en que pueda incurrirse al aplicar el Procedimiento".

33 Artículo 21.1 b) LSN: "Corresponde al Consejo de Seguridad Nacional ejercer las siguientes funciones: [...] Dirigir y coordinar las actuaciones de gestión de situaciones de crisis en los términos previstos en el título III".

34 Artículo 21.1 e) LSN: "Corresponde al Consejo de Seguridad Nacional ejercer las siguientes funciones: [...] Promover e impulsar la elaboración de las estrategias de segundo nivel que sean necesarias y proceder, en su caso, a su aprobación, así como a sus revisiones periódicas".

35 STC 214/1989, de 21 de diciembre, FJ 20º f): "[T]oda coordinación conlleva un cierto poder de dirección, consecuencia de la posición de

Cabría pensar, entonces, que la inserción del PAD en la lógica del SSN debe encontrarse en el ámbito estratégico, tan caro para el SSN. Pero ni el PAD puede ser calificado como una "estrategia de segundo nivel" mediante la que el CSN habría desarrollado la ESN 2017,[36] ni ésta autorizaba dicho desarrollo, pues la desinformación no fue considerada como uno de los ámbitos de interés para la seguridad nacional hasta la aprobación de la ESN 2021.

La falta de ajuste entre el PAD y la lógica del SSN se acrecienta al centrar la atención en dos cuestiones que pasaron desapercibidas en sede jurisdiccional. La primera afecta a la creación de la CPD, que parece haber sido acometida extra muros de la habilitación que el artículo 20.3 LSN efectúa para que el CSN cree comités especializados que lo apoyen ejerciendo "las funciones asignadas por el Consejo de Seguridad Nacional en los ámbitos de actuación previstos en la Estrategia de Seguridad Nacional, o cuando las circunstancias propias de la *gestión de crisis* lo precisen"[37]: sobre la falta de justificación estratégica del PAD, nada más cabe añadir; en cuanto a la gestión de crisis, esta tarea se encuentra reservada, en exclusiva, al Comité de Situación (artículo 26.1 LSN). Ningún papel parece corresponderle jugar a la CPD dentro del SSN, lo que acerca mucho más su naturaleza a la de los órganos colegiados de la AGE, cuya creación escapa a las facultades atribuidas al CSN por la LSN.[38]

La segunda cuestión reside en la atribución por el CSN, contra lo sostenido por el Tribunal Supremo, de nuevas facultades no

superioridad en la que se encuentra el que coordina respecto al coordinado".

36 Basta comparar su contenido con el de las diferentes estrategias (de seguridad marítima, de ciberseguridad, de seguridad aeroespacial...) aprobadas por el CSN en la década de actividad del SSN.

37 Las cursivas son mías.

38 El artículo 22 de la Ley 40/2015, de 1 de octubre, de Régimen Jurídico del Sector Público, atribuye al Consejo de Ministros y a los departamentos ministeriales facultades para crear estos órganos.

sólo a esta CPD,[39] sino a sí mismo —una maniobra que infringiría las limitaciones expresamente establecidas por la LSN,[40] y que, además, subvierte el papel vicarial que la LSN le asigna en apoyo del presidente del Gobierno, al proporcionarle funciones de gestión política directa— y, también, a sus órganos de trabajo y de apoyo;[41] una atribución competencial que soslayaría las exigencias del principio de legalidad en cuanto técnica de atribución de potestades a la administración pública, al carecer el CSN de la potestad reglamentaria precisa para abordarla.[42]

---

39 El apartado 1 del Anejo del PAD, "Contexto", párrafo décimo *in fine*, le encarga el "intercambio de información con los órganos y organismos con competencia en esta materia", y el Anexo II del PAD de "asegurar la coordinación interministerial a nivel operacional en el ámbito de la desinformación".

40 Vid. artículo 17 LSN *in fine*: "El Consejo de Seguridad Nacional, en su condición de Comisión Delegada del Gobierno para la Seguridad Nacional, es el órgano al que corresponde asistir al Presidente del Gobierno en la dirección de la política de Seguridad Nacional y del Sistema de Seguridad Nacional, *así como ejercer las funciones que se le atribuyan por esta ley y se le asignen por su reglamento*". Las cursivas son mías.

41 En el nivel 2 el DSN abandona sus funciones vicariales del CSN para activar una célula de coordinación contra la desinformación. En el nivel 3 el Comité de Situación abandona su función de apoyo al CSN en la gestión de crisis encargarse de la "[g]estión estratégica y política de los aspectos de la crisis, y adopción de medidas con arreglo al marco para una respuesta conjunta".

42 García De Enterría, E. Y Fernández, T. R., *Curso de Derecho administrativo I*, decimoquinta edición, Civitas, Madrid, 2011: pp. 471-472: "Si la Administración pretende iniciar una actuación concreta y no cuenta con potestades previamente atribuidas para ello por la legalidad existente habrá de comenzar por promover una modificación de esa legalidad, de forma que de la misma resulte la habilitación que hasta ese momento faltaba. Es ésta una experiencia absolutamente común, que se hace especialmente visible con ocasión de acciones administrativas justificadas en motivos coyunturales más o menos apremiantes (grandes calamidades públicas, crisis políticas, creación de nuevas organizaciones, acciones urgentes de política económica, etc.).

En definitiva, el desajuste del PAD[43] con las disposiciones de la LSN es consecuencia directa del peligrosísimo (para el sistema constitucional de distribución de competencias) enfoque omnicomprensivo con que, desde una perspectiva "político-estratégica", el SSN ha venido entendiendo la seguridad nacional como una materia que, "al afectar desde el principio a todos los campos de actividad del Estado-nación" (Ballesteros Martín, 2004: p. 61), permite al CSN asumir como propio el tratamiento de casi cualquier materia con la mera invocación retórica, a modo de *abracadabra*, de que "afecta a la seguridad nacional".[44] Que tan

---

Ese mecanismo de la previa innovación normativa para producir la atribución de potestades con las cuales seguidamente poder actuar, mediante el ejercicio de tales potestades, ese mecanismo se produce incluso cuando es la propia Administración la llamada a dictar la norma nueva, esto es, cuando esa norma basta que sea un Reglamento. Hay que decir que es ésta una función absolutamente normal de los Reglamentos y también por ello mismo uno de sus rasgos más notorios, pues a través de este instrumento normativo la Administración puede autoatribuirse potestades nuevas y más intensas, autohabilitarse para una acción cada vez más absorbente y compleja; los límites propios de la potestad reglamentaria, y en particular la reserva de materia a la Ley, es aquí la única garantía para que esa posibilidad (que con frecuencia es una posibilidad construida por una delegación legal: por ejemplo, artículo 106 LRL sobre Ordenanzas de exacciones como previas a la exigibilidad de éstas) no concluya en abuso".

43 La naturaleza del PAD se encuentra mucho más próxima a la de los "programas, planes y directrices vinculantes para todos los órganos de la Administración General del Estado", cuya aprobación queda reservada al Consejo de Ministros, según dispone el artículo 5.1 j) de la Ley 50/1997, de 27 de noviembre, del Gobierno, que a los procedimientos que el artículo 18.2 permite establecer al SSN para atender una SISN.

44 Un peligro ya advertido por el diputado Olabarría Muñoz en el debate de totalidad sobre el Proyecto de Ley de Seguridad Nacional, celebrado en el Pleno del Congreso de los Diputados del 8 de julio de 2015: "Con una declaración omnicomprensiva del concepto de seguridad nacional [...] se está hablando de toda la capacidad de actuación de un Estado sin excepción de ninguna naturaleza". *Diario de Sesiones del Congreso de los Diputados*, X Legislatura, año 2015, Núm. 296: p. 46.

desajustado modo de proceder haya pasado desapercibido hasta que la regulación de la lucha contra la desinformación hiciera saltar todas las alarmas se debe, exclusivamente, al profundo y extendido desconocimiento sobre el marco jurídico que limita la actuación del SSN, que no se encuentra en ninguna normativa o documento político emanado de la UE, ni tampoco en ninguna estrategia, sino, exclusivamente, en la Ley de Seguridad Nacional.

4. BIBLIOGRAFÍA

Aguilar, M. A. (2020), *La verdad y sus escoltas,* Vozpopuli, 10 de noviembre.

Álvarez Álvarez, J. (1984), *Burocracia y poder político en el régimen franquista (El papel de los Cuerpos de funcionarios entre 1938 y 1975),* Instituto Nacional de Administración Pública, Alcalá de Henares.

Arnáez Arce, V. M. (2011), *La planificación como instrumento al servicio de los principios de actuación de las Administraciones Públicas,* Academia Vasca de Derecho, Boletín JADO, nº 22, diciembre: pp. 27-54.

Ballesteros Martín, M. A. (2004), *Las estrategias de seguridad y defensa, Fundamentos de la Estrategia para el siglo XXI,* Centro Superior de Estudios de la Defensa Nacional, Madrid: pp. 15-64.

Ballesteros Martín, M. A. (2016), En *busca de una Estrategia de Seguridad Nacional,* Ministerio de Defensa, Madrid.

Casino Rubio, M. (2016), La Ley 36/2015, de 28 de septiembre, de Seguridad Nacional: La Ley ¿de qué?, *Revista Española de Derecho Administrativo,* núm. 177, abril-junio: pp. 1-9.

Espaliú-Berdud, C. (2022), *Persecución jurídico-penal de la desinformación en España en el contexto de la Unión Europea,* Profesional de la información, v. 31, n. 3: pp. 1-14.

García de Enterría, E. y Fernández, T. R. (2011), *Curso de Derecho Administrativo I,* decimoquinta edición, Civitas, Madrid.

Herbón Costas, J. J. (2021), La gestión de las crisis en el marco de la Ley de Seguridad Nacional: la pandemia por covid-19 y la necesidad de una urgente reforma, *Revista Española de Derecho Constitucional,* núm. 121, enero/abril: pp. 139-168.

Hispán, P. (2011), *La primera Estrategia de Seguridad,* El País, 28 de julio.

Joly, M. (2002), *El arte de medrar. Manual del trepador,* Galaxia Gutenberg/ Círculo de Lectores, Barcelona.

Kafka, F. (2003), *El proceso,* Penguin Random House, Barcelona.

Lettow, P. (2021), U.S. "National Security Strategy: Lessons Learned", *Texas National Security Review,* vol. 4, nº 2, primavera: pp. 117-154.

Malaparte, C. (2021), *Técnicas de golpe de Estado (primera edición, segunda reimpresión),* Ariel, Barcelona.

Mulcahy, K. V. (1995), "Rethinking Groupthink: Walt Rostow and the National Security Advisory Process" in the Johnson Administration, *Presidential Studies Quarterly,* vol. XXV nº 2: pp. 237-250.

Parejo Alfonso, L. (2020), *Lecciones de Derecho Administrativo,* 10ª edición, Tirant lo Blanch, Valencia.

Peralta Gutiérrez, A. (2021), *La verdad no justifica la censura. El juicio comparado de derechos en materia de desinformación, seguridad nacional y libertad de expresión,* La Ley, n.º 9772, 18 de enero.

Revenga Sánchez, M. (1995), El *imperio de la política. Seguridad nacional y secreto de Estado en el sistema constitucional norteamericano,* Ariel, Barcelona.

Sin Autor (2018), *Moncloa cesa por sorpresa al director operativo del Departamento de Seguridad Nacional,* El Confidencial Digital, 2 de noviembre.

Sin Autor (2021), *Confilegal recurre en amparo ante el Constitucional el procedimiento de Actuación contra la Desinformación,* Confilegal, 22 de noviembre.

Tomasi di Lampedusa, G. (1980), *El gatopardo,* Argos Vergara, Barcelona.

Valero, C. (2022), *Alemania despedirá al jefe de ciberseguridad por sus supuestos vínculos con Rusia,* El Mundo, 10 de octubre.

Wanis-St. John, A. (1998), "The National Security Council: Tool of Presidential Crisis Management", *Journal of Public and International Affairs,* vol. 9, nº. 1: pp. 102-127.

Woodward, B. (2003), *Bush en guerra,* Península, Barcelona.

Zola, É. (1998), *Carta a Francia, Yo acuso,* El Viejo Topo, Barcelona.

BLOQUE II

USOS, LÍMITES Y REGULACIÓN DE INTERNET, DE LAS REDES SOCIALES Y DEL METAVERSO

Capítulo 4

Desafíos, usos y límites legales en el mundo del metaverso

DR. ÓSCAR ANDRÉS MOLINA
Universidad Europea de Madrid (UEM)

1. INTRODUCCIÓN

Hoy en día, y teniendo en cuenta en la sociedad en la vivimos, es normal que todo el mundo haya podido escuchar hablar sobre el Metaverso como la herramienta que revolucionara lo que hoy en día conocemos como Internet.

Internet ha sufrido múltiples evoluciones a los largos de los años, desde que, a finales de los 90, se hiciera popular su uso entre la población. El primer cambio significativo llego al principio de los 2000, cuando surgieron los primeros blogs y posteriormente las redes sociales, ya que, desde este momento, el usuario no consultaba simplemente información en la red, sino que, además, podía empezar a crear su propio contenido, pasando de ser un usuario pasivo a ser un usuario activo. Además de todo esto, llegaron los móviles inteligentes, es decir, los móviles conectados a internet, por lo que los usuarios pasaron de estar conectados solo ciertas horas al día, a poder pasarse el día entero conectado a cualquiera de estas redes, ya que a medida que pasan los años, se van creando más y más aplicaciones y redes sociales con diferentes objetivos que se ajustan no solo a las necesidades básicas de nuestro día a día, sino también, ofreciéndonos diferentes alternativas tanto de ocio, como laborales, familiares y muchas más opciones relacionadas con el ámbito social y sanitario, entre muchas otras, haciendo que nos podamos pasar el 100% de nuestro tiempo conectados a una red.

Actualmente, el porcentaje de usuarios únicos, es decir, aquellas personas que usan una red de forma individual y no de forma colectiva, que utilizan internet en todo el planeta es del 62.5%, con un crecimiento anual medio absoluto entorno a un 4% (Galeano, 2022). Teniendo en cuenta este porcentaje de usuario y añadiendo los movimientos empresariales que se realizan en la red, se están generando un volumen de datos equivalente a 161 billones de documentos diarios, generándose más de un trillón de datos absolutos por persona (Bulao, 2022). Teniendo en cuenta estos datos, con la llegada del metaverso, llegaran a multiplicarse por 20 respecto a la generación de datos diarios por personas en la actualidad ("Metaverse to push data usage by 20 times in next 10 years: Report", 2022). Además, los datos que se obtienen a través de esta nueva tecnología, y con el uso de los sistemas hápticos, no solo se centrarán en los datos tal cual los conocemos ahora, sino que serán capaces de recopilar información sobre las reacciones y emociones humanas en tiempo real.

Teniendo en cuenta el paradigma social en el que vivimos actualmente, el planteamiento que se tiene, de momento, sobre el metaverso y su tecnología unida a la red de internet, es permitirnos vivir vidas de forma virtual, es decir, que cada usuario que se una a esta tecnología podría tener otra vida en una realidad paralela, pudiendo tomar sus propias decisiones sin depender de las normas ordinarias que rigen nuestro sistema jurídico ni de la costumbre ni reglas éticas y morales que marca la sociedad. Además, te permite interactuar con otros usuarios que quizás, de otra manera, no podrías hacerlo. Dicho uso se puede realizar desde dos perspectivas, una perspectiva más lúdica, donde simplemente se usará como un modo alternativo a tu vida real, es decir, algo parecido a un videojuego. O, como ya estamos observando, crear un mundo dentro del Metaverso donde se intente asemejar al mundo real en el que vivimos, es decir, donde exista un mundo lo más parecido a la realidad que tenemos, con lo que todo eso implica, por lo que es en esta perspectiva del Metaverso donde debería de existir una legislación que permita regular y proteger a los usuarios que inviertan en este mundo, y de esta manera, tener un cierto control de las operaciones que se realicen en él.

En este capítulo se intentará explicar, desde un punto de vista jurídico, el concepto de Metaverso, así como otros conceptos necesarios para tener un conocimiento más concreto del mismo. Además, veremos el impacto que tiene esta nueva tecnología en el derecho, centrándonos no solo en la privacidad, sino también en la protección de datos personales de los usuarios activos y pasivos, en el derecho laboral y en el impacto socio jurídico.

2. METAVERSO

2.1. Sistemas hápticos y conceto de Metaverso

Antes de definir el Metaverso es necesario que tengamos claro el concepto de sistema háptico, ya que va a ser fundamental para entender el metaverso y las implicaciones legales que nos podamos encontrar, como en el caso de la privacidad de los datos que veremos más adelante.

Un sistema háptico es un programa que mediante sensores termorreceptores, mecanorreceptores y quimiorreceptores, es capaz de recrear las sensaciones de tacto, temperatura o posición del cuerpo humano en la vida real, con el objetivo de que el cerebro sea capaz de interpretar sensaciones generadas de forma artificial como si las estuviésemos experimentando en la vida real. Algunas de las sensaciones que se podrían recrear a día de hoy, son el dolor, el placer, tristeza y felicidad etc.

Una vez que tenemos claro que es un sistema háptico, podemos pasar a definir el concepto de Metaverso.

Desde un punto de vista lingüístico, el metaverso es un acrónimo que proviene del griego, que consiste en la unión de las palabras meta, que significa "más allá", y verso, que es el universo.

Es curioso saber que, la primera vez que alguien utiliza la palabra metaverso, fue un escritor, Neal Stephenson, en su novela

"Snow Crash" en 1992, donde utilizaba este concepto para definir un mundo virtual donde los usuarios interactuaban entre si utilizando todos los servicios disponibles que existían en ese mundo. Más adelante, Ondrejka (2004) realizó la primera definición del Metaverso como un entorno en línea considerado como un lugar real donde los usuarios interactuaran y socializaran con otros, pudiendo realizar negocios o simplemente generando situaciones de ocio y entretenimiento, creando otra vida paralela a la del mundo real.

Como la propia definición de Ondrejka indica, nos podemos encontrar con diferentes tipos de Metaverso. Estos tipos de Metaverso son:

- Metaverso inmersivo. Es aquel que su objetivo consiste en ofrecer una realidad alternativa a la realidad natural, haciendo que cualquier usuario tenga las mismas posibilidades de desarrollo que otro.
- Metaverso integrado. Es aquel que tiene como objetivo fusionarse con la realidad natural, usando, por ejemplos, sistemas holográficos o proyectables para interactuar entre ambas realidades.

2.2. Conceptos jurídicos del Metaverso

Para poder entender la información que se comparte en este capítulo, es necesario que se definan ciertos conceptos desde un punto de vista jurídico.

Uno de los primeros conceptos que vamos a definir es el de Sociedad Red. La estructura social de este tipo de sociedad se basa en los datos que se han obtenido de las comunicaciones existentes en dicha red, que a su vez utilizan la tecnología como método de comunicación. Así pues, desde un punto de vista jurídico, podríamos definir la sociedad red como una estructura creada exclusivamente a través de sistemas tecnológicos basados en redes de información global que simula todos los aspectos básicos que un ser humano necesita para cubrir sus necesidades vitales con el objetivo de crear una realidad similar a la realidad natural, donde dicho usuario interactúa e intercambiar experiencias con otros usuarios, es decir, una sociedad con una estructura social completa.

Una vez que tenemos claro el concepto de sociedad red, es necesario que también definamos el concepto de realidad virtual. Para definir este concepto, se ha tenido en cuenta las definiciones conceptuales que nos proporcionan los autores Heim y Schuterland, dándonos dos visiones y formas de entenderlo diferentes.

Según Heim, se define realidad virtual como aquella tecnología que nos permite tener experiencias muy cercanas a la realidad de forma sintética, artificial y bajo un prisma virtualizado (Heim, 1998). Por otro lado, desde el punto de vista de Schuterland, la realidad virtual es un sistema gráfico computacional que crea imagines en tres dimensiones haciendo pensar al observador que son reales y donde dicho observador pueda interactuar con ello y formar parte de esa realidad (Schuterland, 1965).

Teniendo en cuenta estos dos conceptos, y para poder dar una definición desde una perspectiva jurídica más clara de realidad virtual, podemos dividir este concepto en tres secciones diferentes: la primera se basa en la inmersión, entendida como el aislamiento que nos producen los dispositivos para hacernos sentir en otra realidad; la segunda se basa en la interactividad, referida a aquella tecnología que permite cambiar de escena a la vez que el usuario se desplaza por el entorno virtual; la tercera se basa en la información intensa, que es la sensación que mediante a las dos anteriores, nos ofrece un mundo virtual (Furth, 2008).

Partiendo de los conceptos anteriormente definidos, podemos indicar que, a día de hoy, el metaverso no cuenta con una definición legal clara y concreta, ni con ninguna vía de naturaleza jurídica específica ni homogénea que permita regular toda esta realidad alternativa que nos ofrece el metaverso, pero si podemos intentar crear una hipótesis sobre el concepto legal del metaverso.

Si nos centramos en el concepto de metaverso desde un punto de vista científico, el metaverso es similar a una red virtual que se centra en ofrecer experiencias a través de aplicaciones basadas en interconexiones entre sistemas y productos que utilizan herramientas e infraestructuras, además del uso de tecnología emergente (red inteligente) que utiliza como sistema de seguridad primario el blockchain entre los usuarios y usuarios/clientes (Van der Merwe, 2021). Con todo esto, se podría decir que el metaverso es una evolución de la sociedad real y la realidad virtual.

Por lo que, si tenemos en cuenta todo lo indicado anteriormente, podríamos definir el metaverso, desde un punto de visto jurídico, como un sistema generado a través de una red inteligente que, usando herramientas basadas en Inteligencia Artificial, genera y obtiene datos de todos los usuarios participantes a tiempo real para ofrecer una recreación similar a la realidad natural, donde los usuarios pueden hacer realidad prácticamente cualquier acción y deseo sin limitaciones, interactuar con otros usuarios y que además, posee su propio sistema económico basado en blockchain, con el objetivo de conseguir un estado virtual dentro de una sociedad de red absoluta.

3. BLOCKCHAIN Y POLÍTICAS ECONÓMICAS EN EL METAVERSO

El blockchain es un concepto que se podría definir como aquel sistema basado en generar bloques de datos inmutables personalizados para cada usuario y que, a su vez, irá asociado a cada una de las transacciones realizadas en un entorno común capaz de interactuar de forma única con cada usuario, o entre terceros usuarios que pueden tener diferentes roles.

A día de hoy, es necesario hacer especial hincapié en que el Blockchain se está posicionando como un elemento clave en el actual internet 2.0 y que seguramente será una de las piedras angulares de la futura internet 3.0 que girará en torno a la realidad aumentada y paralelamente se relacionará con los sistemas que se basen en realidades meta. Teniendo en cuenta esta premisa, es fundamental que a la hora de usar y promover el metaverso se pueda transmitir una gran confianza en lo que se refiere a seguridad a todos y cada uno de los potenciales clientes que quieran usarlo. Solo a través de la transparencia, seguridad y claridad será posible que tanto el metaverso como sus servicios puedan lograr una mayor integración y acogimiento entre los miles de millones de posibles usuarios potenciales.

El metaverso presenta un conjunto de variables y posibilidades que, si las unimos todas entre sí, nos puede ofrecer a medio plazo y largo plazo una nueva fuente de riqueza económica. Uno de los factores principales a tener en cuenta de cara a fomentar dicha riqueza será la venta de soportes físicos y de productos de hardware y software que sirvan para dar soporte y conexión en las realidades meta a los usuarios. Por otra parte, también es necesario incluir la realidad aumentada como un factor determinante en esta nueva fuente de riqueza, ya que actualmente es uno de los activos económicos que ya están presentes en el metaverso y que, además, suponen unos ingresos constantes y cada vez más altos.

Sin ir más lejos, en la actualidad, el valor estimado relacionado con el crecimiento del mercado de gafas de realidad aumentada está valorado en siete mil millones de dólares anuales y se estima que para el año 2030 su valor económico se incrementé hasta los ciento cincuenta siete mil millones de dólares anuales (Sellers et al., 2021). Ya solo por el tremendo impacto económico que supone y supondrá tan solo una de las variables que presenta el mundo del metaverso como nueva fuente de riqueza, se considera totalmente necesario tener una regulación jurídica y económica sobre dichas acciones.

Para abordar tanto la regulación económica como la jurídica, es necesario tener en cuenta que los usuarios van a formar parte de un colectivo en el que podrán interactuar en entornos virtuales a tiempo real. Esto hecho no solo supone innumerables posibilidades a la hora de usarlo, sino que también entran en juego una gran variedad de derechos de los usuarios en los que deberán de ser amparados por los diferentes Estados y no por empresas privadas en exclusiva. Además, para poder evitar disputas, conflictos de intereses y decisiones impredecibles, es de vital importancia que los Estados colaboraren y tomen las decisiones de forma conjunta. Solo así, se podrá evitar que se vulneren los derechos de los usuarios y se respeten tanto los principios como los valores éticos. De lo contrario, nos arriesgaremos a sufrir efectos adversos derivados de una gestión de los sistemas meta basados fundamentalmente en un enfoque tecnocrático por parte de la dirección propia de las empresas (Bibri, 2020).

Los activos digitales en el metaverso se pueden clasificar como aquellos activos que contienen un valor económico, y que se basan en una tecnología de registro distribuido y blockchain. Dichos activos digitales no solo se basan en criptomonedas, sino que también pueden ser derechos adquiridos sobre diferentes aspectos y ámbitos de la vida como, por ejemplo, obras digitales o activos inmobiliarios. La gran problemática de los activos digitales gira entorno a la identidad digital, ya que a no ser que se limite a cada ciudadano a tener una única identidad digital, cada persona podría tener numerosas identidades digitales, lo cual permitiría que cada persona pudiese tener diferentes patrimonios digitales y naturales de forma activa y esto provocase innumerables problemáticas a las personas en varios ámbitos.

Para que los activos digitales puedan circular de una manera fluida y rápida es necesario que se use una moneda digital como la criptomoneda que tenga un flujo de pago ágil (Yuan et al., 2022). Además, para que todo este sistema funcione, deberá de estar avalado por tecnología blockchain como un sistema de certificación descentralizado en el que no exista ningún control gubernamental de ningún tipo, y donde se presupone que cualquier transacción, activo financiero o valor económico es realmente lo que el bloque indica que en realidad es (Chistodoulou et al., 2022).

Las políticas económicas en el metaverso deberán de promover y proteger tanto las prestaciones de servicios, como la compraventa de bienes y la acreditación de titularidad de derechos independientemente del entorno digital que se asocie a cualquier realidad aumentada o a cualquier realidad meta. Además, dichas políticas deberán de tener como base, el pleno uso de derechos al token ya que será el principal contenedor de derechos con o sin valor económico en el metaverso. Por este motivo, es preciso tener una regulación jurídica específica que tenga en cuenta todas las acciones y prestaciones de servicios que ejecuten los usuarios de una forma válida desde un punto de vista jurídico, ya sea a través de *Smart contracts* o a través de contratos tradicionales.

Ávila (2022) afirma que: "*las políticas económicas del metaverso se deberán de basar en el intercambio y ejecución de tokens asociados a derechos o a bienes de servicios. Cualquier transacción se tendrá tanto que validar con un token como contenedor de derechos siendo una escritura digital que acredita acerca de la "propiedad" de sobre ciertos derechos o valores; como pueden ser las criptomonedas, criptoactivos u obras artísticas bajo acreditación NFT*"

El Market in Crypto Assets regulation (MiCA) ya subrayó en 2022 la necesidad de tener una regulación armonizada sobre las diferentes fichas de dinero electrónico y el resto de criptoactivos monetarios para poder prevenir que se desestabilice el marco económico global. Ante dicha ausencia de regulación armonizada, MiCA en 2023 propuso una primera regulación europea de aproximación que se centraba en cuestiones financieras de forma superficial.

El metaverso ha dejado de ser un concepto basado en ciencia ficción, y cada vez está más cerca de convertirse en el futuro del paradigma social de la sociedad no solo a nivel nacional sino también a nivel global. Por este motivo, tanto las políticas relacionadas con el metaverso como los sistemas jurídicos a nivel general deben de estar enfocados en integrar, promover y regular todo este tipo de servicios y acciones.

4. EL DERECHO EN EL METAVERSO

Como era de esperar, la llegada de esta nueva tecnología genera un impacto en múltiples sectores, y como no podía ser de otra forma, el ámbito jurídico es uno de ellos, como, por ejemplo, en las relaciones contractuales, en el derecho de privacidad, en el derecho de la protección de datos personales, en el derecho laboral y en el derecho de marca entre otros muchos.

A continuación, se abordará y se desarrollará, desde un punto de vista jurídico, las cuestiones que plantea el metaverso en relación con la protección de los datos personales y la privacidad, así como la relación del metaverso con el derecho laboral.

4.1. Protección de datos personales y derecho a la privacidad en el Metaverso

Teniendo en cuenta la volumetría de datos que genera un usuario dentro del metaverso, un factor influyente tanto en la protección de datos personales como en los derechos de privacidad es la identidad digital, es decir, la huella que va generando cada persona cuando interactúa a través de internet, ya que es lógico pensar que el usuario sienta que no tiene control sobre su propia información. Es por esto por lo que cada vez tiene más peso el concepto de identidad digital soberana, que hace referencia a una identidad digital donde el propio usuario es el que controla sus datos, teniendo el control de quien puede acceder a ellos y de qué forma.

Si nos centramos en un principio en la parte de la privacidad de los datos, hay que tener en cuenta que los datos que se pueden obtener del metaverso no son exclusivamente datos personales, sino que además serán capaces de conocer las reacciones de cada usuario hacia ciertos estímulos e incluso se llegaría a conocer las emociones y características que nos hacen humanos, por lo que la necesidad de una regulación clara sobre la privacidad de los datos dentro del metaverso es necesario.

Una vez hablado de la privacidad podemos centrarnos en el derecho de la protección de datos personales.

Una de las principales controversias que se pueden definir está relacionado con los derechos ARCO (acceso, rectificación, cancelación y oposición de datos) y el uso de la tecnología blockchain en el metaverso, ya que, uno de los derechos contemplados en ARCO es el derecho de la cancelación, algo que resultaría prácticamente imposible de ejercer por parte del usuario debido a que una de las principales características de la tecnología blockchain es la inmutabilidad, es decir, la no modificación de información almacenada en los diferentes bloques que conforman la tecnología blockchain.

Por otro lado, y como ya hemos indicado, en el metaverso el usuario experimenta una vida virtual lo más similar a la vida real, con todo lo que esto conllevaría para su privacidad, ya que puede sufrir, dentro de este mundo virtual, discriminación, perdida de autonomía, fraude, vigilancia masiva o, incluso, la suplantación de la identidad, llegando a poder tener consecuencias que generen un impacto negativo en su vida real.

4.2. El Derecho del trabajo en el Metaverso

Debido a la capacidad que tiene el Metaverso de transformación social, es necesario tener en cuenta el Derecho del trabajo en el mismo, siendo necesario una nueva metodología jurídica que permita asumir todos los cambios sociales y legales que pueden avecinarse con esta nueva tecnología.

Para poder abordar con mejor precisión la problemática que se plantea sobre el derecho del trabajo en entornos digitales, es necesario que abordemos ciertos conceptos básicos que harán que podamos profundizar con mayor precisión en el análisis propuesto.

Teniendo en cuenta lo expuesto, comenzaremos recordando los conceptos de validez, vigencia y eficacia de Kelsen, en el que establece que: "*una norma jurídica es válida si ha sido creada de una manera particular, es decir, según reglas determinadas y de acuerdo con un método específico, el que ha sido puesto*" (Kelsen, 2020).

Una vez definidos estos conceptos, es preciso definir lo que entendemos como el derecho del trabajo. Tradicionalmente podemos entender que el derecho del trabajo es la ciencia jurídica que permite analizar y regular las diferentes relaciones laborales que tienen los trabajadores con su empleador y que, a su vez, se desarrollan en la sociedad dentro de un sistema económico. En dicho sistema, no solo se produce una participación individual desde un punto de vista laboral, sino también de forma colectiva que permite crear entidades de carácter sindical para abordar las relaciones laborales entre el empleador y sus trabajadores en el tráfico jurídico de una actividad ajena (Balbin, 2015).

Por otra parte, si profundizamos aún más en la naturaleza jurídica que regula y tiene en cuenta al derecho del trabajo podemos hacernos una idea aproximada sobre lo que se entiende como el derecho del trabajo digital, en el que podemos destacar que está formado por un conjunto de principios y normas jurídicas que tienen el objetivo de regular la conducta humana dentro de un sector de la sociedad que se rige por los diferentes comportamientos de los trabajadores dentro de su labor profesional, y que a su vez, son dependientes de un tercero a través de un acuerdo consolidado normalmente por una firma en el que todas las partes comprenden las posibles consecuencias que pueden surgir y que además, parten de una premisa jurídica. (Krotoschin, 1955).

Otra definición que podemos tener en cuenta y que nos puede servir para aproximarnos a la idea del derecho del trabajo digital es la del autor Navarrete en la que define dicho concepto como:

> *"El Derecho del trabajo digital se basa en los "Knowmads-workers" o la capacidad laboral humana de desempeñar tareas profesionales por cuenta ajena basada en conocimientos polivalentes bajo parámetros de máxima movilidad y nomadismo cognitivo-laboral, el cual no es físico sino profesional y actitudinal lo cual implica la actitud por parte del trabajador en ser proclive y tener capacidades para el cambio constante de aptitudes mediante la detonación cognitiva del conocimiento adaptativo"* (Navarrete, 2017).

Una vez que hemos analizado diferentes puntos de vista de varios autores sobre la definición de en qué consiste el derecho del trabajo digital y tenemos una idea aproximada de su funcionamiento, en mi opinión, considero que la definición que más se ajusta a este concepto es la de los autores Fabrellas y Durán que lo definen como aquel plano jurídico que regula el ámbito laboral en entornos digitales en la realidad natural y realidades digitales Meta. (Fabrellas y Durán, 2016). Además, afirman que:

> *"La subordinación al trabajo se redefine bajo la asunción del riesgo empresarial sin una proporción entre trabajo y retribución respecto al trabajador biológico y no biológico limitándose para el reconocimiento de relaciones laborales a la existencia de las notas de dependencia laboral o ajeneidad desplegando la ausencia de la necesaria simultaneidad de ambos conceptos derivado de la ambivalencia del desarrollo laboral en realidades digitales".*

Si se consigue incluir el derecho del trabajo digital dentro de nuestra esfera jurídica, dará lugar a una actividad laboral híbrida en lugar de la actividad por cuenta ajena que conocemos y que se rige en nuestro sistema jurídico actualmente, por lo que habría que restructurar y regular un sistema de cotización que incluyese y tuviese en cuenta ambas tipologías dentro del sector laboral.

Otro concepto relevante para entender esta relación es el IDW (Individual Data Work) o autodeterminación de datos laborales, que lo definiremos como el conjunto de datos y metadatos que definen la identidad digital del trabajador en el metaverso, siendo el pilar fundamental en el que se base el Derecho del Trabajo digital. Dentro de la estructura de IDW se concentrarán múltiples tipos diferentes de datos del trabajador, desde datos biométricos y biomecánicos, como localización a tiempo real hibrida entre realidades, tiempos de descanso, etc.

Con tanta información que se puede obtener es lógico pensar en la explotación de los mismos con el uso de Data Mining, pero hay una ausencia de regulación jurídica frente a la explotación de este tipo de datos y que limites se deberían de tener, tanto a nivel de explotación como a que datos puedo o no acceder el empleador, ya que sin esta regulación se puede llegar a vulnerar los derechos laborales de los trabajadores, y por este motivo, podría acontecer a una esclavitud digital.

Hay que tener claro que cuando hablamos de datos masivos no podemos olvidarnos del Big Data, y las aplicaciones que esta tecnología tiene en todas las áreas. Con el análisis del Big Data del IDW podemos llegar a encontrar cambios jurídicos entre el empleado y el empleador tanto por la posibilidad en la toma de decisiones a tiempo real hacia el trabajador como al mantenimiento de su puesto de trabajo, o por la posibilidad de cambios de tendencia en las realidades meta. Todo esto hace evidente la necesidad de la regulación del derecho del trabajo digital como existe en el derecho del trabajo tradicional.

Por otro lado, es necesario que hablemos de los derechos de proyección sociolaborales, siendo los que vinculan de forma directa o indirecta el derecho del trabajo digital. El desarrollo de estos derechos, junto a la correcta conceptualización desde el punto de vista legal de la identificación y de la identidad, entre otros, nos permitirá tener una correcta delimitación, desarrollo y consolidación del Derecho del trabajo digital, tanto en entornos de realidad virtual como en entornos de realidad natural.

Continuando con factores que debemos tener en cuenta dentro del Derecho del Trabajo digital en entornos Meta, no nos podemos olvidar de las AI Business o empresas de gestión automatizadas. Estas empresas son aquella que sus trabajadores son exclusivamente avatares que realizan las funciones correspondientes de la empresa sin la intervención de un ser humano, por ello hay que tenerlas en cuenta.

Si lugar a duda, la pieza clave dentro de la gestión de los datos en el metaverso será el Blockchain, ya que será la herramienta principal que ayude al control y acreditación de todos los datos que se manejes dentro de metaverso, usando dicha herramienta para impedir la modificación de los datos con el objetivo de su uso de forma fraudulenta.

Partiendo de todo lo comentado y teniendo en cuenta las consecuencias que puede tener el metaverso sobre el derecho del trabajo podemos observar que la primera de las consecuencias binarias a las que nos enfrentamos y que puede afectar a ambas realidades, es decir, a la virtual y a la natural, es la relación contractual y la forma de cotizar, debido a la posibilidad de compatibilizar bajo un mismo régimen la cuenta ajena y la cuenta propia.

Otros puntos que se deberán de abordar son como se deberían de explotar ciertos datos contenidos en IDW, como los datos que forman parte de un proceso de selección, las peticiones de préstamos, denuncias por irregularidades laborales tanto del empleado como del empleador, etc, para que el acceso a estos datos solo sea por parte del trabajador, o por el empleador a través de vía judicial o por parte de una entidad gubernamental.

No podemos finalizar este apartado sin hacer referencia al cambio de paradigma sociolaboral en el derecho del trabajo digital que va a suponer el metaverso. Debemos tener claro que el concepto de trabajador digital, que es aquel trabajador que presta un servicio de cualquier característica y tipo utilizando herramientas digitales en realidad natural o virtual con el objetivo de ofrecer dicho servicio a terceros, ya sea en la realidad virtual o en la realidad natural. Así será que, teniendo en cuenta todo esto, el IDW será el punto de partida de toda la regulación necesaria para poder utilizar los datos contenidos en él.

5. IMPLICACIONES LEGALES DEL METAVERSO

Como ya se ha mencionado en varios apartados anteriores, existen ciertas implicaciones y retos legales que el Metaverso puede suponer. Los análisis realizados sobre este enfoque se centran principalmente en los siguientes puntos: protección de datos y privacidad; el derecho de la competencia; la propiedad intelectual; lo derechos fundamentales; los derechos de propiedad; las cuestiones de gobernanza; y la regulación de la IA (Sánchez, 2022).

Una de las principales preocupaciones de los empresarios y los consumidores, así como punto fundamental dentro de la legislación europea de los últimos años con la llega del Reglamento General de Protección de Datos (RGPD), es la privacidad tanto en el uso, como en la recopilación, tratamiento y explotación de forma masiva de los datos que implicara el uso del Metaverso. Esto es debido a que existe un peligro mayor en comparación con los sistemas actuales en la recogida e intercambio de los datos (Christopoulos et al., 2021), además del riesgo a que se produzcan importantes daños en la privacidad y seguridad de los usuarios (Wang et al., 2023).

Debido al diseño específico del sistema, y al tratarse de plataformas descentralizadas, es difícil poder establecer, por ejemplo, quien es el responsable del tratamiento de los datos o quien es el encargado del tratamiento de los mismos, entre otros múltiples roles implicados en los datos y su privacidad y protección, haciendo que los derechos y las obligaciones de este tipo de roles sea un tema de análisis a nivel legal.

Ante estos problemas de privacidad en el mundo del Metaverso, existen algunos autores que plantean posibles soluciones. Una de estas soluciones se basa en la creación de una estructura descentralizada, con el objetivo de que los datos no estén a disposiciones de empresas tecnológicas que pueda usarlos de forma comercial o de investigación, que unido al blockchain y la interoperabilidad sean las claves para que los usuarios sean los únicos propietarios de sus datos (Wang et al., 2022). Otra de las soluciones planteadas en la de utilizar una serie de técnicas y medidas que están inspiradas en la realidad virtual y que se pueden adaptar para proteger la privacidad de los usuarios. Algunos ejemplos de estas técnicas y medidas son: poder otorgar el derecho al usuario a hacerse invisible durante un tiempo limitado para el resto de usuario; o permitir la realización de una copia del mundo virtual en el que se encuentre el usuario, para que así él pueda realizar acciones en la copia sin que el resto de usuario le observen (Falchuck et al., 2018). Esto solo son un par de ejemplos de posibles soluciones para proteger la privacidad de los usuarios en el metaverso, pero lo que sí está claro es que, a medida que se siga desarrollando el metaverso, surgirán nuevos problemas, muchos de ellos relacionados con la privacidad y la protección de los datos en el universo virtual (Di Pietro, 2021).

A la par de lo indicado anteriormente, hay que destacar y hacer especial hincapié en el consentimiento, siendo necesario poner en marcha un mecanismo eficaz para recabar el consentimiento del usuario, ya que en el Metaverso se podrán realizar diferentes actividades donde será necesario que el usuario de su consentimiento, como, por ejemplo, en la firma de contratos de adquisición de bienes o servicios, e incluso en relación a la participación de menores, además de tener en cuenta el consentimiento informado que se deberá de facilitar a los usuarios para que sean consciente de todos los datos que están poniendo a disposición de la plataforma.

Si ahora pensamos en cómo se representa al usuario en el metaverso tendremos que hablar de la identidad digital y los posibles riesgos que pueden surgir. Como ya se ha comentado anteriormente, los usuarios en el Metaverso serán representados por avatares, es decir será su identidad digital, por lo que será necesario aportar los controles necesarios para salvaguardar la privacidad de estas identidades e incluso se le podrían aplicar derechos de imagen al avatar de cada usuario.

Si ahora pensamos en los problemas legales que puede aportar el blockchain nos encontramos que los NFT, que son activos únicos, indivisibles y no fungibles que utiliza esta tecnología para registrar su propiedad y validar la autenticidad. Actualmente no existe ninguna regulación específica para los NFT en Europa, pero si que su creación y explotación puede plantear importantes cuestiones acerca de la propiedad intelectual.

Debido a que existen Metaversos que están regidos por DAO es necesario hacer especial hincapié en ellos y sus posibles implicaciones legales. Las DAO son aquellas organizaciones que se rigen por un Smart contract donde están las normas autoejecutables por las que se rigen, es decir, no están sometidas a una autoridad humana, basadas en blockchain. En algunos estados de los Estados Unidos si se les reconoce cierto tipo de personalidad jurídica, en cambio en Europa no, por lo que hasta que exista una normativa específica, habrá que analizar cada caso en concreto y las jurisdicciones.

Si ahora pensamos en la propiedad intelectual e industrial podemos observan que también se plantearan muchos retos al respecto, empezando por los derechos de creación de una obra del Metaverso cuando esta obra es en colaboración con terceros. Además de existir ciertas implicaciones legales en el uso ilegitimo de marcas, por lo en el campo de la protección de marcas también existen ciertos riesgos legales que serán necesarios abordar. Y no nos podemos olvidar de la competencia, siendo necesario establecer protocolos y políticas para evitar que las empresas realicen acuerdos secretos u otro tipo de prácticas que hagan que la competencia en el mercado se restrinja, impida o distorsione.

No nos podemos olvidar que una de las bases de los sistemas que forman el Metaverso en la inteligencia artificial (IA), y es por este motivo, que se tendrá que tener en cuenta el Reglamento de Inteligencia Artificial (RIA) de la Unión Europea que se publicará en el Diario Oficial el 12 de julio de 2024 y entrará en vigor el 1 de agosto de este mismo año (Act. A. I. 2023). Dicho reglamento, tiene el objetivo de garantizar la seguridad y el cumplimiento de los derechos fundamentales a la vez que busca promover e incentivar la innovación. Además, establece una serie de aplicaciones que quedarán prohibidas ya sea porque tengan que utilizar datos sensibles sin consentimiento, o porque permitan crear bases de datos con el objetivo de utilizarlas para hacer un reconocimiento facial o vulnerar algún derecho de las personas. Este nuevo reglamento analiza, subraya y cataloga los diferentes riesgos y obligaciones para los sistemas de alto riesgo, que son considerados como "inasumibles", debido al potencial daño significativo que pueden causar tanto en la salud, como en los derechos fundamentales, la seguridad, el medio ambiente y en el Estado de derecho. Dicho reglamento pretende proteger a los ciudadanos sin interceder en la evolución ni en el crecimiento de la IA dentro del marco de la

Unión Europea para de esta forma, poder seguir siendo competitivos en el mercado global y que no se quede atrás con respecto al resto de potencias mundiales (Molina, et al. 2024).

Si ahora realizamos un análisis de forma más global podemos observar que uno de los desafíos que se encuentran dentro del mundo del metaverso es la ausencia de regulación legal que proteja a los usuarios, no solo lo relacionado con su identidad y sus datos, sino también todo lo relacionado con la interacción que existirá en los diferentes mundos virtuales. Para eso se podría plantear la posibilidad de generar una regulación exclusiva para los mundos virtuales o adaptar la regulación de mundo físico al mundo virtual. Ambas opciones generan bastantes discusiones y diferentes puntos vista, ya que tiene sentido pensar que lo mejor sería que tuviera su propia regulación para solventar los problemas que se producen dentro de estos mundos, pero esta posible solución también acarrea ciertas dudas, como, por ejemplo, quien tendría legitimidad para legislar en él o quien tiene la capacidad para ejecutar resoluciones legales (Navarro, 2023). En cambio, la idea de adaptar la regulación de la realidad física a la realidad virtual genera, desde el principio, mucha incertidumbre, ya que claramente ambos mundos son muy distintos, teniendo en cuenta que un delito virtual no tiene nada que ver con un delito físico (Hendaoui, 2008).

6. CONCLUSIONES

Tras todo lo expuesto a lo largo de este capítulo, son muchas las inquietudes y posibles conclusiones a las que podemos llegar, e incluso, son muchas más las preguntas que nos pueden quedar a día de hoy sin respuesta. Todo esto es debido a la gran velocidad a la que está evolucionando la tecnología no solo en el sector laboral, la protección de los datos personales y el derecho de privacidad, sino en todos y cada uno de los sectores.

La necesidad de tener que incluir y regular estos derechos dentro del ámbito laboral digital en nuestro sistema jurídico estará supeditada a la rapidez con la que avance el Metaverso.

Por otro lado, al igual que en el ámbito laboral, habrá que hacer un especial hincapié en los datos personales que esta nueva tecnología está generando para poder salvaguardar los derechos de privacidad de los usuarios, así como la protección de los datos personales del mismo.

Para poder abordar dicha regulación, considero que habría que tener en cuenta las siguientes cuestiones:

- La primera situación que podemos observar, no solo se podría relacionar con el Metaverso, sino que podríamos relacionarla con cualquier avance tecnológico, y consiste en la evolución y en el avance a pasos agigantados que está teniendo la tecnología en comparación con otros sectores. Esta situación dificulta enormemente al sector jurídico la capacidad de regular las diferentes circunstancias que pueden acontecer dentro del Metaverso. Debido a este motivo, a la hora de querer regular el impacto que puede generar el derecho digital, se genera una gran incertidumbre que puede llegar a provocar una inseguridad jurídica.
- Como ya hemos comentado, una de las características fundamentales del metaverso, es la generación y recopilación de datos de todos los usuarios del mismo, haciendo que el usuario pueda tener muchas confusiones sobre su tratamiento, por lo que uno de los puntos fundamentales y más necesarios de regular para esta tecnología es identificar de forma clara quién puede acceder a estos datos, que se puede hacer con ellos y cómo el usuario puede decidir que permite y que no hacer con sus datos personales.
- En relación con el punto anterior, tenemos los IDW, que, como ya hemos definido a lo largo del capítulo, son los datos que identifican la identidad laboral del trabajador, los cuales deben de estar muy presentes en la creación de las normas dentro del derecho laboral digital, para poder así salvaguardar los derechos del trabajador y evitar la posibilidad de una esclavitud laboral.

- Es importante tener en cuenta, dentro del derecho laboral digital, la necesidad de la creación de nuevas normas que abarquen la necesidad de regulación de los sistemas de cotización y contratación debido a que en esta nueva tecnología nos podemos encontrar con sistemas híbridos, donde existe la capacidad de compatibilizar dentro de un mismo régimen trabajadores por cuenta propia y por cuenta ajena.
- Ya que el Metaverso permite interactuar, no solo con usuarios de tu misma región, sino con usuarios de todo el mundo, sería conveniente que a la hora de regular tanto el derecho laboral digital, como la privacidad y la protección de los datos personales que se producen dentro de este fenómeno, participasen todos y cada uno de los Estados para que se pudiera fomentar una regulación global homogénea que pueda salvaguardar los derechos de todas las personas que interactúen en él.
- Se considera de vital importancia que se incorporen estructuras de gobierno mixto en el que pueda colaborar el sector público, así como un sistema de toma de decisiones que se base en una regulación jurídica conjunta entre todos los Estados.
- Para cualquier acción que se quiera realizar dentro del metaverso, se deberá de tener en cuenta el nuevo Reglamento de Inteligencia Artificial de la Unión Europea, ya que dicho reglamento no solamente fija unos estándares de seguridad básicos que se deben de cumplir a la hora de usar la tecnología sin que medie ningún fin discriminatorio, sino que también propone una regulación para que no se vulneren los derechos fundamentales de los ciudadanos.
- Las políticas económicas que se desarrollen en el metaverso deberán de estar dirigidas a fomentar y promover el intercambio y la ejecución de tokens que estén asociados a derechos o a bienes de servicios. Además, los Smart con-

tracts serán un elemento fundamental para desarrollar un sistema jurídico correcto y adecuado enfocado en las certificaciones registrales a través de blockchain.

- Para finalizar con las conclusiones, creo que es preciso subrayar la importancia que tiene, dentro de la gestión de los datos en el metaverso, el Blockchain. Dicha herramienta se presenta como el principal mecanismo para ayudar al control y acreditación de todos los datos que se manejan dentro del metaverso.

7. BIBLIOGRAFÍA

Act, A. I. (2023). "A step closer to the first rules on Artificial Intelligence". News European Parliament. Recuperado de www.europarl.europa.eu/news/en/pressroom/20230505IPR84904/aiactastepcloser-to-the-first-rules-on-artificialintelligence

Anónimo. Metaverse to push data usage by 20 times in next 10 years: Report. The Economic Times. (2022). Recuperado de https://economictimes.indiatimes.com/tech/technology/metaverse-to-push-data-usage-by-20-times-in-next-10-years-report/articleshow/89657820.cms?from=mdr.

Ávila, J. A. N. (2022). *El Derecho del Trabajo en el Metaverso*. ELDERECHO.COM. Recuperado de https://elderecho.com/el-derecho-del-trabajo-en-el-metaverso-2

—, (2022). *El Metaverso: conceptualización jurídica, retos legales y deficiencias normativas*. World Compliance Association. Recuperado de www.worldcomplianceassociation.com/3050/articulo-el-metaverso-conceptualizacion-juridica-retos-legales-y-deficiencias-normativas.html

—, (2022). El metaverso y los sistemas hápticos: Regulación legal de tecnologías de recopilación compleja de datos. ELDERECHO.COM. Recuperado de https://elderecho.com/el-metaverso-y-los-sistemas-hapticos-regulacion-legal-de-tecnologias-de-recopilacion-compleja-de-datos

—, (2022). Registro Distribuido, Tokenización, Blockchain y Políticas Económicas en el Metaverso. ELDERECHO.COM. Recuperado de https://elderecho.com/el-metaverso-y-los-sistemas-hapticos-regulacion-legal-de-tecnologias-de-recopilacion-compleja-de-datos

Balbín, A. N. (2015). El concepto de derecho del trabajo. *Anales de la Facultad de Ciencias Jurídicas y Sociales*, 12.

Bibri, S. E. (2021). "Data-driven smart eco-cities and sustainable integrated districts: A best-evidence synthesis approach to an extensive literature review". *European Journal of Futures Research*, 9(1): pp. 1-43.

Bulao, J. (2022). "How Much Data Is Created Every Day in 2021?". Tech jury. Recuperado de https://techjury.net/blog/how-much-data-is-created-every-day/#gref

Christodoulou, K., Katelaris, L., Themistocleous, M., Christodoulou, P., y Iosif, E. (2022). "NFTs and the Metaverse Revolution: Research Perspectives and open challenges". *Blockchains and the Token Economy*: pp. 139–178.

Christopoulos, A., Mystakidis, S., Pellas, N. y Laakso, M. (2021). "An Augmented Reality Learning Analytics Ethical Framework". *Computers*, 10, 92.

Di Pietro, R. y Cresci, S. (2021). "Metaverse: Security and Privacy Issues, 2021 Third IEEE International Conference on Trust, Privacy and Security in Intelligent Systems and Applications", *IEEE*: pp. 281-288.

Enríquez, O. A. M. (2022). El derecho de protección de datos personales en los metaversos. Informática y Derecho. *Revista Iberoamericana de Derecho Informático* (2. ª época), (12): pp. 109-125.

Falchuk, B., Loeb, S., y Neff, R. (2018). "The Social Metaverse: Battle for Privacy", *IEEE Technology and Society Magazine*, 37 (2): pp. 52-61.

Galeano, S. (2022). El número de usuarios de internet en el mundo crece un 4% y roza los 5.000 millones. Observatorio Tecnológico de Hidalgo. Recuperado de https://otech.uaeh.edu.mx/noti/index.php/tech/el-numero-de-usuarios-de-internet-en-el-mundo-crece-un-4-y-roza-los-5-000-millones-2022/

Heim, M. (1998) "Virtual Reality", *Oxford University Press*, New York.

Hendaoui, A., Limayem, M. y Thompson, C. (2008). "3D social virtual worlds: Research issues and challenges", *IEEE Internet Computer*, 12 (1): pp. 88-92.

Kelsen, H. (2020). *Teoría pura del derecho*. Eudeba.

Krotoschin, Ernesto (1955). "Tratado de Derecho del Trabajo", t. I. *Depalma*.

Molina, Ó. A., Bernal, M. J., Wolf, D. L., & Herreros, B. (2024). "What is Spanish regulation on the application of artificial intelligence to medicine like?". *Humanities and Social Sciences Communications*, 11(1): pp. 1-7.

Navarrete, C. M. (2017). *Derecho y trabajo en la era digital: ¿"revolución industrial 4.0" o "economía sumergida 3.0"?* El futuro del trabajo que queremos. Gobierno de España, Ministerio de Empleo y de la Seguridad Social.

Navarro Meseguer, P. R. (2023). *¿Cuál es el futuro del Metaverso?*

Ng, D. T. K. (2022). "What is the metaverse? Definitions, technologies and the community of inquiry". *Australasian Journal of Educational Technology*, 38(4): pp. 190-205.

Ondrejka C. (2004). "Escaping the gilded cage: User created content and building the metaverse ". *NYL Sch. L. Rev.* 49 (1),pp. 81-101

Rey Pérez, J. L. (2022). *Las difíciles fronteras entre realidad y ficción en el metaverso y sus consecuencias jurídicas.* Repositorio Comillas. Recuperado de https://repositorio.comillas.edu/xmlui/bitstream/handle/11531/68090/Las%20difIics%20fronteras%20.pdf?sequence=1&isAllowed=y

Sánchez, B. A. (2022). Régimen jurídico del metaverso: una aproximación europea. Informática y Derecho. *Revista Iberoamericana de Derecho Informático* (2. ª época), (12): pp. 151-159.

Sellers, D. et al. (2021). "*Augmented reality market projected to be worth $7 billion by 2030*". Apple World Today. Recuperado de www.appleworld.today/2021/11/16/augmented-reality-market-projected-to-be-worth-7-billion-by-2030/

Shuterland, I.E. (1965) "*The Ultimate Display*", Proceedings of the 1965 IFIP Congress, 2: pp. 506-508.

Van der Merwe, D. (2021). "*The Metaverse as Virtual Heterotopia*". In 3rd world conference on research in social sciences.

Virtual Reality. In: Furht B. (2008) (eds) "*Encyclopedia of Multimedia*". Springer, Boston, MA. Recuperado de https://doi.org/10.1007/978-0-387-78414-4_255

Wang, Q., Ruija, L., Chen, S. et al. (2022). "*Exploring Web3 from the View of Blockchain*". Arxiv: pp. 5-15.

Wang, Y., Su, Z., Zhang, N. et al. (2023). "A Survey on Metaverse: Fundamentals, Security and Privacy", *IEEE Communications Surveys*: pp. 1-15.

Yuan, Y., y Yang, Y. (2022). "Embracing the metaverse: Mechanism and logic of a new digital economy". *Metaverse*, 3(2), 15.

Capítulo 5
Usos, límites y regulación de internet, de las redes sociales y del metaverso

JAVIER LÓPEZ GUTIÉRREZ
ECIJA Abogados

1. CIBERESPACIO. INTERNET, REDES SOCIALES Y METAVERSO

Frente al tradicional mundo *offline*, donde únicamente se concebía una realidad material, hace ya tiempo que el ciberespacio se ha ido afianzando en nuestras vidas, primero con la llegada de internet; más tarde con la popularización de las redes sociales; y finalmente con la aparición del metaverso, que apunta a ser la base de una auténtica revolución que afecte a todo tipo de aspectos cotidianos, como la relación entre las personas, la forma de distribuir productos y prestar servicios, la actividad profesional, etc.

Y es que el fenómeno que estamos presenciando es de suma relevancia y se asemeja a otros grandes hitos recientes de la Humanidad, que en su momento supusieron un cambio de paradigma, tales como la Revolución Industrial del siglo XIX, la aparición del automóvil en el siglo XX, o la normalización de internet en el siglo XXI; por los que pocos apostaban en un principio, y que finalmente han sido el germen de un proceso de transformación digital, que nos ha llevado al uso de tecnologías, entonces inimaginables, como las fábricas con brazos robóticos, los vehículos autónomos o la conexión 5G.

1.1. El ciberespacio es un lugar

La comisión de infracciones, especialmente en el ámbito penal, haciendo uso de internet (*webs, blogs*, foros, etc.), de redes sociales (*Facebook* renombrado como *Meta, Twitter, Instagram, YouTube, TikTok, Linkedin, Mastodon*, etc.) o de sistemas de mensajería instantánea (*WhatsApp, Line*), ya estaba contemplado por la normativa y ha tenido respuesta por los Tribunales, generándose un elenco de jurisprudencia en la que se aplican y matizan las diversas figuras jurídicas y su sanción.

Sentado lo anterior, hasta ahora, las resoluciones judiciales se habían centrado en el presupuesto de que estas tecnologías pudieran usarse como instrumento o un medio para llevar a cabo el delito (por ejemplo, enviando mensajes de odio hacia un colectivo a través de una red social), pero no se había extendido esta interpretación a la posibilidad de que el ciberespacio pudiera ser en sí mismo el lugar donde la víctima sufra el ataque por parte de su agresor.

Sin embargo, la sentencia 547/2022 de la Sala de lo Penal del Tribunal Supremo de 2 de junio de 2022 ha hecho una ampliación interpretativa de la pena prevista por el artículo 48-1 de la Ley Orgánica 10/1995, de 23 de noviembre, del Código Penal, consistente en la privación del derecho a "acudir al lugar en que haya cometido el delito", estableciendo que no hay que limitarse a considerar que este lugar sea un espacio físico, geográfico y perfectamente perceptible por los sentidos, sino que ese "lugar" puede ser entendido como el propio espacio virtual en que se haya cometido el delito, extendiendo su alcance a "espacios de difusión".

En efecto, esta fue la solución adoptada por el Alto Tribunal para condenar al *influencer* "ReSet" por haber publicado un video en su fructífero canal de *YouTube* "Kenghua R", que contaba con más de un millón de *followers* y casi ciento veinticinco millones de visualizaciones, en el que se exponía como humillaba a mendigo de Barcelona en situación de necesidad, al hacerle una supuesta broma consistente en darle un billete de veinte euros y unas galletas Oreo rellenas con pasta de dientes, lo que le causó vómitos, mareos y emocionalmente se sintió triste, llorando, además de preocupado y con temor, según recoge expresamente la sentencia.

De esta forma, estando acreditado que hizo el video para grabar su reacción al injerir las galletas y luego subirlo a la red social, con la finalidad de obtener visitas y obtener un beneficio económico mediante el sistema de monetización de la red social, se le consideró culpable de un delito contra la integridad moral y se le impuso una condena de quince meses de prisión, el pago de una indemnización de 20.000 euros y la prohibición de usar *YouTube* durante cinco años, lo que supone un duro castigo, al privarle de su principal fuente de ingresos.

En consecuencia, se establece que las redes sociales no son sólo el instrumento para la comisión de delitos, sino que también pueden ser el escenario en el que el delito se comete. Esta innovadora interpretación abre la puerta a la consideración como "lugar" de todos los entornos que existen —o puedan existir en el futuro— en el ciberespacio (incluido el metaverso), lo que es relevante en cuanto al sitio donde puedan considerarse cometidos los delitos y al espacio físico y/o virtual donde deban ejecutarse las penas que se impongan.

1.2. ¿Metaverso o metaversos?

Hay muchas conjeturas sobre lo que es realmente el metaverso, que pasan desde que es una mera actualización de internet (la *web* 3.0) que incluye mejoras y sofisticados sistemas para incrementar las ventas; hasta que se trata de un producto de *marketing* imaginado por Mark Zuckerberg para recuperar el protagonismo perdido por *Facebook*, lo que justificaría su cambio de denominación por la de *Meta*, que se anunció a los cuatro vientos el 28 de octubre de 2021 en el *Facebook Connect*.

Lo cierto es que no se trata de un concepto moderno, pues existen antecedentes en los que se hacía referencia a esta idea, como en los libros *Snow Crash* (Neal Stephenson, 1992), que narra la historia de Hiroaki Hiro Protagonist, un repartidor de pizza en el mundo real y samurái en el metaverso, o *Ready Player One* (Ernest Cline, 2011), que recreaba un mundo ficticio virtual llamado Oasis, y en el que se basó la película homónima dirigida en 2018 por Steven Spielberg; así como en la famosa saga *Matrix*, en la que la mayoría de los seres humanos habían sido dominados por máquinas dotadas de inteligencia artificial, siendo almacenados sus cuerpos en estanques, mientras sus mentes estaban conectadas a una realidad virtual.

Pero, por lo que se refiere a la creación de un ciberuniverso específico, sin duda el antecedente inmediato es el cosmos paralelo creado en 2003 por *Second Life*, que llegó a ser muy popular en la primera década de este siglo, donde los usuarios ("residentes") podían deambular en este mundo —virtualmente a través de sus avatares, mediante conexión a internet— e interactuar con el entorno y los avatares de otros participantes, establecer relaciones sociales, participar en actividades e, incluso, tener propiedades virtuales.

Partiendo de lo anterior, y aunque no es sencillo precisar un concepto que agrupe todas los creaciones que se incluyen en el mismo, una definición comúnmente aceptada de metaverso es la que lo configura como una red permanente de mundos de realidad virtual con simulaciones inmersivas, en los que los usuarios pueden interactuar con otros usuarios, objetos, derechos y obligaciones, y que puede experimentarse sincronizadamente por un número ilimitado de usuarios, que viven su propia experiencia de forma individual y en tiempo real.

Y, en efecto, estos entornos virtuales demandan la aplicación de diversas tecnologías como la realidad aumentada, la inteligencia artificial y el *blockchain* (operaciones basadas en una cadena de bloques de operaciones descentralizada y pública), así como el uso de criptomonedas (principalmente *Bitcoin* y *Ethereum*) y *NFTs* (*Tokens No Fungibles*), lo que resulta idóneo para tener e intercambiar propiedades virtuales en los cibermundos.

En todo caso, lo cierto es que no existe, al menos por el momento, un único metaverso que conforme un universo paralelo virtual interconectado a nivel global, sino que son mundos virtuales programados para albergar los espacios deseados por sus dueños para los fines que requieren. Este es el caso de muchas empresas y conocidas marcas como H&M, Samsung, Orange, Skechers, Carrefour, etc., que ya tienen sus establecimientos abiertos al público en sus metaversos.

2. NEGOCIOS EN EL METAVERSO

2.1. Ciberempresas

En efecto, el tráfico mercantil no es ajeno a la gran metamorfosis que ha supuesto la llegada de la tecnología, de forma que el *ecommerce* ha pasado de ser una actividad esporádica con la llegada de las páginas *web* a principios del siglo XXI, a una realidad diaria con la proliferación de los *marketplaces* como *Amazon, eBay, AliExpress,* etc., de forma que la facturación del mercado virtual en muchos sectores ya supera a la del comercio tradicional.

En este contexto, el metaverso pretende dar un paso más, haciendo que la experiencia de usuario a la hora de hacer sus compras *online* sea lo más realista, cómoda y ágil posible, así como abrir nuevas oportunidades para desarrollar actividades empresariales y profesionales que hasta ahora no existían, creando oportunidades en el entorno virtual que antes no existían. Con esta pretensión de ampliar la actividad comercial al mundo *online* obedecen las campañas lanzadas por Adidas, Nike, Balenciaga, Gucci, Burberry, Louis Vuitton o Zara, que presentó "*Y2K Creatures*" en septiembre de 2022, su tercera colección *phygital.*

Asimismo, el metaverso aspira a ser un escenario virtual propicio para la celebración de eventos (conciertos musicales, obras de teatro, convenciones de negocios, etc.), como los espectáculos virtuales de Travis Scott (2020) y Ariana Grande (2021) en *Fornite,* o de Justin Bieber en *Wave,* así como para acontecimientos deportivos como, por ejemplo, partidos de fútbol, donde a los espectadores que acudan presencialmente al estadio, podrán unirse otros muchos más a disfrutar del mismo a través del metaverso, pudiendo interactuar con los avatares de las personas que se encuentren a su alrededor, como si se encontraran verdaderamente en el recinto.

De esta forma, el metaverso, en combinación con otras tecnologías como la de la firma digital certificada a través de un tercero de confianza, quiere ser un espacio de encuentro para la realización de actuaciones formales y trámites legales que hasta ahora requerían la concurrencia de los participantes en un mismo espacio físico, como reuniones con abogados y otros profesionales, firmas con intervención de notarios y otros fedatarios públicos, juntas de accionistas (especialmente en el caso de las sociedades cotizadas, donde los asistentes se pueden contar por miles), y toda clase de actuaciones que podrán llevarse a cabo en las oficinas ubicadas en el metaverso.

2.2. Relaciones laborales en el metaverso.

Y la creación de estos espacios de negocio virtuales genera la necesidad de cubrir determinados servicios para atender al público que acuda a estos lugares, lo que supone la implantación de nuevos puestos de trabajo en el propio metaverso: desde los recepcionistas de las instalaciones, pasando por los vendedores de los productos, hasta los encargados del mantenimiento de los ciberlocales, tanto del diseño como de la programación que lo sostiene.

Estos trabajadores, conocidos como *metaworkers*, son aquellos que prestan servicios que permiten la interacción completamente *online* con los usuarios, a través de sus avatares, mediante la prestación de trabajo virtual. Esto significa que, aunque el trabajador se encuentre ubicado físicamente en su domicilio o en un espacio físico habilitado por la empresa, realiza su actividad laboral en el metaverso, desde un ordenador o cualquier otro dispositivo conectado a internet.

De esta manera, en la medida que se cumplan los requisitos de ajenidad (trabajadores que voluntariamente presten sus servicios retribuidos por cuenta ajena) y dependencia (que actúen dentro del ámbito de organización y dirección de otra persona, física o jurídica, denominada empleador o empresario), tal y como está previsto en el Real Decreto Legislativo 2/2015, de 23 de octubre, por el que se aprueba el texto refundido de la Ley del Estatuto de los Trabajadores, estos trabajadores estarán amparados por la normativa laboral existente y aquella que haya de promulgarse para regular las nuevas situaciones, con los derechos y obligaciones que ello implica.

La retribución de estos cibertrabajadores puede ser en moneda de curso legal, pero también podrá realizarse mediante criptomonedas, que pueden gastar en el propio metaverso o convertirlas para hacerlo fuera de él. Asimismo, su relación contractual podrá documentarse en contratos convencionales, o mediante *smart contracts* firmados con certificado de firma digital integrado, dotados de comandos de ejecución automatizada que ordenan de forma automática las transacciones económicas para el pago de la retribución en los importes y plazos pactados.

3. METAVERSO Y JUSTICIA

El metaverso y las nuevas tecnologías también van introduciéndose en la actividad de los Juzgados y Tribunales, habiéndose experimentado con la celebración de audiencias judiciales con avatares y gafas *Oculus* de realidad aumentada. Este fue el caso de la que tuvo lugar en febrero de 2023 en un Tribunal del Magdalena (Colombia) a través de *Meta Horizon Workrooms*, en la que, además se hizo uso del sistema de inteligencia artificial *ChatGPT* para cubrir las lagunas provocadas por la falta de experiencia previa, lo que permitió establecer las normas procedimentales y marcar los descansos necesarios para preservar la salud de los intervinientes.

Esta posibilidad ha tomado mayor relevancia, teniendo en cuenta que, a partir del confinamiento provocado por la covid-19, se ha normalizado el hecho de que puedan realizarse por medios tecnológicos (videoconferencias, llamadas, etc.) actuaciones judiciales que las leyes procesales exigen que tengan carácter presencial, a pesar de que el Juez, los declarantes, las partes y sus letrados y procuradores puedan encontrarse separados por muchos kilómetros de distancia.

Además de las vistas, el metaverso puede tener múltiples aplicaciones en el ámbito de la aplicación de la Justicia, como, por ejemplo, para las entrevistas de los reclusos con sus abogados en los centros penitenciarios, habida cuenta de que el Real Decreto 268/2022, de 12 de abril, por el que se reforma el Real Decreto 190/1996, de 9 de febrero, por el que se aprueba el Reglamento Penitenciario, ha previsto en su artículo 41-8 que las comunicaciones podrán llevarse a cabo mediante el uso de tecnologías de la información y comunicación y sistemas de videoconferencia.

Pero, el uso del metaverso no tiene por qué limitarse a esta finalidad exclusivamente, ya que el metaverso podría ser un instrumento para mejorar la calidad de vida de los internos —contribuyendo al objetivo de promover su reinserción social—, mediante la creación de espacios virtuales donde, vigilando que se respetan las normas de seguridad de la prisión y la privacidad de los reclusos y sus allegados, estos pondrían incrementar el número de encuentros con sus familiares y amigos, añadiendo los virtuales a los que les correspondan de forma presencial.

4. PROTECCIÓN DE LA PROPIEDAD INTELECTUAL E INDUSTRIAL EN EL CIBERESPACIO

4.1. Propiedad Intelectual y NFTs

El ámbito de protección en materia de propiedad intelectual que confiere la normativa española a las obras y creaciones viene determinado por el artículo 10 del Real Decreto Legislativo 1/1996, de 12 de abril, por el que se aprueba el texto refundido de la Ley de Propiedad Intelectual, en el que se establece que son objeto de propiedad intelectual todas las creaciones originales literarias, artísticas o científicas expresadas por cualquier medio o soporte, tangible o intangible, actualmente conocido o que se invente en el futuro. En consecuencia, se contempla expresamente la posibilidad de que la obra sea intangible, como sería el caso de la que se puede acumular en el metaverso.

Esto despejaría la discusión generada sobre si las obras que se crean mediante la tecnología *NFT* disfrutan de la protección legal como cualquier otra propiedad intelectual. Y la cuestión no es baladí, ya que algunas de estas creaciones pueden alcanzar precios millonarios, como es el caso de las colecciones "Messiverse" (juego de palabras realizado con el nombre del futbolista Lionel Messi y la palabra inglesa *universe*) o "Papi Edition" del famoso cantante Maluma).

Por consiguiente, partiendo de la base de que el *e-art* goza también de protección legal como cualquier otra creación artística, resulta de aplicación lo dispuesto en los artículos 17 y siguientes de la citada Ley de Propiedad Intelectual, que confieren al titular de las ciberobras un derecho exclusivo de explotación de las mismas en cualquier forma y en especial, los derechos de reproducción, distribución, comunicación pública y transformación.

Complementando lo anterior, el artículo 270 del Código Penal impone la pena de prisión de seis meses a cuatro años y multa de doce a veinticuatro meses al que, con ánimo de obtener un beneficio económico directo o indirecto y en perjuicio de tercero, reproduzca, plagie, distribuya, comunique públicamente o explote económicamente, en todo o en parte, una obra (apartado 1); o al que, en la prestación de servicios de la sociedad de la información, facilite de modo activo y no neutral y sin limitarse a un tratamiento meramente técnico, el acceso o la localización en internet de obras (apartado 2).

Esta construcción teórica sobre la innecesaridad del soporte físico de la obra en el mundo *offline* se sometió a debate práctico cuando se conoció que el millonario Martín Mobarak quemó en

2022 el original del dibujo llamado "Fantasmones siniestros", pintado por la pintora mexicana Frida Kahlo en 1944, valorado en unos diez millones de dólares, tras haberlo convertido en 10.000 *NFTs*, que sacó a la venta con un precio por unidad de tres *Ethreum* (1400 euros aproximadamente).

Lo cierto es que, sin perjuicio del deseado efecto mediático, esta actuación tiene todos los visos de ser ilegal en México, de conformidad con su normativa nacional, habida cuenta de que la Ley Federal sobre Monumentos y Zonas Arqueológicos, Artísticos e Históricos promulgada en 1984, declara monumento artístico y, por tanto, con protección por parte del Estado, toda la obra de esta prestigiosa artista, sean propiedad de la nación o de particulares.

En España, esto también sería constitutivo de delito, por mor de lo establecido en el artículo 323 del Código Penal, que establece que será castigado con la pena de prisión de seis meses a tres años o multa de doce a veinticuatro meses, el que cause daños en bienes de valor histórico, artístico, científico, cultural o monumental; imponiéndose la pena superior en grado cuando se hubieran causado daños de especial gravedad o que hubieran afectado a bienes cuyo valor histórico, artístico, científico, cultural o monumental fuera especialmente relevante.

4.2. Propiedad Industrial y falsificaciones.

Por lo que se refiere a la normativa española en materia de propiedad industrial, la Ley 17/2001, de 7 de diciembre, de Marcas confiere al titular de una marca (artículo 34) y de un nombre comercial (artículo 90), el derecho exclusivo sobre los mismos, lo que incluye una vertiente positiva que incluye el poder para usarlos libremente; así como otra negativa, consistente en la facultad de impedir que sean autorizados por terceros sin que exista previo consentimiento.

Partiendo del axioma de que donde hay una misma razón existe un mismo derecho, nada obstaría a que estos elementos debidamente reconocidos legalmente en el mundo *offline* sean igualmente protegibles en el mundo virtual de internet, las redes sociales y, también, del metaverso. Ello implica que dichos signos distintivos solo podrían usarse en este entorno por sus titulares o aquellos a los que autoricen, pudiendo efectuar la oportuna reclamación contra aquellos que hagan uso sin autorización de signos distintivos debidamente registrados.

Debido a que, para que exista protección, es necesario partir del previo registro marcario que confiera los derechos de propiedad industrial, se planteó la dificultad de cómo debía realizarse el registro de marca de los *NFTs*, al no figurar en el elenco de las clases de la Clasificación de Niza. Pues bien, esta cuestión fue resuelta por las recomendaciones básicas emitidas por la *European Union Intellectual Property Office* en julio de 2022, en las que se dispuso que los *NFTs* han de registrarse en la clase 9, equiparándose al contenido digital e imágenes, debiendo indicarse en la solicitud que se trata de un *NFT*, hasta que se publique una edición actualizada de la Clasificación de Niza, en la que se incluirá expresamente en dicha clase el concepto "archivo digital descargable autenticado por tokens no fungibles".

Por tanto, en el supuesto de que se usen elementos marcarios de un tercero dentro del metaverso sin la autorización de este, se produciría una vulneración de los derechos de propiedad industrial que podría perseguirse ante los Tribunales. Este ha sido el caso de la demanda interpuesta por la firma francesa *Hermès* contra Mason Rothschild, por haber puesto a la venta, por más de un millón de dólares, en *OpenSea* (un *marketplace* especializado en la comercialización de *NFTs*), una colección de cien obras creadas con tecnología *NFT* llamada "*MetaBirkins*", compuesta de bolsos virtuales con diseños muy similares a los originales.

El artista trató de excusar su actuación con la tesis de que no se trataría de réplicas de los famosos bolsos de lujo de la conocida marca, sino bocetos inspirados en ellos, invocando para ello la protección otorgada por la Primera Enmienda de la Constitución norteamericana, que consagra la libertad de expresión, lo que incluye la expresión artística. A tal fin, ejemplificó que sería un supuesto análogo al de los célebres posters creados por el pintor Andy Warhol en la década de los sesenta del pasado siglo, con imágenes de las populares latas de tomate Campbell; si bien sería un supuesto diferente, ya que en este caso mediaba autorización de la marca.

A pesar de sus esfuerzos, estas argumentaciones no surtieron efecto y finalmente se resolvió el conflicto en febrero de 2023 mediante la sentencia dictada por un jurado en el Tribunal de Distrito Sur de Manhattan (Nueva York), que condenó a Rothschild a pagar a *Hermès* la cantidad de más de ciento treinta mil dólares por los daños y perjuicios causados, al haber vulnerado sus derechos de propiedad industrial y generar confusión en los consumidores.

5. CIBERDELITOS EN EL METAVERSO

5.1. Destrucción de avatares y perjuicios económicos.

Los avatares son elementos gráficos virtuales con los que actúan los usuarios en internet, redes sociales, programas informáticos, videojuegos u otras aplicaciones como el metaverso. Puede tener características muy básicas (por ejemplo, una imagen estática) o constituir auténticas versiones virtuales de sus propietarios, dotados de movimiento, capacidad de actuar, complementos de todo tipo y, en ocasiones, con un sorprendente parecido a la apariencia de sus dueños.

Estos avatares pueden ser sufrir distintos tipos de ataques para suprimirlos (con la finalidad de eliminarlos o inhabilitarlos), secuestrarlos (mediante robo de contraseñas, malwares de encriptación y otras técnicas de retención) o perjudicarlos en diversas formas (sustracción de vidas o accesorios comprados por su titular, inutilización de uso, etc.). Y es que no hay que perder de vista que hay videojuegos (*Fornite, Clash Royale, Minecraft,* etc.) que constituyen auténticos mundos paralelos en los que los usuarios gastan considerables fortunas en sus avatares.

En estos casos, los perjuicios económicos pueden llegar a ser de gran enjundia, en función de la inversión realizada por su titular en la adquisición del propio avatar, sus complementos y accesorios; además de los daños morales provocados por la pérdida de antigüedad del avatar y el tiempo empleado en superar niveles en un juego o en dotarle de determinades cualidades. Pero ¿pueden perseguirse estas conductas? Y, si es así, ¿cómo habría de hacerse?

El artículo 138 del Código Penal dispone que es reo de homicidio "el que matare a otro". Por su parte, el artículo 147 de dicho texto legal establece comete el delito de lesiones "el que, por cualquier medio o procedimiento, causare a otro una lesión". En consecuencia, habida cuenta de que la personalidad se adquiere en el momento del nacimiento con vida, una vez producido el entero desprendimiento del seno materno (artículo 30 del Código Civil), la destrucción o menoscabo de un avatar en ningún caso podría ser sancionada por esta vía, ya que no puede considerarse que se trate de una persona humana con todas las atribuciones que le confiere la ley.

De esta forma, para perseguir estas conductas habría que acudir a lo establecido en los artículos 264 y siguientes del Código Penal, que tipifican el delito de sabotaje informático, castigando con la pena de prisión de seis meses a tres años al que, por cualquier medio, sin autorización y de manera grave borrase, dañase, deteriorase, alterase, suprimiese o hiciese inaccesibles datos informáticos, programas informáticos o documentos electrónicos ajenos, cuando el resultado producido fuera grave.

5.2. Ciberviolencia sexual

Lamentablemente, no es noticia que hace mucho que las agresiones sexuales se trasladaron al mundo virtual en múltiples formatos: redes sociales, correos electrónicos, foros y blogs de internet, sistemas de mensajería instantánea, así como mediante el uso incorrecto de *Apps* de citas y contactos. Pero, sin duda, es en el metaverso, que permite reproducir con mayor realismo el mundo *offline*, donde la violencia sexual puede tener más impacto dentro del ciberespacio, pudiendo llegar a generar sensaciones en las víctimas similares a las que podrían experimentar en una agresión "real".

Aunque pudiera pensarse que estas agresiones no son comparables con las que puedan producirse en la realidad física, lo cierto es que suelen tener bastante impacto para quienes las sufren. En efecto, aunque en 2007 ya se produjeron acusaciones de ataques de este tipo producidos en los entornos de *Second live* y *QuiVr*, no fue hasta febrero de 2022 cuando se produjo la primera denuncia por una agresión sexual en el metaverso, realizada por Nina Jane Patel, una mujer británica de 43 años, que aseguró que su avatar fue víctima de una violación grupal virtual en *Meta Horizon Venues.*

Esta es la razón por la que Meta decidió adoptar diversas medidas para prevenir estos comportamientos, como cortar los avatares de cintura para abajo y dotarlos de un aspecto infantiloide y desprovisto de cualquier sexualidad; así como establecer un marco de distancia mínima entre avatares, mediante la implementación de una burbuja tridimensional de seguridad de ciento veinte centímetros llamada *Personal Boundary* a la que no pueden acceder otros avatares sin consentimiento. Pero, al margen de estos actos cautelares por parte del titular del entorno virtual, ¿existe respuesta del ordenamiento jurídico a esta clase de conductas?

En este punto es necesario tener en cuenta la reforma operada en la normativa penal por la Ley Orgánica 10/2022, de 6 de septiembre, de garantía integral de la libertad sexual, que suprimió la antigua distinción entre agresión y abuso sexual que se hacía en el texto anterior; de manera que la nueva versión del artículo 178-1 del Código Penal impone la pena de prisión de uno a cuatro años al que realice cualquier acto que atente contra la libertad sexual de otra persona, fijando como único requisito la inexistencia de consentimiento para que se produzca el delito.

Por tanto, la agresión sexual no exigiría el contacto físico, lo que vendría confirmado por que el artículo 179 de dicho cuerpo normativo diferencia que, cuando la agresión sexual consista en acceso carnal por vía vaginal, anal o bucal, se castigará como delito de violación con la pena de prisión de cuatro a doce años. En consecuencia, la violencia sexual realizada en un entorno virtual, como es el metaverso, podría ser sancionada con la aplicación del mencionado artículo 178 del Código Penal.

Por lo que se refiere a la corrupción de menores, en febrero de 2023, el Juzgado de Instrucción nº. 4 de Zaragoza incoó diligencias después de que el Grupo de Delitos Tecnológicos de Zaragoza de la Policía Nacional detuviera a un joven madrileño en el seno de la "Operación Suzaku", como presunto autor de los delitos de corrupción de menores, tenencia y distribución de pornografía infantil y explotación sexual de menores a través de internet, por diversas actuaciones realizadas con menores, a través de un *App* de creación de comunidades de usuarios interesados en el metaverso.

5.3. Delitos de odio y fake news

La necesidad de que las conductas sancionables estén expresamente tipificadas por el Código Penal ha motivado sucesivas reformas para combatir los delitos *online*, que comenzaron con la Ley Orgánica 1/2015, de 30 de marzo y la instauración del llamado delito de odio del artículo 510 del Código Penal; a la que han seguido muchas otras, siendo las más recientes la Ley 15/2022, de 12 de julio, integral para la igualdad de trato y la no discriminación, modificada por la Ley Orgánica 6/2022, de 12 de julio, en orden a reforzar la protección de colectivos vulnerables.

En este sentido, por mor del Principio de Tipicidad del Derecho Penal, que requiere la tipificación de las conductas para que sean constitutivas de delito, existen tipos delictivos específicos, que sancionan conductas como la incitación, directa o indirecta, al odio, hostilidad, discriminación o violencia contra un grupo o persona, por motivos racistas o antisemitas, por ideología, religión, creencias, situación familiar, etnia, raza o nación, su sexo, orientación o identidad sexual, por razones de género, enfermedad o discapacidad (artículo 510 del Código Penal), la apología del terrorismo o humillación de las víctimas (artículo 578 del Código Penal); acusaciones sobre hechos falsos (artículo 456 del Código Penal); y las calumnias e injurias a la Corona (artículo 491 del Código Penal).

Y lo cierto es que el uso de las *fake news*, especialmente en internet y redes sociales, son un instrumento habitual para difundir consignas de odio, difamar a terceros o distribuir información falsa o inexacta con finalidades ideológicas, políticas, etc.; y ello debido al gran poder que tiene el efecto de la viralización y que estas supuestas informaciones pocas veces son contrastadas por los usuarios, que se limitan a absorber mensajes simples y directos, muchas veces disfrazados de humor mediante "memes", *tuits* con supuestos chistes, alusiones a presuntas vivencias de terceros, etc.

Esta es la razón por la que, sin que ello merme la Libertad de Expresión consagrada por el artículo 10 del Convenio Europeo de Derechos Humanos firmado en Roma el 4 de noviembre de 1950 y el artículo 20 de la Constitución Española de 1978, en determinadas sociedades democráticas puede considerarse necesario sancionar, o incluso impedir, todas las formas de expresión que difundan, inciten, promuevan o justifiquen el odio basado en la intolerancia, tal y como dictaminó la Sentencia del Tribunal Europeo de Derechos Humanos de 6 de julio de 2006 (Caso Erbakan vs. Turquía).

Este fenómeno no afecta solo a nuestro país y constituye un problema global, por lo que, con la finalidad de tratar de neutralizar la proliferación de los discursos del odio, el Parlamento Europeo dictó la Resolución de 25 de noviembre de 2020, sobre el refuerzo de la libertad de los medios de comunicación: protección de los periodistas en Europa, discurso del odio, desinformación y papel de las plataformas (2020/2009(INI)), que hace recomendaciones a los Estados miembros para combatir la manipulación informativa y las teorías de la conspiración a través de plataformas digitales.

De esta forma, las *fake news* no pueden ampararse en un supuesto ejercicio del derecho Fundamental a la Libertad de Expresión conferida por el artículo 20-a) de la Constitución Española, ya que, como primera consideración, ha de indicarse que el precepto aplicable no sería este, sino el referente al derecho a la Información (artículo 20-d) del Texto Constitucional), esto es, el derecho a informar y ser informado, que requiere que la información que se difunda sea veraz.

Y es que, de no cumplirse estos presupuestos, se estaría vulnerando el derecho al Honor del agraviado, que también goza de la protección constitucional del artículo 18 de la Carta Magna, así como de los artículos 205 y siguientes del Código Penal, que tipifican los delitos de calumnias (cuando las *fake news* atribuyan a la víctima la comisión de un delito, a pesar de tener conocimiento de su falsedad) y de injurias (si menoscaban la fama del agraviado o atentan contra su propia estimación de forma especialmente grave).

También conviene ser cuidadoso con la difusión de mensajes ajenos, pues puede hacerse extensiva la responsabilidad a quien los comparte en el supuesto de que pudieran ser constitutivos de alguna infracción. En este sentido, la sentencia del Tribunal Supremo de 27 de octubre de 2017 (Sala 2ª) estableció que el mero hecho de retuitear imágenes y mensajes de apoyo al terrorismo constituye delito de enaltecimiento del terrorismo del artículo 578 del Código Penal, pues el tipo penal no exige que el autor asuma como propio, razone o argumente la imagen o el mensaje, o que los haya creado, sino que basta que disponga de ellos y les dé publicidad.

Asimismo, la sentencia 747/2022 de 3 de noviembre de 2022 del Tribunal Supremo (Sala 1ª) ha concretado que la responsabilidad por este tipo de actos no solo debe circunscribirse a los propios comentarios, sino que se extiende a los realizados por terceros en perfiles de redes sociales cuando se tenga control sobre ellos, toda vez que, una vez conocidos, el deber de diligencia obliga al borrado inmediato de estos comentarios, siendo responsable en caso contrario de los daños y perjuicios causados por su falta de diligencia reactiva, sin que pueda excusarse en una supuesta censura que mermaría la Libertad de Expresión de los agresores.

6. PRIVACIDAD EN EL CIBERESPACIO

6.1. Vulneración de la intimidad **online**

La privacidad de los usuarios es un derecho Fundamental que debe ser respetado y protegido en todo caso en el mundo virtual, tanto desde la perspectiva de lo dispuesto en el mencionado artículo 18-1 de la Constitución Española de 1978, como en la Ley Orgánica 1/1982, de 5 de mayo, sobre protección civil del derecho al honor, a la intimidad personal y familiar y a la propia imagen que lo desarrolla, así como la prolija jurisprudencia al respecto del Tribunal Supremo y el Tribunal Constitucional.

Asimismo, tiene en el ciberespacio idéntica relevancia y obligatoriedad que en el mundo *offline* la normativa sobre protección de datos establecida en la Ley Orgánica 3/2018, de 5 de diciembre, de Protección de Datos Personales y garantía de los derechos digitales y el Reglamento (UE) 2016/679 del Parlamento Europeo y del Consejo, de 27 de abril de 2016, relativo a la protección de las personas físicas en lo que respecta al tratamiento de datos personales y a la libre circulación de estos datos.

Esto significa que sería necesario el consentimiento expreso de los usuarios en todo lo relativo a su ámbito de intimidad, así como en el tratamiento de sus datos, respecto a su actividad en internet, las redes sociales, los sistemas de mensajería instantánea y en cualquier otro ámbito del ciberespacio. Por consiguiente, esta normativa es de completa aplicación al metaverso, ya que, el hecho de que se trate de un espacio virtual no implicaría que las personas que allí interactúan hayan renunciado a sus derechos ni podría interpretarse que hayan conferido una autorización tácita a ello.

Y conviene ser especialmente cuidadoso con esta cuestión, pues estos entornos pueden ser proclives a que se relajen las medidas protectoras de las personas en esta materia y que, incluso, se produzcan delitos, como el de robo de identidad, sancionado con pena de prisión de seis meses a tres años por el artículo 401 del Código Penal, en virtud del cual se acceden a datos sin el consentimiento de su titular con la finalidad de hacerse pasar por él, en la mayoría de las ocasiones con la finalidad de cometer otros delitos con la impunidad que proporciona el anonimato.

6.2. Ciberacoso sexual

Estrechamente relacionada con esta cuestión, se encuentra la problemática de que el ciberespacio es un espacio donde se producen con frecuencia delitos que atentan contra la privacidad sexual de las personas, especialmente mujeres. Un supuesto típico es la actuación conocida como *sexting*, que consiste en la difusión de videos íntimos sin consentimiento de la persona afectada; y que se sanciona con la pena de uno a cuatro años de prisión y multa de doce a veinticuatro meses a quién grabó el vídeo, a tenor de lo dispuesto en el artículo 197-1 del Código Penal.

Una variante de lo anterior es el conocido como *revenge porn* (venganza sexual contra exparejas), consistente en difundir imágenes de contenido sexual sin su consentimiento. Sonado fue en 2012 el caso de la difusión del vídeo de la exconcejala del PSOE de Los Yébenes (Toledo), Olvido Hormigos, manteniendo relaciones extraconyugales; o los tristes sucesos que desembocaron en suicidio, en 2016 de una chica italiana tras el escarnio que sufrió en redes sociales, y en 2019 de una empleada de IVECO tras la difusión por *WhatsApp* entre sus compañeros de trabajo de un vídeo sexual con su exnovio.

Estas conductas están tipificadas como delito contra la Intimidad por el artículo 197-7 del Código Penal, que lo castiga con la pena de prisión de tres meses a un año o multa de seis a doce meses, sin que quepa interpretar que el primer envío al destinatario original implique un consentimiento a su divulgación. Esto es, aunque se tenga el contenido audiovisual legítimamente por habérselo enviado previamente la víctima, este hecho no significa que exista legitimación para compartirlo a su vez con terceros, ya que ha de presumirse que solo quiso compartirlo con el destinatario inicial.

Aún más grave es la conducta conocida como *sextorsión*, en la que se envían mensajes (por correo electrónico, redes sociales, *Apps* de contactos, etc.), en los que se amenaza a una persona —en muchas ocasiones, menores de edad, discapacitados y/o personas en situaciones de vulnerabilidad— con la difusión de contenidos de carácter sexual obtenidos de forma lícita o ilícita, si no se accede a pagar una cantidad de dinero, enviar al chantajista más material audiovisual intimo o, incluso, acceder a mantener relaciones sexuales con el extorsionador.

En este supuesto se produciría un delito contra la Intimidad del artículo 197 del Código Penal ya descrito, así como un delito de Coacciones regulado en los artículos 172 y siguientes del Código Penal. Y, en el supuesto de que finalmente la víctima se viera forzada a mantener relaciones sexuales no consentidas, estaríamos ante un delito contra la Libertad Sexual de los artículos 178 y siguientes del Código Penal, al existir un vicio en el consentimiento.

7. *PROPTECH* Y METAVERSO

Con el término *proptech* —creado con el juego de dos palabras inglesas (*property* y *technology*)— se identifica a aquellas empresas del sector del *real estate* (inmobiliario) que usan para la prestación de sus servicios tecnologías como la realidad virtual y aumentada, inteligencia artificial, *big data*, *blockchain*, *IoT* (*Internet of things*, por sus siglas en inglés), geolocalización, etc., que agilizan los procesos y facilitan visitas virtuales a través de Internet, como medio para reducir la inversión de tiempo, esfuerzo y dinero en las operaciones inmobiliarias.

Tradicionalmente se ha incluido en este sector a los bien conocidos *marketplaces* que operan a través de páginas *web* y portales inmobiliarios (Airbnb, Homeaway, Idealista, Fotocasa, etc.) y que permiten a los usuarios realizar de forma *online* búsquedas, tanto para compra como arrendamiento en todas sus formas (vivienda, vacacional, alquiler turístico, estudiantes, locales comerciales, etc.), así como el contacto directo entre las partes que participan en la transacción.

Al tratarse de una forma de *ecommerce* que afecta a consumidores, además de la normativa general del Código Civil y el Código de Comercio respecto a los derechos y obligaciones de las partes; resultarían de aplicación, la Ley 34/2002, de 11 de julio, de servicios de la sociedad de la información y de comercio electrónico, el Real Decreto Legislativo 1/2007, de 16 de noviembre, por el que se aprueba el texto refundido de la Ley General para la Defensa de los Consumidores y Usuarios y otras leyes complementarias, la Ley 22/2007, de 11 de julio, sobre comercialización a distancia de servicios financieros destinados a los consumidores y la Ley 7/1998, de 13 de abril, sobre condiciones generales de la contratación.

Y en este contexto, la irrupción del metaverso ha abierto una nueva dimensión al significado de *proptech,* al ser un marco idóneo para la implantación y desarrollo de las tecnologías que ya se venían aplicando para la comercialización de inmuebles *online,* ya que permite la realización de visitas virtuales a los inmuebles con gran realismo, como si se estuviera paseando por él de verdad, así como que las reuniones entre las partes, sus agentes, abogados, etc. se puedan realizar en salas de juntas virtuales; todo lo cual contribuirá favorablemente al cierre de las operaciones.

Pero la auténtica novedad que ofrece el metaverso en este mercado es la comercialización de inmuebles virtuales. Aunque esto pudiera parecer algo de ciencia ficción, lo cierto es que las operaciones inmobiliarias en el metaverso mueven importantes cantidades de dinero. En efecto, así lo constatan las cifras obtenidas en 2021 por los dos principales mundos virtuales que ofrecen ciberparcelas en el metaverso: The Sandbox realizó más de 65.000 transacciones por importe de 350 millones de dólares; y Decentreland cerró unas 21.000 ventas por valor de 110 millones de dólares.

Como suele ser habitual, la realidad va por delante de las leyes, por lo que aún no existe normativa que regule los inmuebles del metaverso, lo que obligaría a inspirarse en los fundamentos de los que parte el Derecho Urbanístico para ordenar su aprovechamiento y usos por las Administraciones Públicas atendiendo al interés general, habida cuenta de que se trata de una facultad pública, a tenor de lo dispuesto en el artículo 4-1 del Real Decreto Legislativo 7/2015, de 30 de octubre, por el que se aprueba el texto refundido de la Ley de Suelo y Rehabilitación Urbana.

Capítulo 6

Seguridad de menores y adolescentes en la red. Especial consideración del sharenting y la llamada Ley de Rhodes

DRA. CARMEN FLORIT FERNÁNDEZ
Universidad San Pablo CEU

1. INTRODUCCIÓN: DESPROTECCIÓN DE LOS DERECHOS DE LOS NIÑOS EN INTERNET, LEY DE RHODES Y NOVEDADES LEGISLATIVAS EN FRANCIA

Recientemente en Francia se han aprobado varias normas para proteger a los menores y adolescentes en la red de determinados peligros, bien aquellos que puede crear los llamados *influencers*, por el contenido que cuelgan en internet, especialmente en redes sociales, que genran efectos nocivos en los más jóvenes, bien por los peligros que entraña el llamado *sharenting* (compartir imágenes, vídeos y todo tipo de información sobre los menores por parte de los progenitores en la red). Estos peligros están empezando a llamar la atención ya en no pocos países. En España, sin embargo, y a pesar de existir normas que les protegen, incluso una muy reciente —la llamada Ley Rhodes— los niños, en este sentido, siguen incomprensiblemente desprotegidos.

La Ley Orgánica 8/2021, de 4 de junio, de Protección Integral de la Infancia y la Adolescencia frente a la Violencia (llamada "Ley Rhodes") se trata de una norma que pretende, como la propia Ley establece, garantizar los derechos fundamentales de los niños, niñas y adolescentes a su integridad física, psíquica, psicológica y moral frente a cualquier forma de violencia, asegurando el libre desarrollo de su personalidad y estableciendo medidas de protección integral, que incluyan la sensibilización, la prevención, la detección precoz, la protección y la reparación del daño en todos los ámbitos en los que se desarrolla su vida.

El propósito de la Ley así anunciado es sin lugar a dudas muy loable, aunque sorprende el anuncio de estos objetivos por cuanto se olvida la norma de que todos estos fines ya estaban presentes en el ordenamiento jurídico español. Aparte de algunas cuestiones que sí son auténtica novedad en nuestro panorama legislativo, como el aumento del plazo de prescripción de los delitos contra la libertad sexual de los menores, el resto no aporta nada más allá de un claro tinte ideológico, dejando sin embargo algunas cuestiones que sí necesitan una regulación más exhaustiva en el más completo de los limbos.

Olvida también la nueva norma, en fin, que todo lo anunciado ya estaba protegido en la Ley Orgánica 1/1996, de 15 de enero, de Protección Jurídica del Menor, de modificación parcial del Código Civil y de la Ley de Enjuiciamiento Civil, que esta nueva norma no deroga expresamente salvo en algunos puntos, aunque sí en parte, al entrar en contradicción en algunos puntos.

Pues bien, a pesar del despliegue de buenas intenciones la norma nació ya anticuada en el caso de la exposición y explotación de los menores en Internet por parte de sus progenitores, que son precisamente quienes deben velar por la protección de su honor, su intimidad personal y familiar y su propia imagen[1].

---

[1] La norma obedece a un Proyecto de Ley que partió del Gobierno de coalición entre el PSOE y Unidas Podemos. En muchos de sus puntos, como ya he dicho, se limita a hacer una mera declaración de intenciones, más preocupada por afirmar el marcado tinte ideológico. Hay dos ejemplos claros en el contenido de la Ley: La prohibición expresa de la consideración por parte de Jueces y Tribunales de la aplicación del llamado "síndrome de alienación parental", exigencia de los grupos radicales feministas, y la proclamación de un nuevo derecho del menor, el derecho a ser alimentado por lecha materna, lo que por lógica sig-

Es sorprendente y decepcionante que una norma que pretende como dice proteger a los menores frente a cualquier tipo de violencia obvie como ésta lo hace uno de los mayores problemas actuales en este ámbito, esto es, la exposición desmesurada y la explotación como niños artistas o de su mera intimidad.

La norma se refiere a la intimidad del menor, pero no ofrece mayor protección, como cabría esperar de una norma más moderna que la anterior, que la Ley Orgánica de Protección Jurídica del Menor —del año 1996— que es la que en su artículo 4 se manifiesta ante este fenómeno y el que le da la cobertura necesaria para protegerle.

Como digo, cabría esperar de la nueva Ley una regulación más protectora y más detallada en cuanto a la protección de la intimidad personal y familiar y al honor del menor.

Resulta decepcionante que la nueva norma se limite a abordar este asunto de manera tan laxa sin implementar medidas claras. Mucho más incisivo y decisivo sigue siendo el art. 4 de la Ley Orgánica 1/1996, de 15 de enero, de Protección Jurídica del Menor, de modificación del Código Civil y de la Ley de Enjuiciamiento Civil, que establece que:

1. Los menores tienen derecho al honor, a la intimidad personal y familiar y a la propia imagen. Este derecho comprende también la inviolabilidad del domicilio familiar y de la correspondencia, así como del secreto de las comunicaciones.

2. La difusión de información o la utilización de imágenes o nombre de los menores en los medios de comunicación que puedan implicar una intromisión ilegítima en su intimidad, honra o reputación, o que sea contraria a sus in-

---

nifica la imposición del deber de las madres de amamantar a sus hijos. Sorprende, como mínimo, la contraposición del fundamento de estas dos cuestiones, ¿es una Ley feminista o no lo es? Permítanme que dude de la idea de estos grupos acerca de la liberación femenina.

tereses, determinará la intervención del Ministerio Fiscal, que instará de inmediato las medidas cautelares y de protección previstas en la Ley y solicitará las indemnizaciones que correspondan por los perjuicios causados.

3. Se considera intromisión ilegítima en el derecho al honor, a la intimidad personal y familiar y a la propia imagen del menor, cualquier utilización de su imagen o su nombre en los medios de comunicación que pueda implicar menoscabo de su honra o reputación, o que sea contraria a sus intereses incluso si consta el consentimiento del menor o de sus representantes legales.

4. Sin perjuicio de las acciones de las que sean titulares los representantes legales del menor, corresponde en todo caso al Ministerio Fiscal su ejercicio, que podrá actuar de oficio o a instancia del propio menor o de cualquier persona interesada, física, jurídica o entidad pública.

5. Los padres o tutores y los poderes públicos respetarán estos derechos y los protegerán frente a posibles ataques de terceros.

Este artículo, y no los de la nueva norma, es el fundamento para la defensa de la prohibición legal de la exposición y explotación de los menores de edad en Internet por parte de sus progenitores y constituye un mandato directo al Ministerio Fiscal para actuar en defensa de los derechos de estos menores.

2. EL FENÓMENO DE LAS REDES SOCIALES Y SU INFLUENCIA EN MENORES Y ADOLESCENTES

La tradicional perspectiva bidimensional de la identidad personal —la manera en que me veo a mí mismo y la manera en que los demás me perciben— parece haber mutado radicalmente en una perspectiva claramente tridimensional: mi idea de mí, la que los demás tienen de mí y la que deseo mostrar a los demás sobre mí.

Esta tercera perspectiva no es nueva, por supuesto, pero ha adquirido una dimensión insospechada por la rapidez de la información que puedo transmitir y por su amplia difusión. En el caso de menores de edad, además, "... rayando los límites de la legalidad, crean perfiles en RRSS no solo con un bagaje vital escaso, sino con un desconocimiento absoluto del alcance e implicaciones de la información que allí van a verter"[2].

La novedad de esta nueva dimensión radica en el cambio social que conlleva y del que seguramente también proviene, pues mientras que hasta hace poco tiempo las personas solían querer proteger de la mirada de los demás su intimidad, parece que lo que ahora quieren es precisamente mostrarla abiertamente, incluso a una masa indefinida de personas a las que ni siquiera conocen personalmente. Esto es lo que se ha venido a llamar *extimidad.* El primero en acuñar este término fue Jackes Lacan, desarrollado posteriormente por Jackes-Allain Miller.

Este fenómeno es particularmente esclarecedor en lo que se refiere a la finalidad de la difusión de la información personal: allí donde antes existían los diarios íntimos, ahora existen *blogs, vlogs,* mensajes de *twitter,* etc., donde el mismo contenido que antes se expresaba de manera íntima en un diario personal, con el fin de expresar emociones y experiencias y ponerlas en orden, ahora se vierten en la red a pecho descubierto y sin ningún pudor, y mu-

---

2 PINTO TORTOSA, A., BERNAL JIMÉNEZ, M., "Ser o no ser: la imagen de la persona y su definición a través de las redes sociales", en ROLDÁN MARTÍNEZ, A., (dir.), *La persona en el S. XXI. Una visión desde el Derecho,* Aranzadi, Madrid 2019: p. 37. Los autores añaden acertadamente que "toda relación social que se pretenda emprender desde estos postulados es impostada, puesto que la base de partida, es decir, nuestro yo, es una base falseada que se lanza hacia los demás en condiciones de desventaja competitiva a nuestro favor, suponiendo veracidad en la información que el resto de nuestra comunidad vierte en las RRSS que emplea. Si el resto de la comunidad se comporta como nosotros, el falseamiento de las relaciones sociales es entonces absoluto".

chas veces además sin reflexionar previa y reposadamente sobre lo que se quiere expresar.

Como dice Morillas Fernández, "Se ha dicho con razón que el alcance de los derechos reconocidos a los menores ha de conjugarse con la potestad de padres y tutores respecto de determinadas esferas de la personalidad de los hijos tutelados por los derechos fundamentales, y en las que entran en juego bienes de enorme relevancia, como el secreto de las comunicaciones, la libertad de expresión o el acceso a la información. No es fácil establecer un concepto unívoco de intimidad ya que se trata de una categoría cultural y evolutiva, influenciada por el nuevo concepto denominado extimidad. Hace referencia este último, a la exteriorización que de la intimidad se hace en la Web 2.0, a través de los blogs, fotoblogs o redes sociales. Las personas manifiestan aspectos, mediante la información publicada e imágenes de su vida íntima a través de la configuración del perfil elaborado, de forma voluntaria. Lo cual evidentemente debilita el concepto de intimidad consagrado" (Morillas Fernández, 2013: p. 169).

Para Teruel Lozano, supone una auténtica revolución de nuestro modelo social que abre una nueva era en la Historia de la humanidad (Teruel Lozano, 2013: p. 39). Por su parte, Troncoso Reigada, en su intervención sobre redes sociales en la Conferencia Europea de protección de Datos, celebrada en Edimburgo el 24 de abril de 2009 afirmaba que "todas aquellas personas nacidas después de 1995 son conocidos como nativos digitales" (Gil Antón, 2013: p. 63), llegando a afirmar que existe un derecho fundamental al acceso a Internet (Gil Antón, 2013: p. 68).

Este fenómeno se debe a distintos factores: el cambio social que avanza hacia una comunidad de personas solas que necesitan sin embargo relacionarse y compartir experiencia, las posibilidades de convertirse en un personaje público con influencia en los demás y, por supuesto, los pingües beneficios económicos que la actividad en la red puede proporcionar.

El cambio psicosocial que esta nueva manera de relacionarse conlleva es extraordinario y tiene probablemente mucho que ver con el nuevo modelo social que avanza inexorablemente en el mundo desarrollado, esto es, compuesto cada vez más por personas solas, de modo que donde antes era más habitual el conjunto familiar y además formado por los progenitores y los hijos que pudieran llegar, es ahora un mundo donde el número de hijos es mucho más limitado y donde muchas personas, además, deciden vivir solas. Dicho cambio es muy perceptible en el modelo de consumo al que avanzamos[3]. Sin embargo, el ser humano es esencialmente social, pues necesita relacionarse con los demás para desarrollarse plenamente.

En el plano de la maternidad, y haciendo referencia al fenómeno de las llamadas *instamamis*, este cambio se manifiesta también por la tradicional necesidad de crianza en tribu. Esto es, así como antes las madres en su mayoría se dedicaban casi exclusivamente al cuidado del hogar y la familia, estaban acompañadas por todas las otras madres y criaban en grupo a sus hijos, se sentían arropadas y compartían experiencia. Sin embargo, hoy día, la crianza en soledad hace despertar la necesidad de las madres de ver en otras cómo resuelven los problemas de la crianza y educación de sus hijos. No es otra cosa que la necesidad de compartir experiencia.

Asimismo, no se puede obviar el hecho de que las personas somos por lo general ávidos consumidores de intimidad ajena, aunque ésta sea inventada. Todos podemos recordar el tremendo auge en la década de los años ochenta y los noventa de las novelas televisadas —los llamados *culebrones*— donde lentamente —casi de manera soporífera— se nos relataba la trágica historia de unas personas, contándonos el más mínimo de detalle de su día a día en el intento de hilar una historia siempre sorprendente y rebuscada. Dichas novelas televisadas han pasado a ser sustituidas por

---

3 ¿Quién se sorprende ya cuando acude al supermercado y ve alimentos envasados en porciones individuales, como una bandeja con un único filete de carne o una sola pieza de fruta?

el consumo masivo de los llamados programas del corazón, que se retroalimentan de la vida de sus colaboradores, los *realities* de todo tipo —con cámara nocturna incluida— y la vida de una masa ingente de desconocidos publicada en las redes sociales.

Las redes sociales han proporcionado, además, un facilísimo acceso a la fama inmediata para aquellos que la desean y un eficaz catalizador de su vanidad. Este anhelo, y las bondades que le son propias desde una perspectiva a mi juicio infantil, encuentra por ello mismo tierra fértil en los menores de edad, carentes de la madurez y experiencia necesarias para calibrar las consecuencias de sus actos, con los matices que esta afirmación pueda tener y que más adelante desarrollaré.

Y en último lugar, esta nueva realidad tiene mucho que ver con el nuevo modelo económico y la llamada economía colaborativa. La facilidad con la que un *influencer* que gestione bien su perfil y consiga llegar a un número elevado de seguidores es realmente abrumadora y resulta difícil no sucumbir a la tentación de obtener ingresos económicos tan fácilmente, sobre todo cuando pensamos en menores y adolescentes, cuya falta de madurez les impide comprender la importancia de construir una trayectoria personal con sentido vital.

3. RIESGOS PARA LA SEGURIDAD DE MENORES Y ADOLESCENTES

El problema de la seguridad en el entorno digital en lo que se refiere a la información vertida sobre menores es especialmente preocupante en el ámbito de las redes sociales, donde los menores son expuestos tanto por ellos mismos, como por otros menores y, lo que es más grave, por sus propios progenitores, proporcionando a una masa desconocida de personas información sobre la vida de ese menor.

A pesar del reciente relativismo conceptual del propio término de dignidad humana (Gil Antón, 2013: p. 62), es evidente el perjuicio y los riesgos de la existencia en la red de datos personales y familiares de ese niño o adolescente; una red que está abierta a cualquiera que pueda querer hacer daño a un menor.

Así, si bien los avances tecnológicos ofrecen evidentes beneficios, también generan problemas de seguridad, pues "pese a que la utilización de las nuevas TICS ofrecen grandes posibilidades y ventajas, no puede obviarse igualmente que éstas nos pueden situar en la sociedad del riesgo, por cuanto que pueden entrañar múltiples situaciones que no siempre son controlables, entre los que cobran una especial relevancia la posibilidad de conculcación de los derechos a la privacidad de los menores, esto es el derecho fundamental a la intimidad, el honor, a la propia imagen y a la protección de los datos personales, bien individualmente considerados o, bien de forma conjunta, acrecentándose los citados riesgos entre jóvenes y adolescentes, en cuanto usuarios indiscriminados" (Gil Antón, 2013: p. 1).

La información de menores en la red es especialmente preocupante en cuanto al quebranto de su seguridad frente a abusos sexuales. Así, como afirma Sacristán Romero, "La irrupción masiva de las nuevas tecnologías de la información y comunicación han proyectado consecuencias jurídicas de primer orden en el ámbito turístico, especialmente en el turismo sexual, y en un segundo término en el denominado turismo de ferias y congresos que, en numerosas ocasiones, aparece vinculado al primero en concentraciones y eventos multitudinarios que se celebran en las grandes ciudades del planeta. La aparición del escenario virtual que conforma al ciberespacio ha afectado y afecta, sobre todo, a una minoría bastante desprotegida como son los menores en su rol de víctimas de las modalidades de explotación del siglo XXI" (Sacristán Romero, 2013: p. 357). Además, debe advertirse de la descarga de imágenes de menores colgadas por sus propios padres[4], que forman parte a

---

[4] Así, "el 50% de las imágenes que se comparten en sitios pedófilos han sido obtenidas de redes sociales". LANTIGUA, I., "¡Mamá, papá! Dejad de contar mi vida en vuestras redes sociales", https://amp.elmundo.es/sociedad/2017/05/20/59159abc468aeb4c678b462c.html. Consultado el 13 de julio de 2023.

menudo de carpetas que comparten todo tipo de criminales, incluso pedófilos y pederastas[5].

Debe tenerse en cuenta que, a pesar de lo apuntado más arriba en cuanto a posibles abusos sexuales, y siendo estos los casos más graves en los que los menores puedan ser víctimas no son ni mucho menos los únicos y son también graves otras situaciones que ponen en peligro su seguridad e incluso su vida. Además, la mayoría de los riesgos para el menor tienen que ver con el mero quebranto de su intimidad, honor y propia imagen, dado que de la exposición de los niños en la red se genera la llamada *huella digital*[6] que les perseguirá de por vida, dada la dificultad que existe para poder borrarla[7].

La *huella digital* puede definirse como el conjunto de información personal vertida o creada a través de la actividad en la red.

---

5 Estos términos no son equivalentes, aunque muchas veces se utilizan indistintamente. Pedófilo hace alusión a la persona que se siente atraído sexualmente por niños mientras que pederasta es el que abusa sexualmente de un menor.

6 Un problema frecuente es que los motores de búsqueda crean cachés de archivos en sus servidores. Después de consultar una palabra clave (por ejemplo, el nombre de una persona) a través de estos motores de búsqueda, un enlace proporciona la lista de páginas web recuperadas. Al hacer clic en este enlace, el usuario es llevado a dichas páginas que son accesibles incluso mucho después de que éstas se hayan eliminado. Recientemente, algunos programas de software se han desarrollado para eliminar dichos cachés, pero incluso éstos están bajo sospecha ya que también pueden capturar la información.

7 EU Kids Online (Livingston y Haddon, 2009a) clasifica los riesgos que se plantean para los menores en el campo de las nuevas tecnologías en tres grupos: cuando el menor recibe información, cuando el menor participa dando una respuesta y cuando el menor genera la información. En el tercer grupo se sitúan la mayor parte de problemas que se plantean en las redes sociales, cuando se establecen relaciones entre usuarios. La responsabilidad del menor queda muchas veces en un plano estrictamente civil, en el que los padres o tutores deben cargar con la responsabilidad económica de su acción.

Esta huella es creada voluntariamente y se va formando a partir de la información contenida en Internet (Planas Ballvé, 2020: p. 54). Más allá de la *huella digital*, es común referirse también a la llamada *reputación digital*[8].

Recientes noticias nos han aportado datos sobre el acoso escolar en el entorno de las redes sociales, que proporcionan al acosador una herramienta infalible para su plan de acoso, dando difusión a una multitud de personas que conocen al menor acosado, produciéndole un extra de dolor difícil de soportar, con el riesgo que para su salud, psíquica y también física puede conllevar, tanto por la somatización de problemas psíquicos como por el caso extremo de suicidios en menores por el acoso escolar, como en caso de Diego, que tenía once años cuando se quitó la vida siendo víctima de *bulling*[9].

Así como antes, un bulo o una burla quedaba limitado a quien pudiera llegar por medio del boca a boca, el poder de difusión de estas conductas por medio de las redes sociales produce un daño inconmensurable en la persona, mucho más en un menor, que puede llegar a estar sometido a mayor acoso, a la sorna de sus compañeros e incluso sufrir ostracismo social, propio de los adultos.

Imaginemos los efectos en un grupo de adolescentes no bienintencionados cuando de uno de ellos ha sido publicada toda su vida por parte de su madre, desde que era un bebé en actitudes graciosas o cómicas.

---

8 "Todas las conductas lesivas anteriormente referenciadas pueden influenciar negativamente en la reputación digital de los menores de edad. De acuerdo con el derecho a un futuro abierto (*child´s right to an open future*) deberán ser ellos mismos, cuando tengan autonomía y capacidad para comprender sus actos, los que configuren su huella y reputación digital". PLANAS BALLVÉ, M., *op. cit.*: p. 56.

9 Recuperado de: https://psicologiaymente.com/forense/carta-diego-nino-suicido-victima-bullying.

Por otro lado, y pudiendo en ciertos casos considerar que el menor está siendo explotado laboralmente, cuando quien vierte información sobre él se beneficia económicamente de dicha exposición —como puedan ser las *instamamis*— se debe acudir a la prohibición del trabajo infantil, por los perjuicios que pueda ocasionar en el desarrollo del menor, además de los ya mencionados sobre su exposición.

Dichos peligros, dicen De Miguel Molina y Oltra Gutiérrez, podrían paliarse aplicando unas políticas de uso por parte de las empresas. Debe añadirse, además, que se torna imprescindible una política seria de educación a niños y adolescentes para el correcto uso de las redes sociales y desde luego también se hace fundamental la concienciación a los padres de los menores, contra los que debería actuar el Ministerio Fiscal, como más adelante explico.

El *grooming* y, en su evolución digital, el *online grooming* (acoso y abuso sexual online) son formas delictivas de acoso que implican a un adulto que se pone en contacto con un niño, niña o adolescente con el fin de ganarse poco a poco su confianza para luego involucrarle en una actividad sexual (Save the Children, 2023).

Esta práctica tiene diferentes niveles de interacción y peligro: desde hablar de sexo y conseguir material gráfico íntimo, hasta llegar a mantener un encuentro sexual. De este modo, el adulto suele ganarse la confianza del menor obteniendo información de este en Internet. Al hacer un rastreo de todo tipo de datos e imágenes colgadas en las redes el adulto acosador puede hacerse generar un perfil falso, haciéndose pasar por alguien de su entorno o con los mismos intereses, aficiones o amistades. Así, el menor cree en la identidad que el adulto declara tener y poco a poco tras ganarse su confianza va siendo cada vez más exigente en sus peticiones (imágenes, etc.) hasta el punto de tener suficiente información íntima del menor y poder amenazarle para que le dé más imágenes o conseguir un encuentro directo.

Por cuanto, a la información compartida por las redes de pedofilia, a muchos padres puede sorprender el hecho de que las fotografías inocentes que cuelgan de sus hijos en la red formen parte de los "tesoros"[10] que comparten los pederastas en carpetas con millones de imágenes. A veces, esas inocentes fotografías, por ejemplo, con el uniforme del colegio, son modificadas mediante el proceso llamado *morphing*, que consiste en alterar la imagen del menor con otras de carácter pornográfico. De esta práctica resulta una nueva fotografía en la que aparece un adulto o un niño protagonizando una imagen de alto contenido sexual[11].

Pero no necesariamente una fotografía debe ser transformada para ser apreciada por un pedófilo, pues la inocente imagen de un niño en la playa o con el uniforme escolar ya es en muchas ocasiones suficiente para producir excitación sexual.

En cualquier caso, cuando los padres publican información o detalles sobre los menores de edad, por ejemplo, el nombre completo, la edad o fotografías, se está facilitando que terceras personas puedan robar su identidad. Las imágenes que los progenitores cuelgan en sus perfiles pueden ser copiadas o reproducidas y pueden ser compartidas por otras personas, dejando de tener control sobre esos datos (Planas Ballvé, 2020: p. 56).

---

10 Este término fue utilizado por un Agente de la Policía Nacional al que entrevisté y cuyo nombre no puedo ni debo desvelar, que estaba inmiscuido en una operación contra pederastas que guardaban todo tipo de imágenes así obtenidas.

11 "Los expertos en ciberseguridad advierten de que muchos pederastas se dedican a extraer imágenes de niños de las redes sociales y las venden. «El problema es que algunos de ellos son capaces de consultar los metadatos de las imágenes y saber dónde vive el menor», explican. Y es que cada día se suben en España alrededor de 6 millones de imágenes de menores a la red, una práctica que para muchos se ha convertido en rutina sin pensar en las consecuencias que esto puede tener para ellos. Otra de las prácticas se denomina *morphing* y consiste en alterar la imagen del menor con otras de carácter pornográfico. De esta práctica resulta una nueva fotografía en la que aparece un adulto o un niño protagonizando una imagen de alto contenido sexual". Accesible en: https://www.diariodeleon.es/articulo/innova/ojo-fotos-delincuentes-miran-bebe/201806190400011775445.amp.html.

4. CONCLUSIONES REFLEXIVAS

Se puede considerar sin lugar a duda que la publicación de datos del menor —y la imagen, la voz., etc., son un dato de carácter personal— es una intromisión ilegítima a los derechos de la personalidad. La creación de la *huella digital,* o *reputación digital,* por parte de los padres a los menores, hayan consentido o no, siempre que no tengan suficiente madurez, debe ser un acto consciente y voluntario. Desde esta perspectiva, esa creación de la *huella* también puede considerarse intromisión ilegítima.

En este sentido, cabe mencionar lo que la propia Ley Orgánica 8/2021 dice: "Esta ley combate la violencia sobre la infancia y la adolescencia desde una aproximación integral, en una respuesta extensa a la naturaleza multidimensional de sus factores de riesgo y consecuencias. La ley va más allá de los marcos administrativos y penetra en numerosos órdenes jurisdiccionales para afirmar su voluntad holística (…). La ley, en definitiva, atiende al derecho de los niños, niñas y adolescentes de no ser objeto de ninguna forma de violencia (…)".

Como considera Lázaro González, "cualquier limitación de los derechos, —también de los derechos de los niños— requieren de una justificación legítima que debe poder expresarse en la motivación de la decisión" y dicha justificación legítima no puede ser de ningún modo el mero placer del progenitor de compartir su experiencia vital con otros internautas:

Ello, por lo establecido en el artículo 3 de la Ley Orgánica 1/1982, de 5 de mayo, sobre Protección Civil del Derecho al Honor, a la Intimidad Personal y Familiar y a la Propia Imagen que establece en su apartado 1 que el consentimiento de los menores e incapaces deberá prestarse por ellos mismos si sus condiciones de madurez lo permiten, de acuerdo con la legislación civil.

También por lo establecido en el apartado 2 que dice que, en los restantes casos, el consentimiento habrá de otorgarse mediante escrito por su representante legal, quien estará obligado a poner en conocimiento previo del Ministerio Fiscal el consentimiento proyectado. Si en el plazo de ocho días el Ministerio Fiscal se opusiere, resolverá el juez.

Además, por lo que establece el artículo 4 de la Ley Orgánica de Protección Jurídica del Menor, sobre el derecho al honor, a la intimidad y a la propia imagen, que establece que: 1. los menores tienen derecho al honor, a la intimidad personal y familiar y a la propia imagen. Este derecho comprende también la inviolabilidad del domicilio familiar y de la correspondencia, así como del secreto de las comunicaciones; 2. la difusión de información o la utilización de imágenes o nombre de los menores en los medios de comunicación[12] que puedan implicar una intromisión ilegítima en su intimidad, honra o reputación, o que sea contraria a sus intereses, determinará la intervención del Ministerio Fiscal, que instará de inmediato las medidas cautelares y de protección previstas en la Ley y solicitará las indemnizaciones que correspondan por los perjuicios causados; 3. se considera intromisión ilegítima en el derecho al honor, a la intimidad personal y familiar y a la propia imagen del menor, cualquier utilización de su imagen o su nombre en los medios de comunicación que pueda implicar menoscabo de su honra o reputación, o que sea contraria a sus intereses incluso si consta el consentimiento del menor o de sus representantes legales; 4. sin perjuicio de las acciones de las que sean titulares los representantes legales del menor, corresponde en todo caso al Ministerio Fiscal su ejercicio, que podrá actuar de oficio o a instancia del propio menor o de cualquier persona interesada, física, jurídica o entidad pública; 5. los padres o tutores y los poderes públicos respetarán estos derechos y los protegerán frente a posibles ataques de terceros.

---

12 "Desde mi punto de vista, no cabe duda que las redes sociales pueden considerarse "medios de comunicación", en el sentido en que son instrumentos para enviar un mensaje, textual o gráfico, a una cantidad indeterminada y cada vez más amplia de personas. GUTIÉRREZ MAYO, E., "<<Instamamis>>: La exposición de menores en redes sociales por sus progenitores. Análisis civil" accesible en: https://www.notariosyregistradores.com/web/secciones/doctrina/articulos-doctrina/instamamis/.

Desde la perspectiva penal, además, dicha intromisión ilegítima constituye un delito del art. 197 del Código Penal, que establece que:

1. El que, para descubrir los secretos o vulnerar la intimidad de otro, sin su consentimiento, se apodere de sus papeles, cartas, mensajes de correo electrónico o cualesquiera otros documentos o efectos personales, intercepte sus telecomunicaciones o utilice artificios técnicos de escucha, transmisión, grabación o reproducción del sonido o de la imagen, o de cualquier otra señal de comunicación, será castigado con las penas de prisión de uno a cuatro años y multa de doce a veinticuatro meses.

2. Se impondrá la pena de prisión de dos a cinco años si se difunden, revelan o ceden a terceros los datos o hechos descubiertos o las imágenes captadas a que se refieren los números anteriores.

3, Será castigado con las penas de prisión de uno a tres años y multa de doce a veinticuatro meses, el que, con conocimiento de su origen ilícito y sin haber tomado parte en su descubrimiento, realizare la conducta descrita en el párrafo anterior.

4. Los hechos descritos en los apartados 1 y 2 de este artículo serán castigados con una pena de prisión de tres a cinco años cuando:

5. Igualmente, cuando los hechos descritos en los apartados anteriores afecten a datos de carácter personal que revelen la ideología, religión, creencias, salud, origen racial o vida sexual, o la víctima fuere un menor de edad o una persona con discapacidad necesitada de especial protección, se impondrán las penas previstas en su mitad superior.

6. Si los hechos se realizan con fines lucrativos, se impondrán las penas respectivamente previstas en los apartados 1 al 4 de este artículo en su mitad superior. Si además afectan a datos de los mencionados en el apartado anterior, la pena a imponer será la de prisión de cuatro a siete años.

7. Será castigado con una pena de prisión de tres meses a un año o multa de seis a doce meses el que, sin autorización de la persona afectada, difunda, revele o ceda a terceros imágenes o grabaciones audiovisuales de aquélla que hubiera obtenido con su anuencia en un domicilio o en cualquier otro lugar fuera del alcance de la mirada de terceros, cuando la divulgación menoscabe gravemente la intimidad personal de esa persona.

La pena se impondrá en su mitad superior cuando los hechos hubieran sido cometidos por el cónyuge o por persona que esté o haya estado unida a él por análoga relación de afectividad, aun sin convivencia, la víctima fuera menor de edad o una persona con discapacidad necesitada de especial protección, o los hechos se hubieran cometido con una finalidad lucrativa.

En el caso de los menores explotados económicamente por sus padres en Internet, que puede entenderse como actividad de carácter artístico y publicitario, puesto que los progenitores reciben remuneración económica por los vídeos que cuelgan, por un lado por el número de seguidores y visitas a sus vídeos y por otro por los productos que publicitan en ellos, sería necesaria también esta autorización de la Autoridad Laboral, por lo establecido en el artículo 6 del Estatuto de los Trabajadores, artículos 31 y 32 de la Convención de Derechos del Niño y la Directiva 94/33 relativa a la protección de los jóvenes en el trabajo.

Los riesgos de estos actos son muchos y en algunos casos muy graves: el menor verá creada sin la madurez suficiente para comprender lo que ellos supondrá en su futuro, una *huella digital* o *reputación digital* muy difícil de borrar.

Ello le perjudicará para formar la propia imagen que él desea mostrar a los demás o, por ejemplo, para encontrar un trabajo.

Puede ser objeto de burla e incluso de acoso escolar por parte de sus compañeros. Puede sufrir *bullying*.

Puede ser objeto de *grooming*. Un adulto pedófilo o pederasta puede obtener mucha información sobre cómo es, qué le gusta, dónde vive, a qué colegio va, entre otros, y puede con ello crear un perfil que sea de la confianza del menor, creyendo en la veracidad de la identidad de la persona que contacta con él. Puede seguir con ello mediante contactos obtener más información y llegar a concertar un contacto físico.

Pueden descargar sus imágenes para que entren a formar parte de las imágenes de niños compartidas por pedófilos. A veces, esas inocentes imágenes constituyen un "tesoro" para los pedófilos, produciéndoles excitación sexual. Otras veces, esas fotografías serán modificadas mediante el *morphing*, convirtiéndola en una imagen de alto contenido sexual explícito.

Los riesgos para la salud física y psíquica son evidentes. Pero, además, la simple intromisión ilegítima ya es un mal, pues se trata de una violación de derechos fundamentales del menor.

Sólo con la mención del art. 4 de la Ley Orgánica 1/1996, de Protección Jurídica del Menor, sobre el derecho al honor, a la intimidad y a la propia imagen es evidente que el Ministerio Fiscal debe comenzar a actuar ya para proteger a los menores de las intromisiones ilegítimas en los derechos fundamentales al honor, intimidad personal y familiar y propia imagen del menor: sin perjuicio de las acciones de las que sean titulares los representantes legales del menor, corresponde en todo caso al Ministerio Fiscal su ejercicio, que podrá actuar de oficio o a instancia del propio menor o de cualquier persona interesada, física, jurídica o entidad pública.

El Ministerio Fiscal es, además por mandato legal, garante de los derechos de los menores.

Me pregunto a qué están esperando.

5. BIBLIOGRAFÍA

Ammerman Yebra, J. (2018), *El régimen de prestación del consentimiento para la intromisión en los derechos de la personalidad de los menores. Especial referencia al fenómeno del sharenting*, Actualidad Jurídica Iberoamericana, núm. 8.

Asensio Sánchez, M. A. (2012), *Patria potestad, minoría de edad y derecho a la salud,* Dykinson, Madrid.

Canalda, A. (2011), *Menores en los medios de comunicación,* Consejo General de la Abogacía Española, Madrid.

Cardona Llorens, J. (2014), *El derecho del niño a que su interés superior sea una consideración primordial en toda medida que le concierna a los XXV años de la Convención,* ponencia presentada en la Jornada sobre el interés superior de la niña y el niño en el sistema judicial, celebrada en Bilbao el día 18 de noviembre. Recuperado de http://www.ararteko.eus/RecursosWeb/DOCUMENTOS/1/0_3553_3.pdf

Castán Pérez-Gómez, A. (2002), "La patria potestad", en Garrido de Oalma, V. (coord.), *Instituciones de Derecho Privado.* Tomo IV. Familia, Vol. 1°, Civitas, Madrid.

Cobacho Gómez, J. A. y Legaz Cervantes, F. (dirs.) (2018), *Protección Civil y Penal de los Menores y de las Personas Mayores Vulnerables en España,* Aranzadi, Madrid.

De Torres Perea, J. M. (2011), Custodia compartida: una alternativa exigida por la nueva realidad social, *Indret revista para el análisis del Derecho,* Barcelona.

García Valverde, M. D. (2013), *Menores y jóvenes trabajadores. La prevención de riesgos laborales y medioambientales,* Comares, Granada.

García-Antón Palacios, E. (2017), *La objeción de conciencia de los padres a ciertos contenidos docentes en España y la jurisprudencia de Estrasburgo,* Dykinson, Madrid.

Gil Antón, A. M.

—, (2013), *El derecho a la imagen del menor en Internet,* Dykinson, Madrid.

—, (2013), La privacidad del menor en Internet, *Revista de Derecho, Empresa y Sociedad,* núm. 3.

—, (2015), *¿Privacidad del Menor en Internet? Me gusta ¡¡¡todas las imágenes de mis amigos a mi alcance con un simple click!!!,* Aranzadi, Madrid.

Lázaro González, I. y Mayoral Narros, I. (coords.) (2003), *Jornadas sobre derecho de los menores,* Universidad Pontificia de Comillas, Madrid.

Lázaro González, I. (2002), *Los menores en el Derecho español,* Tecnos, Madrid.

Martínez Velencoso, L. (2013), *La necesaria observancia del interés superior del menor en la contratación de menores de edad para la práctica del fútbol profesional. Sentencia de 3 de febrero de 2013 (RJ 2013, 928),* Cuadernos Civitas de jurisprudencia civil, núm. 93.

Morillas Fernández, M. (2013), El menor y su derecho a la intimidad ante los riesgos en la utilización de redes sociales, *Revista de Derecho, Empresa y Sociedad,* núm. 1.

Pérez Díaz, R. (2018), *Los derechos al honor, a la intimidad personal y familiar y a la propia imagen del menor en el siglo XXI,* Aranzadi, Madrid.

Planas Ballvé, M. (2020), Sharenting: Intromisiones ilegítimas del derecho a la intimidad de los menores de edad en redes sociales por sus responsables parentales, *Revista CEFLegal,* núm. 228.

Roda y Roda, D. (2014), *El interés del menor en el ejercicio de la patria potestad. El derecho del menor a ser oído,* Thomson Reuters Aranzadi, Navarra.

Sacristán Romero, F. (2013), Dignidad y libre desarrollo de la personalidad en menores: daños en el ámbito de las nuevas tecnologías de la información, *Revista de Derecho UNED,* núm. 13.

Save the children (Ed.). (2023). Grooming, qué es, cómo detectarlo y cómo. Recuperado de https://www.savethechildren.es/actualidad/grooming-que-es-como-detectarlo-y-prevenirlo?utm_source=Adwords-FR&utm_medium=cpc&utm_campaign=ES_ES_SEM_CV-FR_GEN_CPC_SAVETHECHILDREN_GRANTS_DSA&utm_term&gclsrc=aw.ds&&gclid=CjwKCAjwtdeFBhBAEiwAKOIy540whNtV5xgop4Ccsd3S8Zctsx-dx47OQA7U1rRGSTeU_V7cDEc7rnxoCCDYQAvD_BwE

Teruel Lozano, G., Pérez Miras, A. y Raffiotta, E. (dirs.) (2013), *Desafíos para los derechos de la persona ante el siglo XXI: Internet y Nuevas Tecnologías,* Thomson Reuters Aranzadi, Navarra.

Capítulo 7

La radicalización ideológica a través de internet y las redes sociales como problema de seguridad. Relevancia de la educación en valores democráticos como estrategia preventiva

DR. DANIEL SANSÓ-RUBERT PASCUAL
Universidad Nacional de Educación a Distancia (UNED)

DRA. MIRIAM JIMÉNEZ BERNAL
Universidad Europea de Madrid (UEM)

1. INTRODUCCIÓN

El ámbito cognitivo se ha convertido en un nuevo espacio de conflicto, por el cual se lucha. El control del relato, el dominio de la información y el despliegue de capacidades de influencia política y social, así como la desinformación, resultan cada vez más determinantes. El objetivo último es el control de la opinión pública que, a través del dominio de las redes sociales, determinará la respuesta social al estímulo democrático. Ante semejante panorama, la respuesta debe abogar por la apuesta en favor del incremento de la formación ciudadana, la calidad educativa y el fortalecimiento democrático, para que las personas sepan reaccionar adecuadamente ante tales fenómenos y no se dejen manipular. Opciones viables que resultan mejores que intentos de censura, filtro o control, en todo caso de difícil articulación jurídica en una democracia de calidad. De todos modos, este tema está generando relevantes controversias y debate.

Vivimos en un momento histórico en el que se producen diversas paradojas. Por un lado, la tecnología y las redes sociales nos mantienen más conectados que nunca, incluso con desconocidos, mientras que, por otro, ofrecen un espacio de anonimato en el que podemos desaparecer y estar físicamente alejados de quienes nos rodean. Asimismo, las redes facilitan nuevas formas de socialización (Cáceres et al., 2013; Jiménez y Pinto, 2019), con el encuentro, la creación de lazos y grupos con los que se comparten (o no) intereses, el establecimiento de relaciones y la difusión de ideas, normalizándose la interacción con desconocidos. Sin embargo, esas ideas que se difunden no siempre se corresponden con los valores democráticos que es necesario fomentar para una correcta convivencia, lo que nos lleva a debates sobre la tolerancia; pero también sobre la interacción entre las redes sociales, la privacidad y la libertad de expresión, tanto desde lo legal como desde lo ético (Segado Boj y Díaz Campo, 2020; Rico Carrillo, 2012; Arrieta Zinguer, 2014).

Sea como sea, está claro que una democracia no sobrevive sin demócratas. Ante las respuestas que el sistema democrático proporciona a los desafíos a los que se enfrenta (crisis económicas, políticas, sociales…), la ciudadanía reacciona de modos diversos y, de forma creciente, de una manera negativa: con respuestas extremas, apatía, desconfianza, desplome de la participación electoral; en definitiva, con una desafección política propiciada por numerosos factores relacionados con la propia estructura del sistema o los medios de comunicación, entre otros.

Este clima de deterioro de la confianza en el Estado democrático como garante y protector de derechos y libertades fundamentales se traduce así, en la aparición de movimientos abiertamente antidemocráticos, a los que la democracia les parece un esfuerzo inútil o, peor aún, una meta no sólo imposible de alcanzar, sino un destino no deseable; o *sensu contrario*, alimenta movimientos hiperdemocráticos, para los que la dosis de democracia de los regímenes actuales es insuficiente y debe ser ampliada. Ambas perspectivas, ejercen un poderoso efecto de desgaste sobre los fundamentos de la democracia (Simone, 2016). Y en ambas podemos encontrar, también, discursos de odio (Cabo y García, 2017), definidos por la ONU como «cualquier forma de comunicación de palabra, por escrito o a través del comportamiento, que sea un ataque o utilice lenguaje peyorativo o discriminatorio en relación con una persona o un grupo sobre la base de quiénes son o, en otras palabras, en razón de su religión, origen étnico, nacionalidad, raza, color, ascendencia, género u otro factor de identidad».

En los discursos de estos movimientos antidemocráticos se emplean mecanismos lingüísticos y cognitivos que apelan a los estereotipos y prejuicios para generar confrontación. Abril Hervás describe estos estereotipos como estructuras cognitivas que contienen tanto conocimientos como creencias y expectativas sobre grupos de personas, ayudándonos a categorizar una realidad compleja. Y señala a su vez, el peligro de que degeneren en prejuicios, que serían los sentimientos hacia esos grupos. Los estereotipos se difunden en los distintos medios de socialización y los prejuicios, por su parte, se basan en la necesidad de pertenencia a un grupo y de una autoestima que, si no se genera correctamente, puede llevar a la necesidad de considerar nuestro grupo como mejor que los demás.

Los prejuicios pueden ser más o menos sutiles (Plous, 2003; Malik y Herraz, 2005) y pueden desembocar en actitudes abiertamente racistas y sexistas, con uso de distintas formas de violencia, física, psicológica o simbólica. Aunque en nuestra sociedad actual existe un cierto consenso general para no expresarlos abiertamente, porque no está «bien visto», las creencias y los comportamientos se siguen manifestando y, cuanto más sutiles son, más difíciles de descubrir, analizar y eliminar. Un segundo efecto de esto es que, cuando se reivindican esos prejuicios sutiles, algunos grupos que tienen estos prejuicios muy arraigados tienden a emplearlos como argumentos para señalar que se trata de exageraciones y que aquellas personas que los reivindican son extremistas y piden algo irreal e innecesario.

Teorías como la de Adorno et al. (1969, 2006), en su descripción de la personalidad autoritaria, apuntan a la posibilidad de que las características de la personalidad de los individuos tengan un peso importante a la hora de dejarse arrastrar por los argumentos de los discursos de odio y de corte fascista. Pese a las críticas que despertaron estas investigaciones y pese a la conciencia de que existen condiciones socioeconómicas que favorecen esta posibilidad, existe cierto consenso sobre que, efectivamente, rasgos como la rigidez del pensamiento pueden contribuir a la falta de razonamiento crítico que permita evitar este tipo de discursos. Es por ello por lo que en este artículo se apuesta por la cultura cívica del conjunto de la ciudadanía. La meta es conseguir promover la conciencia sobre los Derechos Humanos y la necesidad de evitar y aislar las conductas extremistas, partiendo de la identificación de los comportamientos de sus ideólogos como nocivos y representativos de obstáculos para la convivencia y el libre disfrute de los derechos y las libertades.

La actitud de rigidez en el pensamiento y la crispación provocada, entre otras cuestiones, por los discursos de odio lanzados desde distintas tribunas han llevado al cuestionamiento de la democracia, como se desgaja de multiplicidad de encuestas y análisis[1] donde la desafección política y los postulados antidemo-

---

1 Instituto Internacional para la Democracia y la Asistencia Electoral (IDEA Internacional), ubicado en Suecia. Interesante revisar la serie de documentos anuales desde el informe *El estado de la democracia en el mundo 2017. Examen de la resiliencia democrática,* y posteriores informes. El sistema de evaluación se articula a través del *Informe anual sobre el estado de la democracia en el mundo* (The Global State of Democracy Report, GSoD) proporciona una visión general de las tendencias globales y regionales relacionadas con la democracia y los derechos humanos, junto con recomendaciones de políticas para apoyar y extender los valores democráticos en todo el mundo. A su vez, el *Observador de la democracia* (Democracy Tracker) proporciona datos cualitativos mensuales sobre eventos clave con el potencial de impactar el estado de la democracia y los derechos humanos en 173 países. La herramienta destaca cómo cada evento afecta aspectos específicos de la democracia y proporciona a los usuarios un análisis basado en el contexto. Cada informe de evento indica un desarrollo positivo, estático o negativo con respec-

cráticos acrecientan su influencia social. En este análisis, trataremos de resaltar la importancia de la educación, en primer lugar, como herramienta de prevención para identificar posibles discursos de odio y, en segundo lugar, como espacio para la transmisión de valores democráticos y de competencias como el pensamiento crítico que permitan evitar la renuncia progresiva de los ciudadanos a la participación política, que da lugar a democracias de baja intensidad y a expresiones violentas de la disconformidad, que pueden llegar a materializarse en agresiones físicas; llegando incluso a desembocar en episodios de violencia homicida, como lamentablemente hemos podido observar en los últimos meses en lugares tan cercanos como Francia o en nuestro propio país, ya sea por motivos religiosos, étnicos o sexuales, entre otros.

1.1. Discursos de odio, Internet, redes sociales y radicalización

El Estado es un suministrador permanente de seguridad, al menos en teoría y bajo la perspectiva del «deber ser». Y la única forma que tiene de hacerlo es poniendo límites a los sujetos. Límites, a la postre, interpuestos por la propia sociedad, por los propios ciudadanos, ya que se establecen por ley, aprobada por Parlamentos democráticamente elegidos. Justamente por eso, dichos límites son los elementos constitutivos de nuestra libertad. Podemos ser libres, porque nos sentimos seguros. Y nos sentimos seguros y seguras porque hay un ordenamiento jurídico que ordena la convivencia (Pérez Royo, 2010: p. 9) y un aparato del Estado, como garante para exigir su cumplimiento; y unas garantías lega-

---

to al desempeño democrático. Las actualizaciones anteriores están disponibles como un archivo que se puede buscar y descargar. Finalmente, los *Índices del estado de la democracia en el mundo* (GSoD Indices) miden el desempeño en una amplia gama de indicadores de democracia, que abarcan 173 países entre 1975 y 2022. Los Índices GSoD se basan en un marco teórico que organiza aspectos específicos del desempeño democrático en cuatro categorías: Representación, Derechos, Estado de Derecho y Participación. Accesible en: www.idea.int

les a las que recurrir en el supuesto contrario, o así debiera ser y se espera de un funcionamiento democrático correcto.

El Estado y el ordenamiento se enfrentan a posicionamientos críticos, que forman parte del juego democrático y que constituyen una herramienta útil para evitar la decadencia y perversión del sistema; pero también a sujetos radicalizados. Se trata de personas que pudiendo organizarse para participar en el proceso de formación de la voluntad del Estado y hacer uso de su derecho a la crítica y la expresión pacífica de opiniones contrarias optan, fruto de la radicalización de su comportamiento, por la vía de la violencia extrema. Pretenden así, imponer su ideología de una manera perversa, utilizando el miedo y la extorsión, que pueden comenzar de forma dialéctica, a través de discursos de odio que acaban alentando el paso a la acción.

La pregunta sobre cómo se puede hacer frente a estos procesos de radicalización es una cuestión que viene ocupando el debate de todos los países democráticos y que va a seguir en boga en las agendas políticas de manera indefinida, debido en parte a la aparición de las redes sociales y la difusión que, a través de estas, obtienen los mensajes radicalizados y discursos de odio, que pueden calar con facilidad en individuos con determinados perfiles y en ciertos contextos de crisis y hastío ante situaciones de precariedad o de pérdida de lo que se estima como un derecho de nacimiento, aun cuando no lo sea. No hay ninguna previsión de que las subculturas e ideologías radicalizadas dejen de ser una amenaza en general pero, sobre todo, una amenaza para aquellas sociedades cuya calificación como democráticas resulta inequívoca.

Este planteamiento se agrava si se añade a la ecuación la desconfianza hacia las capacidades resolutivas de las instituciones democráticas. La percepción de que las administraciones en su conjunto son indolentes ante las demandas ciudadanas, y de que las respuestas institucionales se gestionan con lentitud y de forma incompleta, sólo intensifica el rechazo, el descontento y la frustración hacia el sistema democrático. Del mismo modo, el tratamiento mediático de ciertas cuestiones de Estado, el abuso de las redes sociales con fines partidistas y la transformación de las instituciones democráticas en espacios de confrontación áspera en lugar de negociación, favorecen la convicción en determinados sectores de la incapacidad de la clase política para gestionar los países y la falta de participación a través de los mecanismos establecidos a tal fin. A esto se suma la potencia de los medios y redes sociales para facilitar discursos de odio, enmarcarlos y seleccionar la agenda política y social, a través tanto de la palabra como de la imagen; y su capacidad para generar posiciones diametralmente opuestas y, en muchas ocasiones, enconadas (Makhortykh y Sydorova, 2017; Bustos et al., 2019).

Dado que nos encontramos en una democracia de audiencia (Manin, 1998), la política no solo se habría personalizado, haciendo que los ciudadanos y ciudadanas voten en consonancia con su simpatía por ciertas personas en lugar de hacerlo en función de sus ideas sobre cómo debe organizarse la sociedad y responderse a los problemas del momento y del futuro, sino que el voto sería una reacción a lo que está sucediendo, con los distintos bandos empleando argumentos que explotasen las divisiones y fracturas, sobre todo en lo social y lo económico. Estos argumentos favorecen los discursos enmarcados en la retórica del miedo, según la cual nada puede cambiar y, si lo hace, será a peor y se perderá lo conseguido hasta el momento. Idea, que sirve de acicate para los comportamientos de desapego y de descreimiento.

Sea como sea, como señala Castells (2009), la ciudadanía vota y llega a ilusionarse con las promesas y con los políticos que las realizan, pero la decepción constante de sus expectativas y esperanzas deteriora la legitimidad de la clase política y del sistema, tornándose en indignación. La corrupción, el cinismo y el hecho de que la política se haya vuelto una experiencia cada vez menos racional y más emocional (Castells, 2009) hacen que la opinión, no necesariamente informada, adquiera máxima relevancia; que todo parezca opinable y debatible (Monzón, 2006). Esta cuestión, junto con la personalización de la política que mencionábamos y el hecho de que los mensajes negativos tengan mayor impacto y difusión que los positivos, convierten las redes sociales en un espacio donde se destruyen reputaciones con apenas unos cuantos caracteres y donde es fácil odiar y expresarlo abiertamente sin miedo a represalias ni consecuencias, parapetándose tras la libertad de expresión.

Sin lugar a duda, los nexos entre la inseguridad y la erosión del respaldo público a la democracia y al Estado de Derecho resultan complejos. La experiencia ha demostrado que, al menos a corto plazo, la exposición a discursos de odio desata comportamientos radicales, de uno y otro lado del extremismo, entendido éste como un *continuum* donde es posible identificar diversos niveles de radicalización, comprendidos entre dos polos caracterizados por el recurso a la violencia extrema y a las ejecuciones extralegales, todo ello en claro detrimento de la gobernanza democrática. El afloramiento de conductas radicalizadas puede provenir, tanto de la exposición a procesos de expresa radicalización ideológica, como en respuesta al miedo inducido por la violencia criminal o terrorista. La primera predispone al individuo a la comisión de actos violentos (como demuestra, por ejemplo, el incremento de las agresiones homófobas en los últimos años), mientras que la segunda promueve reacciones defensivas extremas, recurriendo por igual al empleo de la violencia, en una pretendida —y mal interpretada— defensa de la democracia.

2. LA CRISIS DE LA CULTURA DE LA LEGALIDAD

Un elemento fundamental para la democracia es la legalidad. Entendida ésta como la garantía de la convivencia civilizada entre los hombres, basada en el cabal cumplimiento de la Ley (Fernández, 1987). Es el respeto a las normas que establecen los derechos y deberes de todos los individuos, que conforman una comunidad. La legalidad es importante para la democracia porque garantiza las libertades ciudadanas y permite ejercer los derechos y cumplir con las obligaciones. También asegura que la justicia esté al alcance de todos los ciudadanos, estableciendo el trato equitativo que la autoridad debe dar a cada persona, sin discriminación alguna, ya que ante la ley todas las personas son iguales sin distinción.

La noción de imperio de la ley acaba con la incertidumbre jurídica y representa la visión garantista y de carácter protector, que ofrece la moderna visión del derecho. El Estado de Derecho es el Estado sometido al derecho, o mejor, el Estado cuyo poder y actividad vienen regulados y controlados por la ley. El Estado de Derecho consiste así, fundamentalmente, en el "imperio de la ley". O al menos, así debiera ser, dado que existen elementos como los procesos de radicalización y la propagación del discurso del odio, que introducen distorsiones en este esquema *a priori* descrito.

La legalidad engendra seguridad: el derecho establece y delimita el campo dentro del cual, en una determinada sociedad, los ciudadanos pueden sentirse seguros, sabiendo con certeza a qué atenerse en relación con sus derechos y deberes.

Todos ellos, aspectos, a nuestro juicio, fundamentales en el complejo e impostergable proceso de construcción de una cultura de la legalidad, como pilar fundamental para la consolidación democrática.

La salvaguarda e imposición del imperio de la ley, representa un mecanismo de aseguramiento de la libertad y de afirmación de la legalidad. Consolidar un Estado de Derecho, que asegure el imperio de la ley (Zapatero Gómez, 2009: pp. 25 y ss.; Marcilla Córdoba, 2005: pp. 251 y ss.). Abundando en ello, Locke argumentó cómo nuestra libertad se sostiene sobre la ley y que el derecho es el soporte sobre el que se construye la libertad: la ley no es cualquier voluntad, sino la razón que se torna voluntad, por eso debe ser obedecida; porque sólo la ley que libera al hombre debe ser acatada. Esto es, aquella que lo cualifica bajo el prisma de la dignidad y que respeta sus derechos, pues el fin de la ley no es abolir o restringir, sino preservar y ampliar la libertad (Locke, 1689).

Del Hierro argumenta que la cultura de la legalidad debe entenderse como una parte de la más amplia "cultura cívica". Este concepto podría, a su vez, entenderse como el conjunto de valores o virtudes cívicas, que facilitan el desarrollo y el funcionamiento de los sistemas democráticos (Del Hierro, 2010: pp. 25 y ss.). La garantía de la ley facilita el acceso al ejercicio de los derechos civiles, políticos, económicos, sociales y culturales.

La preocupación última radica en la salvaguarda de la confianza en la prevalencia del derecho y la cultura de la legalidad, como componentes indispensables en términos de calidad de la democracia. Caracteres, que representan un compromiso con los principios y valores del Estado democrático constitucional (Salazar Ugarte, 2006) y, por consiguiente, directamente vinculados con la cultura constitucional y la educación sobre la base del relato constitucional. Una "cultura de la legalidad" que, desde la perspectiva del Estado constitucional de Derecho, tiene todavía importantes desafíos que afrontar: los procesos de radicalización y expansión de las subculturas delictivas y del odio.

Por su parte, la cultura de la legalidad es un concepto complejo caracterizado por la polisemia. Cabría su identificación desde una triple perspectiva. Como actitudes hacia la legalidad por parte de la ciudadanía, con todo lo que conlleva de asunción de roles, incorporación subjetiva de deberes y articulación de procesos de socialización, que faciliten la aceptación del sistema. Igualmente, tiene una dimensión más formalizada que se confunde con un Estado de Derecho que funciona. Cuestión que, en todo caso, exige derechos humanos reconocidos y tutelados, división de poderes, imperio de la ley, seguridad jurídica, principio de legalidad y de aplicación coherente de la ley; esto es, ejecución imparcial y efectiva de la norma. Finalmente, implica legitimación; es decir, procesos que permitan hacer propia la norma e instituciones que aseguren la imparcialidad, el respeto y la preocupación por el bien común (Villoria y Wences, 2020: p. 12).

Por su parte, la cultura de la legalidad requiere como premisa inicial de partida, la confianza ciudadana en que las decisiones provenientes de los poderes públicos están ajustadas a principios de imparcialidad y orientadas a la defensa de los derechos fundamentales. A lo que hay que añadir, el cumplimiento voluntario de forma normalizada, por parte de los ciudadanos, de las reglas institucionales y compartidas de convivencia, fruto de una identificación política con la Constitución y su correlativa "cultura de los derechos" y primacía del respeto por la ley (Laporta, 2007). El gobierno de la ley supone la existencia de una cultura política de la legalidad, que hace de cada individuo un verdadero ciudadano. El valor de la Constitución se revela así de trascendental importancia para la contención y rechazo de los planteamientos antidemocráticos y a favor de la antipolítica y el fomento del odio. La Constitución como compendio de valores y como proyección de paradigmas socioculturales, contribuye a conformar la identidad política: un centro de convergencia en el que confluyen formas culturales, tradiciones y valores; la Constitución como identidad cultural en la que descansa un proyecto político común (Abramovich y Courtis, 2002: pp. 236 y 237).

Siguiendo a Sauca, la cultura de la legalidad tendría tres acepciones interconectadas y una teoría subyacente (Sauca Cano, 2010: pp: 11-26). Una sería de naturaleza cultural e implicaría todo el conjunto de valores, percepciones y actitudes que las personas de una sociedad (o actores relevantes en la generación y aplicación del derecho), tienen hacia las leyes. Esto implica, por una parte, la asunción de una serie de roles sociales de comportamiento y, por otra, la definición y la actitud hacia la conducta desviada. También implica la asunción de una identidad nacional en torno a una serie de principios y valores constitucionales —patriotismo constitucional— y la aceptación de un marco institucional en el que se desarrolle básicamente la elección individual de los planes de vida legítimos. En esta aceptación es importante considerar el papel de la educación para la ciudadanía y lo que ella comporta (Gutmann, 1999).

La segunda acepción es institucional. Conecta este concepto con la incorporación del Estado de Derecho, la exigencia de derechos humanos reconocidos y tutelados, la división de poderes, el imperio de la ley, la seguridad jurídica, el principio de legalidad y la aplicación coherente de los preceptos legales. La ejecución imparcial y efectiva de la norma. Pero la cultura de la legalidad también exige calidad normativa, normas elaboradas con participación de los afectados, necesarias, claras, con análisis de costes y, cuando sea posible y deseable, autorregulación social. Una sociedad que ostenta cultura de la legalidad es en consecuencia una sociedad con un Estado de Derecho sólido y un sistema de elaboración normativa de calidad (Villoria, 2010: pp. 30-31).

Las tres acepciones están interconectadas, pues las normas elaboradas participativamente, en condiciones de libertad e igualdad, son normas que se cumplen de forma más rigurosa por los afectados: un Estado de Derecho que funciona es a su vez, causa y efecto de una sociedad respetuosa de las normas, especialmente a través de la confianza generada. Y un Gobierno honesto y eficaz, que busca el bien común respetando el Derecho genera (Bobbio, 1990; Dworkin, 2008: pp. 71-72; Habermas, 1995), a su vez, confianza en las estructuras institucionales y, con ello, en las normas que de ellas surgen. Obviamente, esta teorización que de forma sumarial aquí se expresa tiene amplios antecedentes jurídicos.

A pesar de lo expuesto, hay que señalar que el concepto "cultura de legalidad" se caracteriza por su nivel de abstracción, posibilitando importantes divergencias políticas e ideológicas entre los practicantes y los políticos, que asuman la labor de su materialización (Sauca Cano, 2010: pp. 11-24). No obstante, adoptando la definición de Sauca, éste aboga por un tipo de aproximación interdisciplinar al fenómeno jurídico, centrada en el estudio de las mentalidades sociales relativas a la normatividad y caracterizada por adoptar una perspectiva empirista, pluralista y participativa, sobre las condiciones generadoras de lealtad institucional. Esto es, un proyecto político, que busca lograr el afianzamiento práctico de las condiciones generadoras de lealtad a "la normatividad" por parte de los ciudadanos. Constituye un movimiento social, que persigue que los ciudadanos logren "interiorizar" patrones normativos de convivencia en democracia constitucional, al objeto de reducir, de forma significativa, los niveles de incumplimiento social y los costos estatales de vigilancia; igualmente, argumenta, que esta orientación tendría relación con el ideal de una vida humana individual mejor vivida, más plena y consciente de su interdependencia con los demás, más autónoma, libre y socialmente empoderada a través de la obediencia voluntaria y consciente de la normatividad institucionalizada (Putnam, 1993: pp. 72 y ss.). Lograr instaurar el renacimiento de una cultura legalista y manifiestamente contraria a las subculturas antidemocráticas y delictivas, al tiempo que se promocionan los valores y principios constitucionalmente establecidos a través de campañas publicitarias de alto impacto social. Y es que no puede obviarse el que la cultura de la legalidad representa un componente muy importante de la calidad democrática.

En conclusión, la cultura de la legalidad exige que las leyes se cumplan. No es suficiente con su existencia. Es opuesta a la anomia. Exige integridad, eficiencia, transparencia, rendición de cuentas y responsabilidad democrática. Debe hacer de la rendición de cuentas y de la transparencia uno de sus centros de actuación pública. Sólo hay garantías de un Estado de Derecho donde la aplicación de las leyes es pública en su expresión y en sus razones, de tal modo que el Gobierno se someta al escrutinio público de sus actos. Un gobierno controlado por órganos competentes, fruto de la división de poderes y por una sociedad civil implicada en este cometido.

3. LA RELEVANCIA DE LA EDUCACIÓN EN Y PARA LA DEMOCRACIA COMO ESTRATEGIA DE PREVENCIÓN

Uno de los derechos más importantes del ser humano es su derecho a la educación, que le va perfeccionando en su propia condición humana (Hernández, 2003: p. 60). De entre todo el conjunto de instituciones democráticas la escuela, por excelencia, es crucial en la formación de ciudadanos, de personas imbuidas de la mentalidad democrática, que les permita adoptar una actitud crítica frente los problemas sociales y de rechazo ante el discurso radical y violento, dotándolas de herramientas para contrarrestar las influencias de postulados e ideologías extremistas, del discurso de odio y la retórica del miedo. Salvo alguna observación de autores como Dewey o Barber en sus respectivos trabajos dedicados a la «democracia y la educación» (Dewey, 1975; Barber, 2004), el puente entre estas dos entidades no se ve diseñado de un modo preciso por ninguna parte. Y, sin embargo, la escuela es realmente incubadora de los valores democráticos.

La escuela es un espacio donde debe promoverse la adhesión a los principios y valores genuinamente democráticos. Adhesión, que se debe hacer extensiva, asimismo, a la consolidación de presupuestos éticos, dentro de los cuales cobran relevancia, por un lado, la efectividad de un ethos democrático entre los ciudadanos y en los cargos políticos y, por el otro, la disposición de estos últimos a tomar decisiones políticas desde el interés común de todos. La democracia como forma de garantizar la cooperación de las personas en la legitimación y ejercicio del dominio político no se aplica sólo a aspectos orgánicos-institucionales y de procedimiento, sino que afecta también a determinados modos de cómo han comportarse las personas.

Estos modos de comportamiento en los que se incorporan los principios y los criterios de ordenación de la democracia constituyen el ethos mismo de la democracia; sobre los que ésta se basa, especialmente la libertad democrática, la igualdad política y el respeto al Estado de Derecho. Y este ethos no es otra cosa que la cultura política en la que la democracia se desenvuelve y apoya, construida sobre los principios de libertad e igualdad política (Böckenförde, 2000: p. 111) y la defensa del cumplimiento de la ley.

El análisis de la cultura (política o en general), definida como una serie de estrategias y formas simbólicas que se ponen a disposición de la gente para guiar sus acciones (Swidler, 1996; Lichterman y Cefaï, 2008), incluye varias dimensiones, debido a la complejidad de la propia noción. De este modo, se estudia la cultura como juego de herramientas y se analizan sus efectos y los significados que construyen las estrategias de acción. Estos significados se transmiten de diversas formas, como parte de la socialización, si bien su influencia depende de numerosos factores, tal y como explican algunas teorías como la de las vidas asentadas y no asentadas (Swidler, 1996). Nuevamente, recalcar, como uno de esos espacios de socialización sería la escuela.

En 2006, la legislación en materia de Educación que se aprueba en España para el establecimiento de los contenidos mínimos de la etapa de Secundaria implanta la asignatura de Educación para la Ciudadanía y los Derechos Humanos, de estudio obligado durante los tres primeros cursos, y la de Educación Ético-cívica para el cuarto curso, cuyos contenidos atribuyen un énfasis especial al reconocimiento mutuo de la igualdad, especialmente entre mujeres y varones. Asimismo, la competencia social y ciudadana queda reflejada como elemento transversal esencial en la etapa. De acuerdo con el Real Decreto 1631/2006, el ejercicio activo de la ciudadanía implicaría la construcción, aceptación y práctica de normas de convivencia ajustadas a valores democráticos, así como el ejercicio de derechos, libertades, responsabilidades y deberes cívicos y la defensa de los derechos de los demás.

Este Real Decreto fue modificado por el 1190/2012 y, tras la aprobación de la Ley Orgánica para la Mejora de la Calidad Educativa, por el Real Decreto 1105/2014, en el que la Educación para la Ciudadanía y los Derechos Humanos desaparece y es sustituida por Valores Éticos. La nueva materia pretende proporcionar herramientas analíticas apropiadas para la toma de decisiones, especialmente en lo que se refiere al respeto de los valores democráticos y los Derechos Humanos, base de la convivencia y la participación democrática.

La asignatura de Valores Sociales y Cívicos (Real Decreto 126/2014), por su parte, es una de las asignaturas específicas que pueden ofrecer los centros educativos para la etapa de Educación Primaria y tiene como finalidad promover aquellas actitudes y comportamientos deseables en una sociedad democrática. Esto es, generar ciudadanos y ciudadanas informados, conscientes y participativos que actúen sobre la base de los Derechos Humanos, la Ética y los principios democráticos. Se divide en tres bloques de contenido: el primero, «la identidad y dignidad de la persona»; el segundo, «la comprensión y el respeto en las relaciones interpersonales»; y el tercero, «la convivencia y los valores sociales».

Si tenemos en cuenta los cambios en la legislación y el currículo y la falta de formación específica para docentes (basta con echar un vistazo a los planes de formación de las universidades), así como la escasa consideración de las asignaturas mencionadas en comparación con las obligatorias y más elementales, podremos apuntar que el concepto de cultura política y el de ciudadanía democrática no se estudian, ni explícita, ni implícitamente. El propio sistema educativo no parece permitir un gran despliegue de democracia en el aula y que, por lo tanto, no se favorecen los valores democráticos, ni la participación política activa, a través de los mecanismos regulados establecidos por la legislación. Estos valores incluirían la igualdad, la actividad colectiva para alcanzar un interés o finalidad compartida, la colaboración, el espíritu de análisis crítico, la multiplicidad de las opiniones, la búsqueda y el análisis de informaciones, datos y documentos, la confrontación y la discusión constructivas, la tolerancia, el respeto de las reglas... Son, a fin de cuentas, virtudes democráticas.

Uno de los principales pilares de una necesaria (y hasta la fecha prácticamente obviada) estrategia constitucional de respuesta ante la proliferación del discurso de odio, consistiría en retomar la iniciativa, mediante la formulación e implementación de programas de formación de una ciudadanía democrática, cívica, en todos los estadios del sistema educativo nacional público y privado. Esta estrategia contribuiría a la formación de ciudadanos y ciudadanas críticos e informados, aprovechando su receptividad como alumnos en formación, en el conocimiento de los contenidos de la democracia. Haciendo especial hincapié en la relevancia de los logros de la misma como sistema político, frente a otros de naturaleza totalitaria y autoritaria. Así mismo, resaltaría la trascendencia y significado de los derechos fundamentales y las libertades públicas, incidiendo, a la par, en la importancia de los principios y valores sobre los que se sustenta el ordenamiento jurídico constitucional y la arquitectura institucional de la propia democracia. Todo ello sin olvidar el tratamiento y recordatorio de los sacrificios de hombres y mujeres acontecidos a lo largo de la historia, para que hoy todo ello sea posible.

En Educación Primaria, uno de los objetivos que se deben alcanzar es el de garantizar la convivencia, apreciando sus valores y normas, al efecto de prepararse para «el ejercicio activo de la ciudadanía y el respeto de los Derechos Humanos, así como el pluralismo propio de una sociedad democrática» (Real Decreto 126/2014). Ya en esta etapa se establece la necesidad de fomentar la prevención y la resolución pacífica de los conflictos; el respeto por las distintas culturas y por las diferencias; la igualdad y la no discriminación; y se hace especial hincapié en la violencia, ya sea esta de género, política, xenófoba o de cualquier otro signo. La Educación Secundaria profundiza en estos valores y comportamientos o así debería ser, de acuerdo con la legislación vigente.

Sin embargo, estos objetivos no podrían desarrollarse en plenitud, ni aspirar a la consecución del éxito, si primero, en una fase previa, no se lleva a cabo la formación, en los mismos términos, de los propios formadores. El profesorado es una pieza clave. Insustituible en esta estrategia educativa en la que, a la par de su labor docente ordinaria de sus respectivas materias de conocimiento propias del currículum explícito, se requiere que se transformen en vehículos de transmisión del currículum oculto; esto es, de los valores, las libertades y los derechos fundamentales reconocidos constitucionalmente. El modo de favorecer la transmisión de estos contenidos de corte democrático y favorecedores de la convivencia, pasaría por hacerlos explícitos e incorporarlos a nivel curricular de forma clara, concretándolos mucho más de lo que se estipula actualmente, como parte de la Educación en Valores o de los contenidos transversales. Así, su impartición no quedaría supeditada a la motivación subjetiva del profesorado, al tiempo que no existirían diferencias exageradas en cuanto a los contenidos y horas de formación dedicados en función de la Comunidad Autónoma o el régimen del centro educativo.

Es un reto nada desdeñable el de dotar a nuestros jóvenes, que pueden ser especialmente sensibles a los discursos de odio y la manipulación en beneficio de la radicalización, de formación democrática y de herramientas constitucionales, así como de todo tipo de recursos propios de un Estado de Derecho, que les permita repeler los embates seductores del extremismo con independencia de su signo o ideología dominante. Y mantenerse firmes en el convencimiento de que sólo y desde planteamientos democráticos y el análisis crítico de la realidad es como puede afrontarse cualquier situación social, económica o política. Formación, por tanto, que habrá de inculcárseles, añadiendo a la transmisión de la cultura de la legalidad, la querencia por un espíritu crítico y un carácter democráticamente inconformista.

Cualquier enfoque educativo que quiera hacer frente eficazmente a las consecuencias de los planteamientos extremistas y que busque tener éxito, debe comprender que existen numerosos elementos y contextos que pueden favorecer los discursos de odio y que un pensamiento categórico rígido dificulta la comprensión del método del diálogo. Asimismo, debe contrarrestar los factores asociados con el aumento de los discursos de odio en redes sociales. Y este planteamiento proactivo de neutralización activa de aquellos factores que conducen a la interiorización de los discursos de odio debe aportar soluciones a las reivindicaciones y demandas sociales legítimas, antes de que estas resulten convenientemente explotas a su favor por los radicales. Se debe buscar alcanzar un nuevo contrato ciudadano, recurriendo a planteamientos y terminología rousonianos, para respetar aquello que es de la esfera pública —la democracia constitucional— y fomentar la comunicación y la disensión, mediante cauces pacíficos (Antón-Mellón, 2017: p. 29).

Quizá sea una tarea más compleja que las respuestas reactivas de contención al uso, pero desde luego sus efectos tendrán un mayor recorrido y más profundo calado. El resultado será más duradero y permanente, debido a la irradiación de valores de cultura cívica y democrática, que fomentarán la convivencia pacífica y el mutuo reconocimiento de diferencias, a la par que el imperio del mutuo respeto. En definitiva, consiste en recalcar la idea de la consolidación de una ciudadanía democrática, haciéndola indeleble.

La trampa en la que sistemáticamente ha quedado atrapada la democracia es esa tendencia hacia la tolerancia absoluta y el garantismo acrítico que la caracteriza, basada en un entendimiento particular de algunos derechos como el de la libertad de expresión. Una tolerancia suicida, aduce Uriarte, que aboga y defiende la integración, el respeto y la tolerancia —valga la redundancia—, incluso de los valores, grupos y movimientos, que pretenden subvertir las democracias, destruyendo todo lo que representan, implantando como sustitutos otros sistemas foráneos, ajenos a nuestra cultura y tradición constitucional y cultural (Uriarte, 2004). Se trata, sin duda, de una de las paradojas de la mentalidad democrática, que podría resumirse en la siguiente cuestión: ¿acaso en democracia se debe tolerar todo? (Tejedor y Bonete, 2006).

La regla básica democrática del derecho de todos a participar, a opinar y a determinar las decisiones del poder político, nos ha llevado a extender esa regla hasta el límite de ofrecer las mismas posibilidades de participación, también a quienes quieren destruir los valores democráticos e igualitarios. De este modo, se produce una interpretación extremista de los derechos liberales, según la cual, también aquel que desprecia esos derechos y que los quiere eliminar, tiene derecho a defender sus posiciones en igualdad de condiciones. Así, la democracia y el liberalismo, bajo esta interpretación se destruyen a sí mismos desde dentro (Uriarte, 2004).

Si a la tolerancia casi infinita añadimos la libertad de comunicaciones y movimientos que caracteriza a los sistemas democráticos liberales, nos encontramos con un escenario especialmente proclive para la difusión de ideas antidemocráticas. Sin duda, una democracia mal entendida por nuestra parte, que nos ha llevado a tolerar no sólo la diferencia, que entra dentro de la legitimidad propia del disenso en democracia, sino también los discursos incitadores al odio, hacia determinados sectores y grupos sociales, y también hacia nuestras democracias.

En todo caso, como ha escrito Sartori, la tolerancia no presupone ni indiferencia, ni relativismo, porque el tolerante tiene creencias y principios propios, que considera verdaderos, pero tolera el derecho de los demás a defender «creencias equivocadas». Añade, que la tolerancia no puede ser ilimitada y propone tres criterios para establecer sus límites: la obligación de dar explicaciones de lo que consideramos intolerable; el principio de «no hacer el mal», según el cual no estamos obligados a tolerar comportamientos que nos causan daño y, finalmente, el criterio de la reciprocidad según el cual, si somos tolerantes con los demás, debemos esperar ser tolerados por ellos (Sartori, 2003: pp. 41-43).

4. PROPUESTA DE FORMACIÓN EN VALORES DEMOCRÁTICOS Y PENSAMIENTO CRÍTICO

Para lograr alcanzar todos estos objetivos democráticos descritos, como ya se ha puesto de relieve, la educación cívica en valores y competencias constituye la base común a todo ellos. Todo sistema democrático que prescinda de esta necesidad educativa acabará viendo cómo se desvanece la racionalidad democrática de sus instituciones. La democracia liberal es un buen ejemplo de este debilitamiento progresivo de las estructuras democráticas. Barber hace referencia a ello, acuñando el término «democracia débil» (Barber, 2004). La democracia carece de plenitud sin ciudadanos formados cívicamente. Educación y democracia están indisolublemente unidas. Por eso, el fortalecimiento democrático y la construcción de una ciudadanía democrática pasan necesariamente por las aulas. Enseñar democracia representa otra forma de contra radicalización al servicio de la democracia, al proponer iniciativas que puedan contribuir a mejorar las condiciones democráticas de las sociedades contemporáneas.

Nuestra propuesta, en este sentido, parte de la formación del profesorado en dos vertientes: la primera, en el desarrollo de actividades que fomenten el diálogo y la capacidad crítica como herramientas para que los propios estudiantes, futuros ciudadanos y ciudadanas, puedan disponer de ellas a la hora de manifestar sus opiniones y de buscar espacios de mejora y de acuerdo; así como al enfrentarse a discursos radicales que inciten a la violencia y al comportamiento antidemocrático, desarticulándolos. La segunda, igualmente formación en la detección de discursos que puedan favorecer la captación o representar una posible iniciación en ideologías y posicionamientos radicalizados, para poder implementar acciones formativas específicas destinadas a detectar e interrumpir el proceso, en la medida de lo posible. No debemos olvidar que las palabras son, también, acciones (Austin, 1982) y que la radicalización de las visiones influye en y es influida, a su vez, por la interpretación que se realiza de los mensajes que se lanzan a través de los medios de comunicación y redes.

En lo que se refiere a las actividades para el fomento de la capacidad crítica y del diálogo, convendría apostar por la formación del profesorado en técnicas propias de la metodología del Aprendizaje Dialógico, unidas al Aprendizaje Cooperativo, que es ya de aplicación común en los centros educativos. Estas metodologías favorecen las habilidades de negociación e interpersonales y contribuyen a la expresión de las ideas propias y opiniones como modo de aportación y suma al equipo, facilitando la discusión y la búsqueda de acuerdos desde el respeto al otro y a las normas conversacionales.

En concreto, el Aprendizaje Dialógico parte de la noción de que todo el mundo puede contribuir al debate con experiencias y opiniones bien fundamentadas, y que todas son de valor. Lo que modifica el paradigma tradicional en el que la figura del docente es la única que posee la información correcta y la verdad. Si agregamos el enfoque del Aprendizaje Cooperativo, que comparte con el constructivismo la idea de que el conocimiento se construye en interacción con los demás, estaremos sentando las bases para un aula más democrática en la que todos los integrantes participan y colaboran, algo que redunda en favor del desarrollo del pensamiento crítico.

Para alcanzar estos objetivos se proponen una serie de elementos que componen esta destreza del pensamiento crítico, divididos en niveles de dificultad y de logro, con el fin de proporcionar a docentes y estudiantes una guía y una rúbrica de evaluación. En este sentido. se comenzaría en los niveles más básicos con la búsqueda de información de calidad y la capacidad de análisis, para ir aumentando la dificultad con la capacidad de asociación de ideas y la de síntesis, para llegar a la complejidad que suponen la reflexión profunda y la de expresar opiniones y proponer soluciones bien argumentadas y fundamentadas.

Por lo que respecta a la detección de posibles discursos de odio o muestras de pensamiento rígido, la formación del profesorado debería incluir herramientas de Análisis del Discurso. El Análisis del Discurso, que podría producirse a partir de sesiones específicas en las que se tratasen temas controvertidos relacionados con los valores democráticos, partiría de debates transcritos o de ensayos escritos y permitiría detectar, tras un estudio de los términos utilizados para referirse a los diferentes actores presentes en el discurso y de la identificación de las posibles voces, argumentos proclives al enfrentamiento y al odio, así como comportamientos resistentes al diálogo y a la tolerancia de opiniones contrarias. Esta detección precoz no implicaría, en ningún caso, una penalización para el individuo, sino una alerta para determinar sobre qué cuestiones es preciso trabajar y cómo abordarlas desde una perspectiva académica que integre tanto elementos pertenecientes a las Ciencias Experimentales como a las Ciencias Sociales, según el tema de que se trate.

Asimismo, conviene tener en cuenta que la posible radicalización, como las fases de nivel de amenaza, va *in crescendo*; por lo que antes de alcanzar niveles de violencia, ya sea verbal o física, puede mostrarse en la reticencia al debate, la falta de respeto por las normas conversacionales, la denostación del contrario y el uso de argumentos repetitivos y poco trabajados, como si se tratase de verdades de fe que no puedan ser cuestionadas. Estos rasgos no constituyen de por sí un indicador inequívoco, pero unidos a determinadas situaciones personales y sociales y a ciertos rasgos individuales, sí pueden llegar a derivar en conductas nocivas, por lo que una intervención desde lo académico, si bien no será la única dimensión que deba participar en la solución del problema, podrá contribuir a atajar un problema aún mayor: el de una radicalización que desemboque en violencia.

Todo lo anterior nos lleva a plantear una propuesta pedagógica en la que primen el trabajo cooperativo y el debate, que no solo no suponen una «pérdida de tiempo», sino que, además de la profundización en los contenidos académicos permiten, también, la formación en valores y competencias como las sociales y las cívicas. Así, sería recomendable que, en cada unidad didáctica, independientemente del nivel educativo (aunque conviene comenzar en la etapa de Primaria y reforzar durante la Secundaria y la formación superior), se desarrollasen actividades en las que los propios discentes, en grupos, buscasen información sobre el tema del que se trate y presentasen sus fuentes y los datos que han encontrado de manera resumida. A partir de aquí, y ya en función de las características del grupo, se debería fomentar el debate acerca de algunos de los hechos u opiniones vertidas durante la exposición. Para ello, los docentes deben conocer mecanismos lingüísticos para retomar el tema principal y guiar al alumnado con sus preguntas para que profundicen en sus reflexiones, asegurando en todo momento que el tono que se mantiene es el adecuado y que se respetan opiniones y turnos.

Estas mismas actividades y, en especial, los debates y los momentos de charla distendida con el alumnado pueden permitir la observación de la rigidez en los discursos, la falta de empatía y fenómenos como la violencia verbal o una ironía mal entendida, que suponga un insulto para los interlocutores. De manera que pueda intervenirse en la discusión para proporcionar distintos puntos de vista y para, mediante una comunicación no violenta, llegar a acuerdos entre las partes en conflicto. Además del uso de insultos y amenazas directas, no debemos olvidar que el discurso de odio hunde sus raíces en el miedo a lo diferente. En un pensamiento categórico rígido, que hace que se acepten con mayor facilidad aquellas afirmaciones que corroboran lo que pensamos, sobre todo si nos eximen de culpa ante dificultades que pueden haber sido provocadas por el sistema y no por individuos concretos; y en unas clasificaciones del nosotros frente al otro que pueden ser aprendidas fuera del centro educativo, por influencia de medios de comunicación o de redes sociales (virtuales y reales, esto es, familiares y amistades).

Por este motivo, debemos prestar atención a las palabras y al tono que se emplea, al estilo comunicativo. Por ejemplo, el uso de amenazas veladas en las que no se explicitan las consecuencias de una acción, sino que se emplea un condicional, pueden ser significativas («si te chivas, verás»). Del mismo modo que el uso frecuente de imperativos y afirmaciones que se consideran verdades universales e indiscutibles, o de generalizaciones que se atribuyen a todos los sujetos que, en teoría, forman parte del grupo sobre el que se realizan. La invasión del espacio de los interlocutores, los gestos intimidatorios y demandantes, el uso del sarcasmo para ofender e insultar o las amenazas y las posturas, que hacen que el hablante parezca «más grande» que sus interlocutores. Indicaciones todas ellas de un estilo comunicativo agresivo, que pueden darnos pistas, aunque siempre será necesario analizar la situación comunicativa y el propio discurso.

5. CONCLUSIONES

El conocimiento de la democracia implica, no sólo el incremento de los niveles educativos de la sociedad, sino que, a su vez, debe incidir en la comprensión que la ciudadanía tiene de la política, además de otros requisitos fundamentales como el desarrollo de disposiciones de tipo emocional en favor de la democracia, la apertura al diálogo o la motivación para la búsqueda de acuerdos

(Innerarity, 2018: p. 23). Sin embargo, por el contrario, la tendencia apunta a que la ciudadanía carece de dichas capacidades por falta de conocimiento político, por estar sobrecargada de información que se transforma en ruido (incapacidad de procesar la información) o por el creciente recurso a todo tipo de estrategias de intoxicación informativa (*fake news*). El origen de muchos de los problemas políticos reside en el hecho de que la democracia necesita para su supervivencia de unos actores, que ella misma es incapaz de producir.

En su libro *La cultura cívica*, Almond y Verba, insisten en que el buen funcionamiento de la democracia demanda un sentido de la responsabilidad pública no sólo en las élites políticas, sino también en los ciudadanos (Almond y Verba, 1963: p. 3). La democracia quizá pueda sobrevivir a la desigualdad, pero no a la indiferencia y al descreimiento. Ignorar las señales de aviso de la quiebra democrática, del paradigma democrático, es una enorme equivocación. Las democracias no caen sólo gracias a los extremistas, argumentaba Linz, sino que la desafección, la falta de afecto, permiten que se derrumben (Linz, 1987).

La problemática actual descrita reside, como se ha evidenciado, en la existencia del conflicto suscitado en el seno de la democracia entre los valores democráticos y su defensa frente a los procesos de radicalización ideológica, que postulan valores diferentes atentatorios contra el desarrollo democrático y el Estado de Derecho (Greppi, 2012: p. 149). Las perspectivas de una democracia estable en un país se ven potenciadas si sus ciudadanos y líderes defienden con fuerza las ideas, valores y prácticas democráticas. El apoyo más fiable se produce cuando estos valores y predisposiciones están arraigados en la cultura del país y se transmiten, en gran parte, de una generación a otra. En otras palabras, si el país posee una cultura política democrática (Dahl, 2012: p. 181).

En consecuencia, a través del desarrollo de la educación cívica se retroalimenta la cultura constitucional en favor de la consecución de una democracia fuerte (Barber, 2004). Ésta, a su vez, requiere de un modelo de educación comprometido con la transmisión de valores y principios democráticos, que coadyuven a formar ciudadanos genuinamente demócratas, conocedores de los derechos y libertades públicas y respetuosos y defensores de los mismos. Lo contrario, el triunfo de valores que disienten del espíritu democrático sólo conduce al suicidio de la democracia (Ribotta, 2014: p. 267). Resulta indispensable educar en y para la paz; en contenidos, actitudes y valores, que consoliden el compromiso social con ella. Desde la cultura de la paz y de la educación para la paz se insiste en la necesidad de regenerar la vida democrática. Especialmente, democratizando el conocimiento y posibilitando el acceso a la cultura al conjunto de la ciudadanía, favoreciendo la participación y el control social de los asuntos públicos y exigiendo una nueva forma de hacer y entender la política (Rosenberg, 2018).

Por lo tanto, no solo se vincula con la educación para la democracia o educación para la ciudadanía, sino también con educación para la paz, con el objetivo de formar un ciudadano activo, comprometido y crítico, con un alto sentido de la justicia (Ribotta, 2014: p. 288) y que resuelva sus conflictos de manera democrática, esto es, por la vía pacífica.

Recordar, que la adhesión que comporta el sentimiento jurídico no es exclusiva, ni totalmente emocional, ya que la normatividad se acepta también en base a su conveniencia y calidad, bondades para la integración social; hay igualmente un cálculo racional de beneficio a favor de la utilidad de la norma. En palabras de Dewey, puesto que una sociedad democrática repudia el principio de la autoridad externa, debe encontrar un sustituto en la disposición y en el interés voluntarios: éstos solamente pueden ser creados por la educación (Dewey, 1995: p. 83). Y, en gran medida, la escuela (al menos en el modelo occidental) es una democracia *in nuce*, que puede servir para prepararse para la democracia adulta (Simone, 2016: p. 105). Reúne prácticamente los requisitos y características de una micro sociedad, que podría convertirse en un extraordinario medio para la práctica del "juego" de la democracia. A esto hay que añadir su calidad, como lugar de transmisión de conocimientos y opiniones, cualquiera que sea la materia que se enseñe. La escuela exalta algunas de las idea-faro, que la mentalidad democrática ha elaborado a lo largo de su historia: la igualdad, la actividad colectiva para alcanzar un interés o finalidad compartida, la colaboración, el espíritu de análisis crítico, la multiplicidad de las opiniones, la búsqueda y el análisis de informaciones, datos y documentos, la confrontación y la discusión constructivas, la tolerancia, el respeto de las reglas… . Son, a fin de cuentas, todas ellas virtudes democráticas (Cruz Villalón, 1999).

La educación ciudadana para la democracia resulta clave. La educación por sí misma no es una fuente de legitimidad democrática: no sirve como justificación de la autoridad política; pero es, sin embargo, esencial para la práctica de la ciudadanía. La difícil tarea de la educación pública es combinar la educación cívica con el desarrollo de sensibilidades civilizadas y formas de competencia socialmente útiles (Wolin, 2008: p. 230). Para prevenir los procesos de radicalización es necesario conquistar los corazones y las mentes de las personas, en clave democrática. Trabajar el desarrollo del sentimiento constitucional para lograr que medre el apego y querencia hacia la democracia como sistema, sin que ello implique la pérdida del espíritu crítico. Este sentimiento constitucional se fortalece cuando el derecho vigente se aproxima al ideal jurídico y se debilita cuando acontece lo contrario[2]. Existe una gran diferencia entre el ejercicio de la

[2] Sólo explica en parte, la adhesión de las personas a un ordenamiento fundamental. Las principales objeciones que pueden esgrimirse contra el sentimiento constitucional, como factor digno de estudio y consideración para una dogmática de la Cosntitución, serían, en palabras de sus detractores: "el llamado sentimiento constitucional es un asunto que atañe a la psicología social, a la sociología, a la ciencia política, pero es ajeno a una consideración técnica del Derecho Constitucional. Por otro lado, si admitimos y le damos relevancia, se corre el gravísimo riesgo de dañar, por no decir disolver, el prinicpio de seguridad jurídica y por consiguiente el Estado de Derecho". En respuesta, en palabras de Lucas Verdú, el sentimiento constitucional no ataca ni menosprecia la seguridad jurídica. Al contrario, la fortifica y la extiende y profundiza socialmente. Lucas Verdú, Pablo, *El sentimiento constitucional. Aproxima-*

crítica y la defensa del disenso constructivos en términos políticos dentro del sistema constitucional y otra, bien distinta, situarse fuera del sistema y tratar de subvertirlo. Una democracia no sobrevive sin demócratas, especialmente en situaciones de crisis. Realidad que, inequívocamente, conduce a apostar por la defensa de la cultura cívica y democrática con una meta bien definida: conseguir aislar socialmente cualquier atisbo de difusión de las ideologías extremistas y a sus propagadores e ideólogos. Que todos ellos sean identificados por las bases sociales como personas peligrosas y nocivas por sus inclinaciones antidemocráticas, representativas de obstáculos irracionales para el libre disfrute de los derechos y las libertades. Pero no basta solo con esto. El compromiso democrático requiere de algo más. Todo ciudadano, con independencia de su origen étnico, creencias culturales y convicciones religiosas, debe aceptar y, a ser posible, interiorizar haciendo suyos, los valores democráticos que sustentan nuestras sociedades. Valores democráticos de obligado e inexcusable cumplimiento, para cualquiera que pretenda vivir compartiendo nuestras sociedades democráticas. A nadie se le pide que renuncie a su cultura y a sus orígenes, pero las normas establecidas son inviolables y la intimidación y la violencia, recibirán una respuesta contundente por parte del Estado.

El único cemento capaz de cohesionar la democracia es la creación de verdaderos ciudadanos. Rousseau ya veía nítido el camino hacia la democracia auténtica cuando recomendó: "Crea ciudadanos (ciudadanos democráticos, comprometidos con los valores democráticos) y tendrás todo lo que necesitas; sin ellos no tendrás sino esclavos envilecidos, desde los gobernantes del Estado hacia abajo" (Rousseau, 1762).

Tras dos siglos de revoluciones democráticas ha quedado meridianamente claro que, para construir sociedades democráticas, no basta con garantizar la igualdad material, ni con distribuir

---

ción al estudio del sentir constitucional como modo de integración política, Madrid: Reus S.A, 1985.

oportunidades y recursos. No se trata sólo de incrementar la participación o la transparencia, porque ni la participación es la vacuna que pone a salvo a la democracia de los males que la corroen, ni la transparencia es por sí misma garantía bastante de calidad. Éstas sólo adquieren valor y cumplen su función, sobre el trasfondo de una opinión pública libre, para lo que indispensablemente se requiere de enseñanza y de educación y espíritu crítico. Cuestión clave, si se tiene en consideración que el ser humano no nace imbuido de la convicción democrática (Simone, 2016: p. 63). Más bien todo lo contrario. La actitud política primigenia de los seres humanos es "totalitaria". Para transformar al niño en un "pequeño demócrata", para que surja el *Homo democraticus* es preciso el esfuerzo prolongado e intenso de educación en las virtudes del relato constitucional (Dewey, 1995: pp. 124 y ss.).

En esta misma línea, Rimmerman (1997: pp. 10-14) y Barber (2000: pp. 162-170), comparten la idea de que los individuos no nacen incorporando el acervo de ciudadano, sino que alcanzar dicho estatus de conocimiento precisa de la educación y práctica en el conocimiento de los derechos y su defensa. La democracia fuerte es una democracia que restaura el valor político de la comunidad. Es una democracia que restablece todas las estructuras políticas, que repone al ciudadano en sus deberes y en sus derechos y que antepone a los intereses privados, la satisfacción de los bienes públicos (Barber, 2000). Y es que el problema de la educación constituye, parafraseando a Lacroix, el meollo de nuestra civilización (1966: p. 27).

Todo Estado democrático requiere invertir en ciudadanía democrática, lo cual demanda efectuar un importante gasto en educación. Pero no sólo en educación destinada a dotar a la ciudadanía de un conocimiento mínimo (combatir el analfabetismo); sino más allá, en enseñar, inculcar y transmitir toda una galería de valores y principios inspiradores del constitucionalismo y la esencia democrática. Valores de ciudadanía cívica, democrática y leal al sistema constitucional y sus instituciones. Y no por imposición, sino por convencimiento. Porque el individuo, debe interiorizar que la democracia constitucional es el mejor sistema de convivencia social, de contención del poder y defensa de los derechos y libertades, que el ser humano ha logrado, con independencia de sus imperfecciones, hasta la fecha.

Como escriben Camps y Giner, "la democracia contribuye a formar demócratas, pero no lo hace automáticamente. De la misma forma que no basta con tener buenos hospitales para que haya salud, tampoco basta que haya instituciones democráticas para que haya civismo" (Camps, 1998: p. 157). Todo ello requiere de un esfuerzo en educación y pedagogía cívica, como inversión para lograr mayores cotas de calidad democrática. Así, la democracia se convierte en cultura; más aún, en cultura democrática como valor (Fernández Rodríguez, 2013: p. 55).

En consecuencia, educación y democracia están indisolublemente unidas. Su combinación conduce a una adhesión voluntaria fuerte de la ciudadanía a los valores y principios democráticos. La educación es un aprendizaje de la libertad y la responsabilidad, es decir, de los valores democráticos, por lo que parece lógico que se deba potenciar la formación en y para la democracia en la escuela, pública y privada, en su beneficio. El fin último de la educación cívico-democrática responde al fortalecimiento y difusión del espíritu democrático, manifestado a través de la iniciativa, entre muchas otras, de dotar a las personas de un mínimo de conocimientos y herramientas propias de la democracia, que impida cualquier intento de embaucar a la ciudadanía, protagonizado por representantes de ideologías radicales en pro de una democracia más real, más fuerte y participativa, preparada para hacer frente a todo tipo de discurso de odio e intentos de radicalización.

6. BIBLIOGRAFÍA

Adorno, T. W., Frenkel-Brunswik, E., Levinson, D. J., Nevitt Stanford, R. 1969), "The authoritarian personality". N.Y.: Norton and company. [Traducido parcialmente en] Empiria: *Revista de Metodologías de Ciencias Sociales*, 12, 2006: pp. 155-200.

Almond, G. (n.d.), Verba, S. (n.d.). "*The Civic Culture: Political Attitudes and Democracy in Five Nations*", Princeton: Princeton University Press.

Antón-Mellón, J. (2017). Terrorismo. Disección de la barbarie. *Tibidabo Ediciones.*

Arrieta Zinguer, M. (2014). Libertad de expresión y derecho a la información en las redes sociales en internet. *Revista de Derecho, Comunicaciones y Nuevas Tecnologías,* 12, 3-31.

Austin, J. L. (1982). Cómo hacer cosas con palabras: palabras y acciones. *Paidós Ibérica.*

Barber, B. (2000). *Un lugar para todos. Cómo fortalecer la democracia y la sociedad civil.* Paidós.

—, (2004). *Democracia fuerte. Política participativa para una nueva época.* Almuzara.

Bobbio, N. (1990). *Del poder al derecho y viceversa, Ruiz Miguel, Alfonso* (Ed.), Contribución a la teoría del Derecho, Debate.

Böckenförde, E. W. (2000). *Estudios sobre el Estado de Derecho y la democracia,* Trotta.

Bustos, L., De Santiago, P. P., Martínez, M. A., Rengifo, M. S. (2012). Discursos de odio: una epidemia que se propaga en la red. Estado de la cuestión sobre el racismo y la xenofobia en las redes sociales. *Mediaciones sociales,* 18: pp. 25-42.

Cáceres, M. D., Brändle, G., Ruiz, J. A. (2013). Comunicación interpersonal en la web 2.0. Las relaciones de los jóvenes con desconocidos. *Revista Latina de Comunicación Social,* 68: pp. 436-456.

Cáceres, M. D., Díaz, P., García, F., García, M. L., López, M., Núñez, P. (2010). Construcción social de la realidad en los nativos digitales: una revisión teórica desde la perspectiva narrativa y el hipertexto. *Prisma Social. Revista de Ciencias Sociales,* 3: pp. 1-21.

Camps, V., Giner, S. (1998). *Manual de civismo,* Barcelona: Ariel.

Castells, M. (2009). *Comunicación y poder.* Alianza Editorial.

Ciotti, L. (2003). "Promover la cultura de la legalidad: permanecer alerta para construir la justicia", En Cámara de Landa, E. y Morabito S. (Coords.), *Mafia, Ndrangheta, Camorra. En los entresijos del poder paralelo,* Universidad de Valladolid.

Cruz Villalón, P. (1999). *La curiosidad del jurista persa y otros estudios sobre la Constitución,* Centro de Estudios Políticos y Constitucionales.

Dahl, R. A. (2012). *La democracia,* Ariel.

Del Hierro, J. L. (2010). "Cultura de la legalidad y responsabilidad de los periodistas". En Villoria Mendieta, M. y Wences Simon (coord..), M.I, *Cultura de la legalidad: instituciones, procesos y estructuras,* cit.: pp. 25 y ss.

Dewey, J. (1975). *Democracia y educación.* Ediciones Morata, [original, 1916].

Fernández Rodríguez, J. J. (2013). Defensorías del Pueblo en España: una visión prospectiva, Universidad de Alcalá de Henares y Defensor del Pueblo, *Cuadernos Democracia y Derechos Humanos,* núm. 11, 2013.

Fernández, E. (1987). *La obediencia al derecho,* Madrid: Civitas.

Galiana Saura, Á. (2003). *La legislación en el Estado de derecho,* Madrid: Dykinson.

Gutmann, A. (1999). "Ciudadanía democrática", En Nussbaum, M. y Cohe, J. (Eds.), *Los límites del patriotismo. Identidad, pertenencia y ciudadanía universal,* Paidós.

Hernández, R. (ed.) (2003). *Los Derechos Humanos. Antología Francisco de Vitoria.* Editorial San Esteban, Colección Biblioteca Dominicana.

Innerarity, D. (2018). *Comprender la democracia,* Barcelona: Gedisa.

Jiménez Bernal, M. (2019), Pinto Tortosa, A. J. (2019). "Ser o no ser: la imagen de la persona y su definición a través de las redes sociales". En Florit, C. (coord.), *La persona en el S.XXI, una visión desde el derecho.* Aranzadi.

Lacroix, J. (1966), Guissard, L. (1966). Presencia de Mounier, Barcelona: Nova Terra.

Laporta, F. (2007). *El imperio de la ley: una visión actual,* Madrid: Editorial Trotta.

Ley Orgánica 8/2013, de 9 de diciembre, para la Mejora de la Calidad Educativa.

Lichterman, P. (2008), Cefaï, D. (2008). "The idea of political culture ". En Goodin, R. y Tilly, Ch. (eds.), *The Oxford Handbook of Contextual Political Analysis,* Oxford University Press, 392-414.

Linz, J. (1987). *La quiebra de las democracias,* Madrid: Alianza.

Locke, J. (2006). *Segundo tratado sobre el Gobierno Civil. Un ensayo acerca del verdadero origen, alcance y fin del Gobierno Civil,* Madrid: Tecnos (Edición original de 1689).

Lucas Verdú, P. (1985). *El sentimiento constitucional. Aproximación al estudio del sentir constitucional como modo de integración política,* Madrid: Reus S.A.

Makhortykh, M. (2017), Sydorova, M. (2017). "Social media and visual framing of the conflict in Eastern Ukraine". *Media, War and Conflict,* 10 (3): pp. 359-381.

Malik, B. (2005), Herraz, M. (2005) (coords.). *Mediación intercultural en contextos socioeducativos.* Ediciones Aljibe.

Manin, B. (1998). *Los principios del gobierno representativo.* Alianza.

Marcilla Córdoba, G. (2005). *Racionalidad legislativa. Crisis de la ley y nueva ciencia de la legislación,* Madrid: Centro de Estudios Políticos y Constitucionales.

Monzón, C. (2006). *Opinión pública, comunicación y política.* Tecnos.

Pérez Royo, J. (dir.) (2010). *Terrorismo, democracia y seguridad, en perspectiva constitucional.* Marcial Pons.

Plous, S. (2003). "La psicología del prejuicio, el estereotipo y la discriminación: un resumen". En Plous (Ed.): *Comprendiendo el prejuicio y la discriminación. McGraw*-Hill.

Putnam, R. (n.d.). *Making Democracy Work,* Civic Traditions in Modern Italy.

Real Decreto 1105/2014, de 26 de diciembre, por el que se establece el currículo básico de la Educación Secundaria Obligatoria y del Bachillerato.

Real Decreto 1190/2012, de 3 de agosto, por el que se modifican el Real Decreto 1513/2006, de 7 de diciembre, por el que se establecen las enseñanzas mínimas de la Educación Primaria.

Real Decreto 126/2014, de 28 de febrero, por el que se establece el currículo básico de la Educación Primaria.

Real Decreto 1631/2006, de 29 de diciembre, por el que se establecen las enseñanzas mínimas correspondientes a la Educación Secundaria Obligatoria.

Real Decreto 1631/2006, de 29 de diciembre, por el que se establecen las enseñanzas mínimas correspondientes a la Educación Secundaria Obligatoria.

Rico Carrillo, M. (2012). El impacto de internet y las redes sociales en el derecho a la libertad de expresión. *Frónesis: Revista de filosofía jurídica, social y política,* 19 (3): pp. 331-349.

Ribotta, S. (2014). "Democracia y educación en y para la paz. ¿Democracias genuinas o democracias suicidas?", Garrido Gómez, M.I y Ruiz, R. (Eds.), *Democracia, gobernanza y participación. El tiempo de los derechos,* Valencia: Tirant lo Blanch.

Rimmerman, C. A. (1997). "The New Citizenship. Unconventional Politics, Activism and Service", *Westview Press, Boulder*: pp. 10-14.

Rosenberg, M. (2018). *Ser paz en un mundo en conflicto Lo próximo que diga cambiará su mundo.* Acanto.

Rousseau, J. J. (2014). *El contrato social o principios de derecho político*, Madrid: Tecnos, (edición original 1762).

Sáinz Moreno, F. (1995). *Problemas actuales de la técnica normativa*, Anuario Jurídico de La Rioja, núm. 1, 1995: pp. 55-70.

Salazar Ugarte, P. (2006). Democracia y cultura de la legalidad, *Cuadernos de Divulgación de la Cultura Democrática*, núm. 25, México: Instituto Federal Electoral.

Sartori, G. (2003). *La sociedad multiétnica*. Taurus.

Sauca Cano, J. M. (2010). Cultura de la legalidad. Bosquejo de exploraciones conceptuales y metodológicas, *Asamblea, Revista Parlamentaria de la Asamblea de Madrid*, núm. 22, 2010: pp. 11-26.

Sauca, J. M. (2015), Wences, M. I. (2015). Derechos colectivos (en la doctrina de la Corte Interamericana de Derechos Humanos), *Eunomía. Revista en Cultura de la Legalidad*, núm. 9, 2015: pp. 195-204.

Segado Boj, F., Díaz Campo, J. (2020). "*Social media and its intersections with free speech, freedom of information and privacy*". An analysis. Icono 14, 18 (1): pp. 231-255.

Simone, R. (2016). *El hada democrática. Cómo la democracia fracasa*. Taurus Pensamiento.

Swidler, A. (1996). La cultura en acción: símbolos y estrategias. *Zona Abierta*, 77-78: pp. 127-162.

Tejedor, C., Bonete, E. (2006). *¿Debemos tolerarlo todo? Crítica al tolerantismo en las democracias*. Editorial Desclée de Brouwer.

Uriarte, E. (2004). *Terrorismo y democracia tras el 11-M*. Espasa Hoy.

Villoria, M., Wences, M. I. (2010). (Eds.), Cultura de la legalidad. Instituciones, procesos y estructuras, cit.: p. 12.

Villoria, M. (2010). "Cultura de la legalidad y buen gobierno", En Villoria, M. y Wences, M.I. (Eds.), *Cultura de la legalidad. Instituciones, procesos y estructuras*, Madrid: Catarata, 2010: pp. 30-31.

Zapatero Gómez, V. (2009). *El arte de legislar*, Pamplona: Aranzadi.

BLOQUE III
EL PERMANENTE DEBATE SOBRE EL MODELO TERRITORIAL EN ESPAÑA

Capítulo 8
El modelo territorial de España

DR. DIEGO LÓPEZ GARRIDO
Catedrático emérito de Derecho Constitucional
Universidad de Castila La Mancha (UCLM)
y Letrado de las Cortes Generales

El Estado de las Autonomías, como modelo territorial del sistema político español, parte de una lúcida constatación de los padres constituyentes: el Estado unitario o Estado central no lo puede todo. En la España que aspiraba a entrar en la Unión Europea, en la España que rompía con la dictadura y construía una democracia, el modelo político tenía que ser complejo y descentralizado para responder a los desafíos de final del siglo XX.

El objeto de las siguientes líneas es exponer los elementos y conceptos en que se ha venido a basar el Estado de las autonomías del siglo XXI.

1. EL ESTADO AUTONÓMICO COMO PRINCIPIO CONSTITUCIONAL DEMOCRÁTICO

El territorio es uno de los elementos del Estado, aquél que le da desde su nacimiento histórico su personalidad esencial. Y la defensa de su integridad es la misión prioritaria de sus instituciones, de todas.

Por esa razón, la opción por un Estado no centralizado se convirtió en 1978 en uno de nuestros principios constitucionales (los demás principios constitucionales fundamentales son: la monarquía parlamentaria, el Estado de Derecho, la Democracia y los derechos y libertades). La abolición del Estado autonómico y su sustitución por un Estado centralista equivaldría, pues, no a una reforma de la Constitución sino a una ruptura del régimen político creado en 1978.

Estos principios constitucionales son el alma de la Constitución española. Son su estructura. De ahí la fortaleza que el Estado de las autonomías posee y que diferencia al sistema político español de otros europeos, como el de Francia, por ejemplo.

El Estado de las autonomías no es una especie de Estado federal. A diferencia de éste, las entidades subestatales —las Comunidades Autónomas (CCAA)— no tienen una constitución propia, ni un poder judicial propio, ni pueden participar en la creación o reforma de la Constitución Española.

Los principios constitucionales se interrelacionan entre sí. No es atrevido decir que sin Estado de las autonomías un país como España, con nacionalidades y regiones, hubiera construido la democracia que es hoy con más dificultad. Los impulsos independentistas habrían tenido un espacio mayor.

No obstante, el Estado autonómico ha pasado por obstáculos. El primero de ellos, la pretensión en algunas Comunidades de acercar sus estatutos de autonomía a una constitución sui generis. El segundo, la judicialización de varios conflictos de carácter político, quizá influidos por la ausencia de poder judicial de matriz autonómica. El tercero, ante la no participación en la reforma de la Constitución, hacer un planteamiento utópico de referéndums de autodeterminación.

El Estado autonómico acude a una institución poderosa para solucionar el frecuente problema de la disputa competencial entre Estado central y Comunidades Autónomas. Esa institución es el Tribunal Constitucional. La crisis institucional que le ha afectado al final de 2022 tiene una gravedad especial, porque, a su vez, incide en la relación, muchas veces problemática, entre la dimensión estatal y la autonómica. El prestigio y la autoridad del Tribunal son así requisitos imprescindibles de la estabilidad de nuestro modelo territorial.

2. EL ESTADO AUTONÓMICO Y ESTADO DE BIENESTAR

El éxito y la potencialidad del Estado de las autonomías se puso de manifiesto a la vez que el desarrollo positivo del Estado democrático. Conviene recordar que la Constitución dejó abiertas muchas incógnitas. Entre ellas, la identidad de las entonces futuras comunidades autónomas. Fue necesaria la aprobación de los 17 Estatutos de autonomía para poder entender la construcción autonómica. De ahí que el Tribunal Constitucional edificara eso que se ha llamado el "bloque de la constitucionalidad".

El bloque de la constitucionalidad lo forma la Constitución con los estatutos de autonomía, de modo que la interpretación constitucional se fundamenta en los dos componentes. Así lo ha hecho el Tribunal Constitucional en su jurisprudencia consolidada. La fuerza que esta interpretación da al Estado de las autonomías es indudable, y lo convierte en un principio constitucional más a añadir a los que anteriormente tuve ocasión de enumerar.

El momento álgido del edificio autonómico tiene como fecha el 28 de febrero de 1992. Ese día se firmó el Pacto Autonómico entre Partido Socialista y Partido Popular. Su importancia es extraordinaria. Se traslada a la competencia de las comunidades autónomas la política de sanidad y la política de educación. Nada menos. Es decir, los pilares estructurales del Estado social al que se refiere el artículo 1º de la Constitución, lo que se ha llamado después de la Segunda Guerra Mundial, el ***Welfare State***.

El PSOE y el PP no han vuelto a realizar un acuerdo de tal envergadura desde entonces.

El Pacto Autonómico no ha podido transferir hasta sus últimas consecuencias a las comunidades autónomas las competencias en sanidad y en educación. En ambos casos, esas competencias han necesitado una intervención desde la atalaya central. Las leyes educativas sucesivas aprobadas en las Cortes Generales son un ejemplo de ello. También lo es la declaración del estado de alarma realizada por el gobierno ante la pandemia de Covid 19. Hay aquí que constatar un error del Tribunal Constitucional al considerar nula esa declaración por entender que debió declararse el estado de excepción para limitar la libertad de circulación.

3. LA NATURALEZA POLÍTICA DE LAS AUTONOMÍAS Y EL CONTROL DEL ESTADO

Las Comunidades autónomas tienen un poder añadido: un parlamento que aprueba normas con rango de ley. Que, por tanto, solo pueden ser anuladas por el Tribunal Constitucional, no por los jueces ordinarios como sucede con los reglamentos y normas de rango inferior a ley.

Lo anterior se ve aumentado por la atribución a los ejecutivos de las comunidades del artículo 151 CE de la potestad de disolver el parlamento autonómico.

El Estado de las autonomías tiene, pues, una profunda naturaleza política, que lo distingue del Estado regional (Italia), por ejemplo. Y que se rige por los principios de solidaridad, igualdad y cooperación.

No obstante lo anterior, la Constitución española contiene una serie de preceptos que acotan los poderes de las Comunidades Autónomas de forma que no desborden los límites de lo que ha de ser decidido desde el poder del Estado, que tutela los intereses generales de todos los ciudadanos.

Me refiero a tres supuestos (artículo 149.3). El primero es la competencia residual del Estado sobre las materias que no se hayan asumido por los Estatutos de Autonomía en los casos en que la Constitución no las haya atribuido expresamente al Estado.

El segundo es que las normas del Estado prevalecerán sobre las de las Comunidades Autónomas en todo lo que no esté atribuido a la exclusiva competencia de éstas. Lo podríamos llamar "principio de primacía del derecho estatal", por asemejarse a lo que el Tribunal de Justicia de la Unión Europea consagró como "principio de primacía del derecho europeo" sobre las normas nacionales.

El tercero es que el derecho estatal será en todo caso, supletorio del derecho de las comunidades autónomas.

Además de lo que acabamos de señalar, la Constitución asegura un control del Estado sobre el poder autonómico en asuntos de superior interés general. Lo hace a través de diversos instrumentos en las manos de órganos estatales.

Así, las Cortes Generales, en materia de competencia estatal, pueden atribuir a las Comunidades Autónomas la potestad de dictar normas legislativas en el marco de los principios, bases o directrices fijados por una ley estatal. Son las llamadas "leyes marco", que pueden prever mecanismos de control de las Cortes Generales sobre esas normas autonómicas (art. 150.1 CE).

El Gobierno, previo dictamen del Consejo de Estado, puede controlar el ejercicio por las Comunidades Autónomas de las funciones delegadas que el Estado les haya transferido siendo materias de titularidad estatal (art. 150.2 y 153.6).

Otro supuesto de intervención ejecutiva del Gobierno es la acción de las Comunidades Autónomas en el supuesto del art. 155 CE, cuando no cumplan las obligaciones que la Constitución les impone o actúen contra el interés general de España. Como es sabido, ya ha habido un caso de aplicación del art. 155 respecto del gobierno de la Generalitat de Cataluña.

El Tribunal Constitucional controla la constitucionalidad de las leyes autonómicas, o de las decisiones de órganos de las Comunidades Autónomas (art. 153 a) CE).

4. LA FINANCIACIÓN DEL ESTADO DE LAS AUTONOMÍAS

Esta cuestión cierra las cuatro dimensiones que definen constitucionalmente al Estado de las autonomías: como principio constitucional, como base del Estado de Bienestar, como órganos bajo el control último de instituciones estatales (Cortes Generales, Gobierno, Tribunal Constitucional) y como órganos cuya dimensión económica se manifiesta en ingresos tributarios (directos o indirectos) y en gastos para cumplir sus funciones de carácter político.

La potestad tributaria "originaria" la tiene el Estado, como señala el artículo 133.1 de la Constitución, y el art. 149.1 CE, que le da al Estado la competencia exclusiva sobre "Hacienda General". En base a ello, las Cortes Generales han aprobado la Ley General Tributaria para todas las Administraciones públicas. También hay que citar el artículo 157.3 CE, que atribuye a una ley orgánica la armonización de las competencias financieras de las Comunidades Autónomas.

Por otra parte, el artículo 133.2 CE señala que las CCAA y las Corporaciones locales "podrán establecer y exigir tributos de acuerdo con la Constitución y las Leyes".

Este precepto es la manifestación del principio de autonomía financiera del art. 156.1 CE, que la concede a las comunidades autónomas "para el desarrollo y ejecución de sus competencias con arreglo a los principios de coordinación con la Hacienda estatal y de solidaridad entre todos los españoles". Para esa coordinación se ha creado el Consejo de Política Fiscal y Financiera de las Comunidades Autónomas, según el artículo 3 de la LOFCA. El artículo 138 CE garantiza el principio de solidaridad y señala que el Estado debe velar por el establecimiento de un equilibrio económico justo entre las diversas partes del territorio español.

La financiación de las Comunidades Autónomas para el cumplimiento de sus crecientes atribuciones no está compuesta por tributos propios mayoritariamente. La mayor parte de los ingresos de las CCAA provienen de transferencias del Estado, mediante ley. Esta financiación puede ser incondicionada, o sea, la cesión a las CCAA de la recaudación de determinados tributos establecidos y regulados por el Estado (art. 11 LOFCA). El más importante es el IRPF, con un límite del 50 %.

La financiación estatal puede ser también condicionada, es decir, una asignación en función del volumen de servicios públicos que prestan las Comunidades Autónomas (art. 158.1 CE). Los fundamentales son la educación, la sanidad y los servicios sociales esenciales (art. 15 LOFCA).

5. LA UNIÓN EUROPEA, EL MODELO TERRITORIAL ESPAÑOL

La pertenencia de España a la Unión Europea y la cesión a ésta de importantes competencias hace que pueda afirmarse que la Unión forma parte del modelo territorial de Estado. Es un modelo multinivel, pues. Lo componen: las entidades locales, las comunidades autónomas, el Estado central y la Unión Europea.

No hace falta extenderse mucho. La Unión tiene atribuciones exclusivas (por ejemplo, la política monetaria en el espacio euro), y otras compartidas con el Estado.

6. CONCLUSIONES SOBRE EL MODELO TERRITORIAL DE ESPAÑA Y SU EVOLUCIÓN

1. El Estado autonómico es un principio constitucional en España, y una de las columnas que sustentan nuestro modelo democrático. Es diferente del Estado federal, en el que cada estado tiene su constitución y participa de la modificación de la Constitución federal. Las Comunidades autónomas no tienen un poder judicial propio y están sometidas al Poder Judicial estatal. Están controladas por el Tribunal Constitucional.
2. El Estado autonómico ha crecido en influencia y capacidad de gobierno desde su creación por la Constitución de 1978 y aún más desde el Pacto autonómico de febrero de 1992 firmado por el PSOE y el PP.

3. El sistema autonómico ha respondido adecuadamente a crisis importantes que ha sufrido nuestro país: crisis financiera de 2008, crisis sanitaria de la Covid 19, estado de alarma, crisis energética consecuencia de la guerra de Ucrania y, por supuesto, crisis institucional en Cataluña en 2017 con la declaración del artículo 155 de la Constitución.
4. El Estado autonómico ha de tener protagonismo en la transición ecológica que plantea la Unión Europea.
5. Las Comunidades autónomas han de ejecutar el desarrollo de la inversión de los fondos europeos Next Generation EU, que tienen como ejes orientadores la descarbonización de los procesos industriales y la digitalización de la economía.
6. El Estado autonómico ha de unir los esfuerzos desde el poder central y las comunidades autónomas, evitando una bifurcación estéril en la gobernanza de la sociedad del siglo XXI.
7. El Estado de las autonomías ha de tener un protagonismo constructivo en las políticas de la Unión Europea, sin obstaculizar la coherencia de acciones entre el Gobierno del Estado y las instituciones de Bruselas.

7. BIBLIOGRAFÍA

Aguado Renedo, C. (1996), *El Estatuto de Autonomía y su posición en el ordenamiento jurídico,* Centro de Estudios Constitucionales, Madrid.

Aja, E. (Dir.) (1985), *El sistema jurídico de las Comunidades Autónomas,* Tecnos, Madrid.

Alonso de Antonio, J. A. (1984), El principio de solidaridad en el Estado autonómico. Sus manifestaciones jurídicas, *Revista de Derecho Político,* núm. 21: p. 52.

Aparicio, M. A. (Dir.) (1999), La *descentralización y el federalismo. Nuevos modelos de autonomía política (Estados Unidos, Bélgica, Canadá, Italia y Reino Unido),* Cedecs, Barcelona.

Calvo Ortega, R. (2015), *Crisis de la financiación autonómica,* Aranzadi, Navarra.

Castellá Andreu, J. M. (2011), El Estatuto de Autonomía en la STC 31/2010, *Revista General de Derecho Constitucional,* núm. 13.

León Alfonso, S. [et al.] (2015), *La financiación autonómica: claves para comprender un interminable debate,* Alianza Editorial, Madrid.

López Garrido, D., Pegoraro, P. y Massó, M. (Dir.) (2017), *Derecho Constitucional Comparado,* Tirant lo Blanch, Valencia.

Manzano Silva, E. (2012), *Autonomía, coordinación y solidaridad en el régimen común de financiación autonómica,* Instituto de Estudios Fiscales, Madrid.

Montilla Martos, J. A. (1998), *Las leyes orgánicas de transferencia y delegación,* Madrid.

Muñoz Machado, S. (2008*), Derecho Público de las Comunidades Autónomas,* 2 Vols., Iustel, Madrid.

Nieto Jiménez, C. (2020), *Gobierno, Senado y Tribunal Constitucional ante la* coerción estatal. El procedimiento del artículo 155 de la Constitución Española, CEPC, Madrid.

Ruipérez Alamillo, J. (1991), *Formación y determinación de las Comunidades Autónomas en el ordenamiento constitucional español,* Tecnos, Madrid.

Solozábal Echevarría, J. J. (1980), *La forma de Estado desde la perspectiva de la distribución territorial del poder,* RFDUC, núm. 60.

Tolivar Alas, L. (1981), *El control del Estado sobre las comunidades autónomas,* Madrid.

Vírgala Foruria, E. (2005), La coacción estatal del artículo 155 de la Constitución, *Revista Española de Derecho Constitucional,* núm. 73, enero-abril.

Capítulo 9

La idea nacional en la derecha española del siglo XIX a la actualidad

DR. JOAN ANTÓN-MELLÓN
Catedrático de Ciencia Política y de la Administración
Universitat de Barcelona

ISMAEL SEIJO BOADO
Universitat de Barcelona

1. INTRODUCCIÓN

El presente capítulo tiene como objetivo analizar una determinada concepción de la idea de España que ha logrado ser hegemónica desde el siglo XIX hasta nuestros días: la concepción liberal-conservadora a la española, profundamente impregnada de elementos esencialistas-reaccionarios. Esta idea, como se argumentará, ha ido sufriendo cambios en su forma de manifestarse, pero manteniendo su contenido prácticamente inalterado desde el siglo XIX. Para evidenciarlo, se hará un repaso de la idea liberal-conservadora de España que se desarrolla con el canovismo en la Restauración hasta su manifestación actual en los principales partidos políticos del espectro conservador español: su versión moderada, representada por el Partido Popular (PP), y su versión radical, representada por Vox. Entre estos dos momentos, se señalará qué idea de la Nación y el Estado se desarrolló durante la dictadura franquista, ya que esta se encuentra en conexión con el conservadurismo anterior de la Restauración y el posterior del Régimen constitucional del 78.

Esta idea de la Nación que defiende el conservadurismo es, básicamente, la que ha dado forma al Estado desde la inauguración de los principios ilustrados en España a principios del siglo XIX, especialmente tras la alianza entre el liberalismo moderado y la monarquía. Teniendo como centro de su concepción la sacralidad de la Nación española como un cuerpo unitario, este modelo ha visto como se ha contestado desde diferentes facciones políticas a lo largo de los años, provocando que este se modificase a la luz de los acontecimientos. Las resistencias progresistas, democráticas, republicanas y obreras permitieron que, en determinados momentos, otro modelo político y territorial pudiese desarrollarse en España, como son las breves experiencias del Trienio Liberal (1820-1823), el Bienio Progresista (1854-1856), el Sexenio Democrático (1868-1874), con especial importancia de la Primera República (1873-1874) y la Segunda República (1931-1939).

En la actualidad, el Régimen constitucional del 78 nace con el fin de la dictadura franquista, donde el esencialismo sobre la forma del Estado logró perpetuarse a través de una síntesis entre el liberal-conservadurismo y el jacobinismo del Partido Socialista Obrero Español (PSOE). Aunque este régimen inaugura una nueva época democrática en España, algunos de sus fundamentos siguen alineados con el esencialismo nacional. El Estado de las autonomías es resultado del permanente debate y la constante lucha por el modelo territorial de España, donde se conjugan el centralismo político desde Madrid (propio del liberal-conservadurismo) con una descentralización administrativa desigual, en un intento de satisfacer a ambas partes del debate. Esto se materializa en la referencia a la "indisoluble unidad de la Nación española" como una forma de esencialismo y al reconocimiento de existencia de "nacionalidades" como apertura a un nuevo modelo. Pese a ello, la resistencia de los aparatos de Estado (sobre todo el Ejército), la pervivencia del franquismo en parte del poder político y el golpe de Estado de 1981, funcionando como catalizador, echaron el freno a un proceso modernizador y, quizá, federal de la organización territorial de España (Doménech, 2020: p.179).

No obstante, esta síntesis, como demuestra la pervivencia del debate y la intensificación de la cuestión territorial en los últimos años, ha sido incapaz de armonizar la diversidad cultural del Estado, ya que, aunque por su forma pareciera abrirse al cambio progresivo de los fundamentos nacionales, por su contenido mantiene una gran rigidez, ahogando cualquier intento reformista en un interminable proceso de reforma constitucional. La Constitución del 78, entonces, aunque abierta teóricamente a la reforma del modelo de Estado (algo coherente y necesario en tanto funda su legitimidad en ser democrática), funciona en la práctica como una barrera legal a la transformación política de una realidad plurinacional existente.

2. LA IDEA LIBERAL-CONSERVADORA DE ESPAÑA: EL PENSAMIENTO DE CÁNOVAS

Comenzando por la idea de España presente en el pensamiento de Antonio Cánovas del Castillo, es preciso hacer unos breves apuntes que señalen al contexto histórico en que escribió y actuó políticamente. La importancia de su figura en el conservadurismo español se empieza a fraguar, especialmente, con la Restauración Borbónica. Previa a esta, España había visto cómo la monarquía borbónica caía con el exilio de Isabel II como resultado de la Revolución Gloriosa en 1868. Esta tuvo como objetivo la transformación del Estado liberal en un Estado democrático de derecho con la incorporación de instituciones democráticas, con la aprobación de la Constitución de 1869 como primer hito. Este proceso revolucionario puede enmarcarse como una culminación de la propaganda democrática y republicana durante el reinado de Isabel II, con la demanda del sufragio universal masculino como seña de identidad de estos movimientos[1].

---

[1] Cabe decir que su demanda del sufragio estaba en permanente tensión con su desconfianza hacia la capacidad del pueblo para no caer en la radicalidad y la anarquía, lo que lleva a estos movimientos a emprender una labor educativa de formación política entre las amplias capas sociales. Sobre estas cuestiones, PEYROU, F., "¿Voto o barricada? Ciu-

La nueva constitución estableció el sufragio universal masculino, amplias libertades civiles (como la libertad de culto, que convirtió a España en un Estado confesional, aunque no logró la completa separación entre Iglesia y Estado como pretendían los sectores más progresistas), nuevas libertades políticas (como los derechos de asociación o reunión), se recuperó la importancia de los ayuntamientos en la política (con alcaldes elegidos por sufragio universal masculino), se logró separar el poder judicial del resto de poderes y se subordinó el poder del monarca al gobierno, entre otras cuestiones (Pérez Garzón, 2020).

Este proceso modernizador y democratizador se trata de acelerar con la primera experiencia republicana, llevando a cabo un intenso proceso descentralizador del Estado que culmina en el cantonalismo, donde el movimiento obrero empieza a tener un papel destacable (aunque aún secundario) y se desarrollan leyes sociales, como la regulación de las condiciones laborales o el arbitrio en los conflictos laborales. El cantonalismo, pese a las proclamas conservadoras, fue un movimiento coherente con las demandas democráticas y republicanas, con una propuesta de organización estable del Estado y no un proceso anárquico que conduciría a la destrucción del Estado (Casals Bergés, 2022: pp. 59-101), ya que la unidad de España no era puesta en duda por los principales movimientos políticos que lideraron el Sexenio[2].

La aportación política de Cánovas debe entenderse como parte de la reacción contra este proceso modernizador de España, en especial contra la experiencia republicana. Tanto es así, que este político es el principal artífice de la arquitectura de España

dadanía y revolución en el movimiento demo-republicano del periodo de Isabel II", *Ayer*, 70(2), 2008: pp. 171-198.

2 De hecho, veían en la federación una forma de armonizar la autonomía del individuo con la unidad nacional, inspirándose en el modelo estadounidense, CAPELLÁN DE MIGUEL, G., "La república norte-americana como modelo político para el krausismo español", *Butlletin d'Histoire Contemporaine de l'Espagne*, 46, 2011: p. 64.

durante la Restauración Borbónica que se inicia en 1876, con el turnismo como fundamento, y es el principal valedor de Alfonso XII, hijo de Isabel II y nuevo monarca del país.

Examinando la idea de España que desarrolla Cánovas, debe señalarse, en primer lugar, que todo su pensamiento está mediado por sus creencias católicas, de modo que, por un lado, rechaza el contrato social (ya que entiende que los individuos no se organizan políticamente bajo su libre decisión, sino que esto depende del designio divino) y, por otro, considera los valores católicos como útiles para el orden social. De esta forma, hay en Cánovas un fuerte catolicismo político que moldea todas sus ideas[3].

La lengua es, para Cánovas, el fundamento de la nacionalidad, que crea la comunidad sobre la que se sustenta la nación. La lengua "es la primera prueba que ofrecen de sí y de su individualidad las naciones, así como no hay nada que tanto importe a su conservación" (Cánovas del Castillo, 1884: p.27). No obstante, la lengua no es suficiente para constituir una nación, aunque es un paso necesario para la constitución de la patria, que es la "conciencia que cada nación posee de sí misma; (…) aquel ente social que más íntimamente amamos, el que nos entusiasma más, el que mueve y electriza nuestra voluntad más fácilmente" (Cánovas del Castillo, 1884: p.41).

A la hora de definir la nación, Cánovas recurre a sus ideas católicas, entendiendo que estas son obra de Dios, por tanto, indiscutibles[4] y, al mismo tiempo, su herramienta para cumplir su

---

3 Esto se haya más desarrollado en ANTÓN-MELLÓN, J., "La idea de España del liberal-conservadurismo español. De Cánovas a Aznar", *El reinado de Juan Carlos I (1975-2014). Actas del VI Congreso Internacional de Historia de Nuestro Tiempo,* Logroño, Universidad de La Rioja, 2019, y en ANTÓN-MELLÓN, J., "Antonio Cánovas del Castillo", en J. ANTÓN-MELLÓN y M. CAMINAL (Eds.), *Pensamiento político en la España contemporánea (1800-1950),* Barcelona: Teide, 1992.

4 "Que las naciones son obra de Dios, o, si alguno o muchos de vosotros lo preferís, de la naturaleza. Hace mucho tiempo que estamos conven-

misión en la tierra. No obstante, las personas pueden desviarse del camino divino, de modo que las naciones también, lo que les lleva a perder sus esencias, un hecho catastrófico para el político malagueño. La solución ante esta pérdida depende de que aparezcan políticos capaces de reconducir a la nación por el camino marcado por la Providencia, lo que logra restaurar las esencias patrias (Antón-Mellón, 1992: p.83). Entonces, si la nación es obra divina, la nación es eterna y el intento de darle fin, pecado:

> La nación no es, ni será nunca, cual se procura, no sin error también, que lo sean las formas políticas, o sistemas de gobierno, mucho más accidentales de todos modos, el producto de un plebiscito diario, ni obra del asentimiento, constantemente ratificado por todos sus miembros, a que continúe la vida común. No: el vínculo de nacionalidad que sujeta y conserva las naciones es por su naturaleza indisoluble. Para que no lo fuera, necesitaríase que de hecho se determinase una nacionalidad al suicidio, no menos ilícito e inmoral en las grandes y necesarias agrupaciones históricas, que en los pasajeros individuos (Cánovas del Castillo, 1884: p. 57).

Este pasaje evidencia que, en el pensamiento de Cánovas, aunque las formas políticas varíen, la nación, obra divina, permanece. El contenido es la nación, lo cual no es discutible, mientras que la forma es el gobierno, que es algo elegible y cambiante, en clara adscripción accidentalista, que será unos de los parámetros constantes en la derecha española contemporánea. Para acabar de explicitar su concepto de nación, Cánovas insiste en que no es una simple sociedad de intereses, sino que es "una gran familia" y, entonces, "es indisoluble, y responde como ella a fines morales, mucho más dedicados de guardar siempre que los materiales"[5].

---

cidos todos de que no son las humanas asociaciones de contratos, según se quiso un día; pactos de aquellos que, libremente y a cada hora, puede hacer o deshacer la voluntad de las partes". CÁNOVAS DEL CASTILLO, A., Op. Cit: p.59.

5 CÁNOVAS DEL CASTILLO, A., Op. Cit: p.72. Esta idea aparece en la Constitución de 1876, cuando en el art. 55.1. solo el Rey puede, con

Lo que expresan estas ideas es un rechazo frontal a la posibilidad de la organización libre surgida de la población, pues rechaza, por un lado, las doctrinas contractualistas y, por otro, la acción política de los desposeídos. Tanto es así que rechaza los intentos de extender el derecho de asociación durante el Sexenio Democrático, amparándose en que la Constitución de 1869 lo mantenía "suficientemente coartado" y que, en la práctica, "el derecho de asociación había quedado casi como estaba antes" (Cánovas del Castillo, 1884: p. 372). El porqué de este razonamiento de Cánovas puede encontrarse en sus razonamientos sobre la cuestión social:

> Tengo la convicción profunda de que las desigualdades proceden de Dios, que son propias de nuestra naturaleza, y creo, supuesta esta diferencia en la actividad, en la inteligencia y hasta en la moralidad, que las minorías inteligentes gobernarán siempre al mundo, en una u otra forma, No desconfío del triunfo de esas minorías; no desconfío de su supremacía en la sociedad, así como no desconfío tampoco de que se conserve la propiedad individual, esa propiedad individual, que después de todo cuanto se ha dicho sobre sus transformaciones, viene todavía regida por el antiguo derecho romano. Creo, por el contrario, que la propiedad no perecerá: no puede perecer, por más que contra ella se diga (Cánovas del Castillo, 1884: p. 446).

La desigualdad es entendida como algo natural, lo que lleva a que los más inteligentes gobiernen el mundo. Ante esto no hay contrato ni participación que valga, pues solo unos pocos tienen la capacidad de guiar al mundo, solo unos pocos poseen el arte de gobernar. No es casualidad que introduzca aquí la cuestión de la propiedad, pues sus "minorías inteligentes" son las "minorías propietarias", las cuales deben defender su derecho en tanto propietarias. Así, las ideas sobre la nación de Cánovas están profundamente vinculadas a su interpretación de la cuestión social, de

---

una ley especial, "enajenar, ceder o permutar cualquier parte del territorio español".

modo que el gobierno por las minorías no es simplemente una forma de mantener las esencias nacionales, sino también de evitar la acción política del proletariado, a quien niega el derecho de asociación, explicitándose, sin ambigüedades, otra de las características seminales del liberal-conservadurismo español decimonónico: su plena adscripción al liberalismo económico paralelo a su extrema tibieza y/o moderación respecto al liberalismo político (Antón-Mellón, 1991: pp. 237-306).

Todo su pensamiento es, entonces, un pensamiento oligárquico, donde la desigualdad es natural y los mejor preparados deben gobernar, pues, en el fondo, son las encarnaciones de la Providencia. Esto resulta, lógicamente, en la defensa de una institucionalidad que actúe contra el cambio social, tanto material como simbólicamente. Cánovas rechaza las revoluciones modernas, en parte porque pretenden organizar las sociedades de forma que solo satisfagan el uso de las generaciones presentes, sin tener en cuenta las pasadas ni las futuras (pues la nación es, para este político, eterna), lo que se muestra en que atacarían al derecho de herencia. Contra ello, Cánovas defiende tal derecho, pues permite fundamentar "la propiedad, la familia y la patria; y aun aquella forma del poder político, que, en mi opinión, lleva a toda ventaja, que es la hereditaria, la monarquía" (Cánovas del Castillo, 1884: p. 74).

Para Cánovas, tradición española es equivalente a monarquía y catolicismo (Cánovas del Castillo, 1884: p. XV). Estas son las esencias de España para el pensamiento canovista, lo que denomina las "verdades madre", que en realidad son dogmas católicos y, por tanto, situados por encima de todo. Cabe añadir, aunque no explicitadas en su obra, que en tanto que las naciones son indisolubles, la unidad de España es una premisa de su existencia, y que la lengua es el fundamento de la misma. Estas esencias, por supuesto, son parte de un régimen de mantenimiento de los privilegios de clase en un sentido oligárquico.

3. LA IDEA DE ESPAÑA DEL NACIONALCATOLICISMO: LA DICTADURA FRANQUISTA

Estas ideas tendrán un mayor despliegue del catolicismo político decimonónico en el nacionalcatolicismo del siglo XX, el cual culmina como doctrina de la dictadura franquista (1936-1975). Entre la Restauración (donde el pensamiento canovista es la expresión de la forma política estatal) y el Franquismo media la Segunda República. Bajo este régimen político se inició un importante proceso modernizador y democratizador de España, emprendiendo reformas que alteraban las esencias nacionales defendidas por el pensamiento canovista. La República da fin a la monarquía, inicia un proceso de secularización del Estado, se lleva a cabo una reforma militar que intenta limitar el intervencionismo del Ejército en la política, se comienza a abordar la cuestión regional (con el desarrollo de la autonomía de Cataluña, principalmente) y se intenta ejecutar una reforma agraria que actúa contra los intereses de la nobleza terrateniente. Es contra este proceso que se produce el levantamiento militar de 1936, donde son de suma importante las campañas contrarrevolucionarias de señalar a la República como incapaz de mantener el orden público y como antesala de un régimen soviético como intento de legitimar el golpe de Estado (González Calleja, 2011: p. 330).

La ideología que se conformó en la dictadura franquista fue el resultado de sintetizar, en función de su fuerza relativa, las ideas de los distintos grupos que apoyaron la sublevación militar en el Movimiento Nacional, donde se aglutinaban concepciones tradicionalistas del carlismo y elementos falangistas, entre otros (Cazorla Sánchez, 2013: pp. 569-598). Como expresa Botti, esta síntesis encontró en el nacionalcatolicismo su mejor forma de articularse, una ideología que tienen sus bases en la reacción católica a la Ilustración y la Revolución Francesa de principios del siglo XIX (Botti, 1992: p. 31).

Las ventajas del pensamiento nacionalcatólico para las fuerzas sublevadas están en que tiene como elemento central el nacionalismo unitarista, lo que funciona como pegamento del ultranacionalismo y la defensa radical de la unidad territorial de España de todos estos grupos, elementos que se habían visto exacerbados por el desarrollo de los separatismos vasco y catalán (Botti, 1992: p. 50). Esta ideología se caracteriza por la unión del nacionalismo y el catolicismo, que entiende que España solo puede serlo si es católica y debe cumplir la misión que le encomienda Dios, en este caso, hacer triunfar a la Hispanidad. El símbolo de esta síntesis es el caballero cristiano de las cruzadas[6]. Este marco ideológico en el que patria y Dios se funden el que permite que el Franquismo califique sistemáticamente de "Cruzada" el golpe de Estado de 1936 (Pérez Agote, 2003: pp. 220-223). Puede decirse que el Franquismo culmina la influencia de la Iglesia católica sobre la sociedad española al conseguir para ella una financiación estatal, profundos privilegios fiscales, el control del sistema educativo y la consagración legal de sus preceptos morales (Antón-Mellón, 2013: p. 45).

Además, el nacionalcatolicismo escinde el liberalismo político del liberalismo económico al plantearse la cuestión de la modernización de España, de ahí la gran influencia política-económica del Opus Dei en las últimas fases del franquismo. El resultado de esta escisión es la apuesta por el capitalismo en un marco político autoritario, donde la democracia no tiene lugar, y con unas bases representativas de tipo corporativo (Botti, 1992: p. 142), lo que se encuentra sistematizado en las tesis del Opus Dei, que tenía como modelo el sistema bismarckiano de alianza entre burocracia político-administrativa y aristocracia propietaria (Botti, 1992: p. 129).

La dictadura, además, tuvo tiempo de preocuparse por la cuestión monárquica, aprobando en 1947 la Ley de Sucesión a la Jefatura del Estado, la cual establecía que España era un reino y tras el mandato vitalicio de Franco, este sería sucedido por un rey que seguiría los principios del régimen. Como se ve, las "esencias de

---

6 Esta noción es desarrollada por Manuel García Morente, de la corriente clerical-fascistas, BOTTI, A., Op. Cit.: p.112.

España" que ya anticipaba Cánovas parecen bien representadas en la dictadura. Concretamente, se pueden resumir sus principios en cuatro ejes propios del tradicionalismo doctrinario español, que tiene entre sus representantes, en sentido amplio, a Donoso Cortés, Cánovas del Castillo o Ramiro de Maeztu: monarquismo autoritario, catolicismo político, patriotismo nacionalista unitario y capitalismo armonicista (Antón-Mellón, 2013: p. 88).

La idea de España presente en los discursos de Franco se construye, especialmente, contra sus enemigos, contra la "anti-España". Todas sus acciones se legitiman por actuar contra este grupo:

> Mas esta Revolución que tantos quieren, y que ha de ser la base de nuestro progreso, tiene poderosos enemigos; los mismos que a través de los años fueron labrando nuestra decadencia; es la triste herencia del siglo liberal, cuyos restos intentan en la oscuridad revivir y propagarse, fomentados por los eternos agentes de la anti-España.[7]

Esta "anti-España" o los "rojos", como se alude en ocasiones desde el Franquismo al conjunto de sus enemigos políticos. Estos, con todo, no eran un bloque monolítico, sino que, como ha expuesto Eiroas San Francisco, pueden agruparse en varias categorías: formas de gobierno enemigas (república, democracia, comunismo, liberalismo. Todas entendidas como herederas de la Ilustración), conceptos marxistas (lucha de clases, comunismo, marxismo, etc.), países (sobre todo Rusia, pero a veces Reino Unido y Francia), instituciones (la masonería y los soviets), personificaciones de instituciones (masones, bolcheviques, comunistas, etc., identificados como el "anticristo"), cultura (enciclopedistas, intelectuales, la Ilustración, los separatismos), actitudes espirituales (ateísmo, laicismo y judaísmo) y lo "no nacional" (los extranjeros o elementos internacionales) (Eiroas, 2012: pp. 83-84). La importancia de cada enemigo varía en función de la coyuntura del régimen y de los apoyos con que cuenta en cada momento.

---

7 FRANCO, F., "Mensaje de fin de año de 1939", *Ersilias* [Recurso online], s.f., s.p.

Si todo esto es lo que España no es, se entiende que sus opuestos constituyen la esencia de España. La España en que piensa Franco es católica, unitaria, monárquica, capitalista y autoritaria. Esta es la esencia de la patria, la cual, además, está por encima de las personas que la habitan, ya que "No es la Patria sujeto nuestro sino nosotros de ella como madre y no como patrimonio hemos de considerarla, y si de alguien fuese patrimonio, lo sería de los que la rescatamos con nuestra sangre" [8]. La idea de España en Franco, su idea de la patria es claramente heredera de la idea de nación de Cánovas.

4. LA IDEA DE ESPAÑA EN EL DERECHISMO ACTUAL

A continuación, se explora la idea de España presente en el espectro político derechista actual. Aquí se atenderán a las posiciones de los dos principales partidos políticos de la derecha en España a nivel estatal: el PP y Vox. Cada uno representa una corriente de la derecha: el PP el liberal-conservadurismo y Vox la derecha radical.

4.1. La aportación del liberal-conservadurismo del PP

Para examinar la idea de España que se mantiene desde el PP, es fundamental atender a algunas de las ideas de Manuel Fraga Iribarne, fundador de lo que, más tarde, sería este partido. Es necesario precisar que Fraga fue ministro durante el Franquismo y tuvo un papel protagonista en el campo derechista durante la Transición a la democracia. Es en este contexto, en un proceso de transformación institucional, donde se forman las ideas básicas del liberal-conservadurismo actual. Si se atiende al "país ideal" de Fraga, este parte del modelo de Roma, pues se aplica "lo mejor de la Monarquía (un ejecutivo fuerte), de la aristocracia (un Senado

---

8 Discurso de Franco del 2 de marzo de 1950 en Valladolid, ANTÓN-MELLÓN, J., Op. Cit.: p. 89.

fuerte y sabio) y de la democracia (unos comicios que se fueron adaptando, como los ingleses, a los cambios de la sociedad)"[9]. Concretamente, la democracia la ve necesaria en la actualidad, pero tiene "tendencias libertarias" que deben ser compensadas por la Monarquía y la aristocracia, pues de lo contrario habría "intranquilidad", lo que llevaría al pueblo a una vía autoritaria, lo que ejemplifica: "Primo de Rivera y Franco fueron comprendidos, aceptados e incluso amados por muchas gentes que estaban hartas de intranquilidad"[10].

Esta arquitectura institucional, para Fraga, debe complementarse con elementos morales que permitan la integración de la población. Por supuesto, este papel es reservado a la tradición católica, ya que, aunque acepta la libertad religiosa y de culto, sostiene que no se puede negar el "hecho sociológico e histórico de una confesión dominante"[11]. Respecto a la cuestión territorial, Fraga mantiene como principio básico la unidad territorial del Estado (que, en España, es algo prácticamente natural, ya que sostiene que "España tiene una notable unidad desde la era prehistórica"[12]), pero a la descentralización burocrática y a una aceptación cultural de las regiones, aunque siempre de una forma limitada y subordinada a la unidad territorial del Estado:

Importante como es la participación electoral del mayor número de fuerzas, hay precios que no pueden pagarse a cambio. Lo primero que no puede entrar en la negociación es la sagrada unidad de España y sus gloriosos símbolos. Regionalismo, foralis-

---

9 FRAGA IRIBARNE, M., "El país ideal, 5 de octubre de 1976", en FALCÓN OSORIO, P. (Coord.), *Selección de artículos de Manuel Fraga publicados en ABC 1975-1994. Fraga después de Fraga,* Fundación Humanismo y Democracia, Madrid, 2017: p. 21.

10 FRAGA IRIBARNE, M., Op. Cit.: p. 22.

11 FRAGA IRIBARNE, M., Op. Cit.: p. 23.

12 FRAGA IRIBARNE, M., "España integrada, 28 de marzo de 1984", en FALCÓN OSORIO, P. (Coord.), *Selección de artículos de Manuel Fraga publicados en ABC 1975-1994. Fraga después de Fraga,* Fundación Humanismo y Democracia, Madrid, 2017: p. 47.

mo, descentralización, lo que haga falta. Pero los nacionalismos y la autodeterminación no son negociables.[13]

Al igual que el nacionalismo de Cánovas y el del franquismo, en Fraga hay una defensa absoluta de la unidad territorial de España, así como un entendimiento de que el catolicismo forma parte de la esencia del país. Igualmente, la democracia no es vista con buenos ojos por el político villalbés, aunque acepta su existencia, pero siempre de una forma lo más limitada posible, como se ve en su diagnóstico de lo que necesita el país: "España necesita, para que funcione la democracia representativa, pocos y fuertes partidos políticos; los partidos regionalistas contribuyen a complicar un cuadro ya de suyo difícil"[14].

Estas ideas, como se puede apreciar, abandonan los postulados más extremistas del Franquismo y retornan a las nociones canovistas (Antón-Mellón, 2013: pp. 90-91). Aunque la esencia es, prácticamente, la misma, la forma de presentarla es distinta. Esta es, en realidad, una característica central de la derecha española, como anteriormente expresamos: el accidentalismo. La forma que adopte el cuerpo político es secundaria, mientras las esencias de la nación estén a salvo (Antón-Mellón, 2013: p. 85). Esta línea sigue presente en el PP actual, que en sus Estatutos Nacionales define su orientación política de la forma que sigue:

Reconocemos el incuestionable papel que la Corona ha desempeñado como símbolo de la unidad de España. Defendemos el legado de respeto, consenso y convivencia generado en la Transición y que nuestra Constitución ha recogido en la Monarquía Parlamentaria como forma idónea de estabilidad, pluralidad y prosperidad.

---

[13] FRAGA IRIBARNE, M., "Reforma y negociación, 12 de febrero de 1977", en FALCÓN OSORIO, P. (Coord.), *Selección de artículos de Manuel Fraga publicados en ABC 1975-1994. Fraga después de Fraga,* Fundación Humanismo y Democracia, Madrid, 2017: p. 27.

[14] FRAGA IRIBARNE, M., "España y sus regiones, 16 de marzo de 1977", en FALCÓN OSORIO, P. (Coord.), *Selección de artículos de Manuel Fraga publicados en ABC 1975-1994. Fraga después de Fraga,* Fundación Humanismo y Democracia, Madrid, 2017: p. 29.

Mantenemos una defensa clara y rotunda de la unidad de la Nación española y de la igualdad de todos los ciudadanos españoles ante la ley; una unidad y una igualdad que articulamos a través de nuestro compromiso y respeto con la Constitución de 1978. Nuestra defensa activa de la soberanía nacional va unida al reconocimiento de la pluralidad y diversidad de nuestras comunidades, provincias, islas y municipios. Seguiremos impulsando la defensa de todas las lenguas de España; creemos en todas ellas y en todas nuestras tradiciones como elemento de cohesión y refuerzo de la unidad de España, que es la nación más antigua de Europa.[15]

Aquí, el elemento democrático tiene una presencia mayor que en Cánovas o Fraga y, por supuesto, mucho más que en Franco. No obstante, la monarquía y la unidad nacional son los elementos centrales que dan forma a España para este partido. De hecho, estos aspectos funcionan como el límite a las reivindicaciones políticas para el PP, especialmente la unidad de España. Si se atiende a sus últimos programas electorales (de abril y noviembre de 2019), se ve cómo hay toda una batería de propuestas para aumentar la centralización del Estado en detrimento de las Comunidades Autónomas (paralizando las cesiones administrativas del Estado, recuperando competencias en administración penitenciaria y eliminando las policías autonómicas), una exaltación de los símbolos nacionales (con la promoción en las escuelas de la fiesta del 12 de octubre, desarrollando una ley de lenguas que priorice el castellano, castigando a las instituciones que, debiendo tenerla, no exhiban la bandera española y obligando a que el retrato del Rey presida los plenos municipales) y una asfixia político-económica a los partidos independentistas (negándoles la financiación estatal, tipificando como delito la celebración de referéndums ilegales e impidiendo el indulto a sus líderes)[16].

---

15 PARTIDO POPULAR, *Estatutos Nacionales*, Madrid, 2017: p. 3.

16 PARTIDO POPULAR, *Elecciones generales, autonómicas y municipales 2019. Programa electoral*, Madrid, 2019. PARTIDO POPULAR, *Programa electoral 2019*, Madrid, 2019.

En el PP, es especialmente claro que, si unidad de España o monarquía colisionan con la democracia, peor para esta última. La voluntad popular es claramente desestimada cuando se trata de las esencias de la nación, ya que, desde su punto de vista, las consultas populares impiden un debate pausado y pretenden "dinamitar en una jornada instituciones y principios que llevan décadas cuando no siglos forjando nuestra identidad, como nuestra Constitución o nuestra monarquía" (Francisco y Josa, 2021: p. 94). Además, la nación sigue apareciendo como un ente metafísico, ajeno a lo humano. De nuevo, "la nación es un verdadero ser colectivo y moral: un hogar. Solo siendo una realidad histórica distinta de sus habitantes, la nación puede ser amada por ellos", de lo que se derivaría un peculiar derecho: el derecho a la continuidad histórica (o, valga decir, la prohibición de cualquier alteración de esta) (De la Quintana Díez, 2021: pp. 82-83).

Podría parecer que esta defensa de las esencias profundas de España, a la par que se acepta el sistema democrático encarnado por la Constitución de 1978, sería algo contradictorio. Nada más lejos de la realidad. El PP reivindica sistemáticamente la Constitución debido a que, en efecto, funciona perfectamente para sostener las esencias de España, tal como las ven. Con todo, la Constitución, consideran, debe ser defendida, incluso yendo en contra de lo constitucionalmente dispuesto, cuando esta es amenazada por sus enemigos (¿de nuevo aparece la anti-España?). Este es el argumento que se da desde la Fundación de Análisis y Estudios Sociales (FAES), *think tank* del PP, para la negativa del partido a renovar el Consejo General del Poder Judicial:

Así pues, el PP hacía bien en negarse a pactar la renovación del CGPJ con el fin de impedir que el único poder que posee cierta independencia no la pierda, pues ese poder se debilitaría enormemente si accediesen a su órgano de gobierno miembros elegidos por fuerzas que nunca han negado, sino todo lo contrario, que su mayor interés es la demolición del régimen del 78. Este régimen cuenta en estos momentos, solo con dos instituciones con las que frenar la deriva del populismo gubernamental. Una de ellas es el Rey, símbolo de la unidad y permanencia del Estado. La otra es el poder judicial. De ahí que el intento de su preservación, lo que conllevaba que no se quisiera renovar los cargos del CGPJ, adquiría todo su sentido. Por eso al negarse a pactar con quienes quieren demoler el sistema constitucional, el PP no estaba incumpliendo la Constitución, sino que la defendía, a la vez que salvaguardaba lo que no puede ser objeto de mercadeo, la soberanía nacional. Así sostenía el vértice sobre el que se apoya todo el orden jurídico-político, la soberanía del pueblo español (Jiménez Sánchez, 2021: pp. 32-33).

Más revelador es, todavía, el siguiente fragmento. La Constitución es perfecta, pues, por un lado, su forma es democrática, admite el pluralismo político y ofrece mecanismos para que todo grupo puede articular la sociedad como desea; pero, por otro, y esto la hace todavía mejor para el PP, su contenido impide que nada de eso pueda pasar realmente:

Si —el PP— hubiera accedido a las pretensiones iniciales del Ejecutivo, habría entregado, al menos parcialmente, el órgano de gobierno de los jueces a un partido antisistema —Podemos—, que ha prometido sillones de tal órgano a los otros dos partidos —los independentistas— cuya pretensión final coincide con la del primero, hacer de nuestra monarquía parlamentaria una república confederal, al margen de los procedimientos de reforma establecidos en nuestra Constitución, pues saben muy bien que si los siguieran nunca podrían alcanzar la insensatez que pretenden.[17]

Como se ve, el liberal-conservadurismo actual, representado en el PP, tiene una continuidad evidente con la idea de España defendida en el Franquismo y en la Restauración por parte de Cánovas. Cierto es que la aceptación de la democracia es mayor, pero cuando se examinan las esencias de la nación aparecen cristalinos los límites que establecen al gobierno del pueblo.

---

17 Lo que se encuentra entre barras son aclaraciones nuestras. JIMÉNEZ SÁNCHEZ, J. J., Op. Cit.: p. 33.

4.2. La aportación de la derecha radical de Vox

El otro gran partido de la derecha española es Vox, ubicado en la derecha radical y que nace como una escisión por la derecha del PP. Algunos de los componentes centrales de su ideología serían el nacionalismo, el nativismo (una combinación de nacionalismo y xenofobia que pretende crear un Estado monocultural), el autoritarismo y la defensa de valores tradicionales (con una presencia del catolicismo como articulador de este conservadurismo moral) (Ferreira, 2019: p. 92). Para examinar su concepción de España, es útil aproximarse a sus programas electorales, donde se sostiene que "el futuro pasa por una España unida (...), administrativamente descentralizada pero políticamente unitaria. La titularidad de la soberanía nacional, que reside en el pueblo español en su conjunto, se sustenta en la indisoluble unidad de la Nación española" (VOX, *Agenda España*, Madrid, 2021). De nuevo, la unidad de España no se discute. De hecho, esa es la intención en Vox, como reconoce Iván Espinosa de los Monteros: "nada más presentarnos iba a quedarle a todo el mundo tan claro que nuestra idea fuerza era la unidad de España" (Altozano y Llorente, 2018: p. 86). Por ello, Vox defiende exaltar el sentimiento españolista, con la difusión de la identidad nacional, un relato histórico ultranacionalista de las "gestas y hazañas" de España, la protección de la bandera, el himno y la corona, y la recuperación de Gibraltar para la nación; y, al mismo tiempo, atacar al independentismo (uno de sus principales enemigos, si no el que más), contra el que propone la ilegalización de sus partidos (VOX, *Agenda España*, Madrid, 2021: p. 8).

No obstante, la unidad de España, para Vox, solo puede realizarse con una exacerbación de sus esencias. Si el PP retoma la senda canovista, Vox seguiría, más bien (con matices), la franquista. Aquí las esencias tienen que ser absolutamente centrales y claras, algo que se refleja en la cuestión lingüística, donde se llega al punto de no tolerar que se llame "castellano" al "español", pues sería un intento de extranjerizar el idioma (Abascal, 2014: pp.156-157). También es necesario, desde la óptica de Vox, que el elemento cultural español destaque, de modo que se deben eliminar los elementos de culturas antagónicas con la española. Por supuesto, la cultura española es la cultura católica, y su antagonista, el 'otro', es el inmigrante, sobre todo cuando es musulmán. De ello se derivan propuestas como la militarización de las fronteras en Ceuta, Melilla y las Islas Canarias, el aumento de la presencia policial en las calles para evitar que se imponga la Ley Islámica, la mayor participación de España en la lucha contra el terrorismo yihadista, la expulsión de inmigrantes (tanto en situación irregular como en situación regular, cuando estos segundos que cometan determinados delitos), cierre de mezquitas y más (VOX, *Agenda España*, Madrid, 2021: pp. 23-26). Este segundo elemento incorpora una novedad en la concepción de España de la derecha, no tanto por la primacía del catolicismo como por la insistencia en la criminalización de lo extranjero.

Toda esta defensa de unas supuestas esencias de España se puede resumir en la definición que Abascal da del pueblo y la nación: "el pueblo es el viviente pero la nación contiene a nuestros hijos y a nuestros muertos" (Abascal, 2014: pp. 35-36). Esto lo resume en que "una nación es «el orgullo del pasado, el esfuerzo del presente y la esperanza del porvenir». Y España es una gran nación" (Abascal, 2014: p. 218). Esta noción la recupera de Gustavo Bueno (Bueno, 2005: pp.108-109), y está ya presente en Edmund Burke (Burke, 1984: p.125). En suma, indica una restricción de la soberanía popular, de modo que todo cambio profundo sea imposible de realizarse, al ser imposible reunir a la nación así entendida (vivos, muertos y por nacer) para deliberar y decidir. Este es un principio antidemocrático y Vox lo utiliza como herramienta ideológica para oponerse a cualquier intento de repensar el modelo de país.

5. CONCLUSIONES

Tras haber repasado la idea de España presente en diferentes movimientos políticos derechistas desde el siglo XIX hasta la actualidad, se aprecia la continuidad de una idea esencialista de la nación en todos ellos. Tanto Cánovas, como el franquismo, como el PP, como Vox entienden España como una nación unitaria, donde el componente católico es fundamental en su comprensión esencialista del país. Todos coinciden en que España es católica o, de lo contrario, simplemente no es. De igual forma, todos entienden que España, o las naciones en general, son entes metafísicos de carácter eterno, ya sea porque son obra divina o natural. En este sentido, todos conciben a la nación como una asociación puesta por encima de las generaciones capaz de vincular a los vivos con los muertos y con los que están por nacer.

Estas concepciones, que se han erigido dominantes en la Restauración (con el sistema turnista), en el Franquismo (con la dictadura) y en el Régimen del 78 (con una democracia parlamentaria), han logrado independizar al Estado de la sociedad, haciendo que la voluntad popular no tenga capacidad de transformar la realidad, manteniendo intocables las esencias nacionales (unitarismo, catolicismo, monarquía) en una forma de defender los privilegios de clase. Como en el Segundo Imperio francés, "el poder del Estado, que aparentemente flotaba por encima de la sociedad, era, en realidad, el mayor escándalo de ella y el auténtico vivero de todas sus corrupciones" (Marx, 2021: p. 34).

6. BIBLIOGRAFÍA

Abascal, S. (2014), *No me rindo: sin miedo contra ETA y frente a la cobardía política,* La Esfera de los Libros, Madrid.

Altozano, J., & Llorente, J. (2018), *La España viva. Conversaciones con 12 dirigentes de Vox,* Kalma Libros, Madrid.

Antón-Mellón, J. (1991), *La defensa social: liberalismo y contrarrevolución en la España de fines del siglo XIX,* en Estudios de Historia Social, 54/55: pp. 237-306.

Antón-Mellón, J. (1992), *Antonio Cánovas del Castillo, En J. Antón-Mellón & M. Caminal (Eds.), Pensamiento político en la España contemporánea (1800-1950),* Teide, Barcelona.

Antón-Mellón, J. (2013), "El Franquismo (1936-1975). Una dictadura militar fascistizada", En Reniu, J. M. (Ed.), *Sistema político español*, Huygens, Barcelona: pp. 41-54.

Antón-Mellón, J. (2019), *La idea de España del liberal-conservadurismo español. De Cánovas a Aznar, El reinado de Juan Carlos I (1975-2014).* Actas del VI Congreso Internacional de Historia de Nuestro Tiempo, Logroño, Universidad de La Rioja: pp. 81-94.

Botti, A. (1992), *Cielo y poder. El nacionalcatolicismo en España (1881-1975),* Alianza Editorial, Madrid.

Bueno, G. (2005), *España no es un mito: claves para una defensa razonada,* Temas de hoy, Madrid.

Burke, E. (1984), Reflexiones sobre la Revolución Francesa, En Burke, E., Textos políticos, Fondo de Cultura Económica, México D.F.: pp. 41-258.

Cánovas del Castillo, A. (1884), Problemas contemporáneos, Tomo I, Colección de Escritores Castellanos, Madrid.

Cánovas del Castillo, A. (1884), Problemas contemporáneos. Tomo II, Colección de Escritores Castellanos, Madrid.

Capellán de Miguel, G. (2011), La república norte-americana como modelo político para el krausismo español, Butlletin d'Histoire Contemporaine de l'Espagne, 46: pp. 43-70.

Casals Bergés, Q. (2022), El Cantonalismo (1873): Notas para un estudio comparado, Aportes, 110(3): pp. 59-101.

De la Quintana Díez, V. (2021), Separatismo y continuidad nacional (suite francesa): En torno al estudio La France à l'épreuve de son unité, de Paul-François Schira, Cuadernos de Pensamiento Político FAES, 70: pp. 75-84.

Domènech, X. (2020), Un haz de naciones. El Estado y la plurinacionalidad en España (1833-2017), Península, Barcelona.

Eiroas San Francisco, M. (2012), Palabra de Franco. Lenguaje político e ideología en los textos doctrinales, Coetánea. Actas del III Congreso Internacional de Historia de Nuestro Tiempo, Logroño, Universidad de La Rioja: pp. 71-88.

Ferreira, C. (2019), Vox como representante de la derecha radical en España: un estudio sobre su ideología, Revista Española de Ciencia Política, 51: pp. 73-98.

Fraga Iribarne, M. (2017), "El país ideal, 5 de octubre de 1976", En Falcón Osorio, P. (Coord.), *Selección de artículos de Manuel Fraga pu*blicados en ABC 1975-1994. Fraga después de Fraga, Fundación Humanismo y Democracia, Madrid: pp. 21-23.

Fraga Iribarne, M. (2017), "Reforma y negociación, 12 de febrero de 1977", En Falcón Osorio, P. (Coord.), *Selección de artículos de Manuel Fraga publi-*

cados en ABC 1975-1994. Fraga después de Fraga, Fundación Humanismo y Democracia, Madrid: p. 27.

Fraga Iribarne, M. (2017), "España y sus regiones, 16 de marzo de 1977", En Falcón Osorio, P. (Coord.), *Selección de artículos de Manuel Fraga publicados en ABC 1975-1994. Fraga después de Fraga, Fundación Humanismo y Democracia,* Madrid: pp. 29-30.

—, (2017), "España integrada, 28 de marzo de 1984", En Falcón Osorio, P. (Coord.), *Selección de artículos de Manuel Fraga publicados en ABC 1975-1994. Fraga después de Fraga, Fundación Humanismo y Democracia,* Madrid: pp. 46-47.

Francisco, P., & Josa, R. (2021), ¿Tiene remedio la democracia? La propuesta conservadora de James Burham, Cuadernos de Pensamiento Político FAES, 69: pp. 89-97.

Franco, F. (s.f.), Mensaje de fin de año de 1939, Ersilias [Recurso online], Recuperado de: https://www.ersilias.com/mensajes-de-final-de-ano-de-francisco-franco/

González Calleja, E. (2011), Contrarrevolucionarios. Radicalización violenta de las derechas durante la Segunda República, 1931-1936, Alianza Editorial, Madrid.

Jiménez Sánchez, J. J. (2021), El defensor de la Constitución, Cuadernos de Pensamiento Político FAES, 70: pp. 29-34.

Marx, K. (2021), Manifiesto del Consejo General de la Asociación Internacional de los Trabajadores sobre la guerra civil en Francia en 1871. A todos los miembros de la Asociación en Europa y los Estados Unidos, En Marx, K., Engels, F., & Lenin, V., La comuna de París, Akal, Madrid: pp. 5-76.

Partido Popular (2017), *Estatutos Nacionales,* Madrid.

—, (2019), *Elecciones generales, autonómicas y municipales 2019.* Programa electoral, Madrid.

—, (2019), *Programa electoral 2019,* Madrid.

Pérez Agote, A. (2003), *Sociología histórica del nacional-catolicismo español,* Historia Contemporánea, 26: pp. 207-237.

Capítulo 10
Exenciones, principios tributarios y el controvertido modelo territorial español

DR. DAVID CARRIÓN MORILLO
Catedrático de Derecho Financiero y Tributario
Universidad Europea de Madrid (UEM)

1. CONSIDERACIONES INICIALES: ¿UN MODELO TERRITORIAL ESPAÑOL HISTÓRICO, POLÍTICO O JURÍDICO?

Sabemos que antes incluso de que la Constitución española de 1978, aún vigente, fuera aprobada en referéndum, una de las cuestiones más polémicas de la misma fue el novedoso modelo territorial que era planteado; es decir, el criticado título VIII de la Constitución: *De la Organización Territorial del Estado*. Un modelo de organización territorial nuevo, que suponía un experimento político al permitir crear Comunidades Autónomas, que al final fueron diecisiete, en principio tratando de dar cabida a sus raíces históricas, pero que, en realidad, no eran históricas, o tan históricas, si se quiere, como lo eran el Estado y los municipios españoles, estos últimos los territorios más antiguos de la Administración pública española.

Por dar algún ejemplo concreto del notoriamente mejorable rigor histórico, podemos citar el caso de la Comunidad Autónoma de Andalucía, un nombre, el de esta Comunidad Autónoma, que quizá no fuera el más adecuado si se hubiesen atenido a las circunstancias y a la evolución histórica pues, como recuerda Rocafort (Rocafort, 2020: p. 207), "lo que hoy denominamos Andalucía fue la tierra reconquistada y repoblada por los almogávares castellanos durante los siglos XIII, XIV y XV. (...) El nombre o término de Andalucía es, por lo tanto, en sí un anacronismo, un término que desestabiliza nuestro pasado y futuro, porque no tiene un arraigo histórico veraz. Andalucía es la Nueva Castilla, y para ser más exactos y justos con los que la reconquistaron, es la *Almogavaría*, tierra reconquistada y repoblada por Almogávares castellanos".

En realidad, al tener más de política que de histórica esta construcción territorial, esta es una de las razones por las que se ha estado discutiendo, y se seguirá discutiendo en el futuro, sobre las mismas. Desde luego, esta confusión, sea deliberada o no, se erige como una de las consecuencias de otras confusiones más graves. En ese sentido recordemos que el artículo 1.2 de la Constitución española establece que "la soberanía nacional reside en el pueblo español". Esta afirmación entra en contradicción con la realidad de las cosas, en cuanto que esa definición de pueblo que es recogida también por otras constituciones y el Derecho constitucional contemporáneo podría no ser más que una mera ficción. La contundencia de las palabras del catedrático de Ciencia Política y Académico Negro (Negro, 2015: p. 88), no deja lugar a dudas:

"El pueblo como tal jamás ha sido soberano político ni podrá serlo más que imaginariamente. Si nadie es soberano, el pueblo le entrega la soberanía política a la oligarquía de turno. (...) En todo caso, la voluntad del pueblo es la de los políticos influidos por los grupos de interés, los lobistas profesionales y los activistas, procedentes generalmente por cierto de las clases altas e intermedias. Afirmar que el pueblo *debe ser* el soberano no quiere decir que lo sea". La claridad de la cita es tal, como se puede ver, que no requiere añadir ninguna otra explicación. ¿Qué ha ocurrido en España pues? ¿Se han movido por intereses nuestros gobernantes más que por ideales y pasiones?

Eso parece a tenor de las palabras de Voltes: "La historia política española ha acostumbrado a ser escrita como si los personajes se moviesen siempre guiados por ideales y pasiones, cuando la realidad es que, en ocasiones, estuvieron influidos por intereses, y que motivaciones de este carácter presidieron a menudo las decisiones del parlamento y del gobierno" (Voltes, 1984: p. 401). ¿Entonces, en concreto, ese peculiar modelo territorial vivo, cambiante, ha sido deseado por los ciudadanos o, en prueba de la afirmación de Negro, más bien deseado por las oligarquías de los territorios? Negro vuelve a comentar lo que ocurre, no solo en el caso español, sino con la evolución de los Estados democráticos modernos:

> "El Estado genera intereses propios a medida que se expande e impone sus reglas de operación y sus constantes a los gobiernos. Por eso, para el pensamiento estatal, la moralidad del político es la utilitaria del poder, cuyo éxito y prosperidad lo justifican. (...) En su última forma, el Estado de Partidos, unificados mediante el consenso oligárquico, la moral del poder degenera en la moralidad del éxito y la persecución de la prosperidad del partido" (Negro, 2002: pp. 62-63).

Cabe pensar, después de todas estas ideas del eminente pensador Negro, que estos diseños y decisiones tienen más que ver con las oligarquías y los partidos que con los propios ciudadanos españoles. En cualquier caso, este tipo de formulación y decisión no es algo que sea exclusivamente del Estado español, sino que se trataría de la denunciada por Dalmacio Negro, y formulada primeramente por Robert Michels, *ley de hierro de la oligarquía*, una ley extendida a la totalidad de los regímenes parlamentarios:

> "Sobre todo allí donde reina el parlamentarismo, la igualdad natural de todos ante la ley está falsificada por la ingente cantidad de leyes y medidas detallistas: aparte de ser desconocidas por la mayoría de los ciudadanos, que corren el peligro de que se les apliquen cuando le interese a algún poder o a alguien que reclame su aplicación en su beneficio, privilegian inevitablemente (premiando o castigando) a unos en detrimento de otros, de modo que los desigualados reclaman a su vez nuevas leyes compensatorias. La guerra de los derechos ha sustituido a la eterna y natural lucha por el Derecho" (Negro, 2015: pp. 93-94).

Esa guerra de derechos denunciada por el insigne filósofo político se ejemplifica, de algún modo, con las luchas de los territorios por sus derechos, sean estos históricos o no, siempre políticos. Por ende, son tales las lagunas que muestra este modelo territorial sancionado por la Constitución de 1978 que, desde el principio, fue cuestionado por los mejores historiadores de la historia contemporánea de España. En este sentido, Payne (Payne, 2016: p. 19), que es uno de los mejores hispanistas, refiriéndose a todo el proceso que permitió que se pasase de la dictadura a la democracia actual, señalaba que "este proceso tuvo su lado más débil en la estructuración autonómica".

Algunos historiadores han ido más lejos en su crítica todavía, incluyendo también la crítica a los cambios en la manera de pensar y en el posicionamiento intelectual de determinadas ideologías políticas, como el catedrático de Historia Contemporánea, García de Cortázar (García de Cortázar, 2003: p. 274): "Rectificar lo tradicional por lo racional, decía Azaña en 1931. Curiosamente, setenta años después, lo progresista se ha convertido en todo lo contrario: rectificar lo racional por lo tradicional. Que ese mensaje venga de los nacionalistas y los regionalistas se comprende porque proceden del fondo más rancio del tradicionalismo de toda la vida. Lo que no se entiende es que la izquierda se tome en serio que la modernidad política y cultural pase por satisfacer aspiraciones parecidas a las que tenían los carlistas de hace siglo y medio. Lo que no se entiende es que la modernidad esté en devolver el país al Antiguo Régimen, con sus valores, sus usos y costumbres regionales rebosantes de salud, bendecidos por los curas domésticos y los ordinarios del lugar".

Son muchos los especialistas jurídicos que desde sus distintos campos de estudio han comentado el modelo territorial español, pero donde se ha producido mayor debate, probablemente, sea desde el Derecho constitucional y el Derecho administrativo, si nos ceñimos a los juristas, porque también habría que incluir a diferentes politólogos, o incluso simples políticos, de distintas ideologías, eso sí. Nosotros no debemos ser tan ambiciosos como nuestros compañeros en la Academia o fuera de ella, por lo que debemos de limitarnos a estudiar este fenómeno del modelo territorial español creado por la Constitución de 1978 desde la perspectiva del Derecho financiero y tributario, como no podría ser de otra manera, para lo que vamos a abordar un pequeño estudio de las exenciones, de los principios tributarios y del controvertido modelo territorial español a través de las Comunidades Autónomas.

2. LAS COMUNIDADES AUTÓNOMAS, LAS EXENCIONES Y EL MARCO DE NUESTRO ESTUDIO

La base de nuestra organización territorial del Estado se encuentra en el artículo 137 de la Constitución española, que establece de manera literal que "el Estado se organiza territorialmente en municipios, en provincias y en las Comunidades Autónomas que se constituyan. Todas estas entidades gozan de autonomía para la gestión de sus respectivos intereses". La autonomía, por tanto, se plantea como una característica esencial no solo del Estado, sino del resto de las entidades mencionadas. Y dentro de esa *autonomía* tiene un papel notablemente destacado la autonomía financiera, ya que la Constitución obliga al Estado a dotar de un poder tributario a las Comunidades Autónomas y a las Corporaciones Locales para poder hacer frente, precisamente, a la autonomía financiera. Todo esto supone que, sin ninguna duda, la Constitución propone una estructura territorial claramente descentralizada.

El que las Comunidades Autónomas tengan esa autonomía financiera significa que tienen capacidad para crear incluso tributos propios de acuerdo con lo previsto en los artículos 133.2 y 157.1b) de la Constitución Española y 6.1 de la Ley Orgánica 8/1980, de 22 de septiembre, de Financiación de las Comunidades Autónomas (LOFCA, en adelante). Evidentemente, la LOFCA (artículos 6.2 y 3 y artículo 9), pone límites a la potestad tributaria autonómica en relación con el sistema tributario estatal y también local impidiendo que las CC.AA. puedan crear tributos propios sobre hechos imponibles ya gravados por el Estado o por las entidades locales.

En cualquier caso, llama la atención la diferencia en cuanto al número más que a la naturaleza que puede existir entre estos impuestos propios de unas Comunidades Autónomas y otras. Sin ir más lejos, si analizamos las dos Comunidades Autónomas que tienen más ingresos tributarios globales, Madrid y Cataluña, veremos que Madrid carece de impuestos propios mientras que Cataluña tiene quince, a saber: Gravamen de protección civil, Impuesto sobre grandes establecimientos comerciales, Impuesto sobre las estancias en establecimientos turísticos, Impuesto sobre la emisión de óxidos de nitrógeno a la atmósfera producida por la aviación comercial, Impuesto sobre la emisión de gases y partículas a la atmósfera producida por la industria, Impuesto sobre las viviendas vacías, Impuesto sobre las bebidas azucaradas envasadas, Impuesto sobre las emisiones de dióxido de carbono de los vehículos de tracción mecánica, Impuesto sobre los activos no productivos de las personas jurídicas, Impuesto sobre instalaciones que inciden en el medio ambiente, Canon del agua, Canon sobre la deposición controlada de residuos municipales, Canon sobre la deposición controlada de residuos industriales, Canon sobre la deposición controlada de residuos de la construcción, y el Canon sobre la incineración de residuos municipales.

Dada esta abultada diferencia, a un ciudadano no informado profundamente sobre las cuestiones tributarias le llamaría muchísimo su atención y no sería capaz de entender cómo es posible que Madrid no tenga ningún impuesto propio y Cataluña, por el contrario, tenga quince, y eso, además, porque el Tribunal Constitucional declaró inconstitucionales cuatro impuestos más que tenía Cataluña: Impuesto sobre el riesgo medioambiental de la producción, manipulación y transporte, custodia y emisión de elementos radiotóxicos; Impuesto sobre la producción de energía eléctrica de origen nuclear; Impuesto sobre la provisión de contenidos por parte de los prestadores de servicios de comunicaciones electrónicas y de fomento del sector audiovisual y la difusión de la cultura digital; e Impuesto sobre los depósitos en las entidades de crédito. Todo esto hace que, si el Tribunal Constitucional no hubiera anulado estos cuatro impuestos, hoy Cataluña tendría diecinueve impuestos propios.

Estos son los perniciosos efectos nocivos, entre muchos otros algunos dirán, de un sistema territorial en el que existen autonomías, aunque hay que aclarar que la mayoría de los ingresos tributarios de las CC.AA. no proceden de sus impuestos propios (obviamente, porque la Comunidad Autónoma de Madrid, con cero impuestos propios, cómo podría afrontar exitosamente sus gastos públicos entonces), sino del resto de ingresos tributarios, especialmente de la parte que les corresponde de los ingresos estatales, Impuesto de la Renta de las Personas Físicas y demás.

Como es bien sabido, y centrándonos ya en el ámbito autonómico exclusivamente, la LOFCA estableció los principios de un sistema tributario propio para las diferentes Comunidades Autónomas españolas. Estas, en tanto en cuanto son un nivel territorial español de Administración Pública, forman parte de la Unión Europea, por lo que les van a ser de total aplicación los principios comunitarios en general y, más en particular, dos de ellos que tienen una importancia enorme en este nivel administrativo territorial: el principio de jerarquía normativa (aunque sea el principio de autonomía con el que se relacione con el Estado) y el de prohibición de ayudas fiscales.

Esta gigantesca importancia de estos dos principios en el ámbito autonómico se puede explicar de modo sencillo, como así ha sido señalado acertadamente (Calvo Ortega, 2000: p. 65), de la siguiente manera: "El primero, porque el sistema de producción de normas de las CC.AA. es cerrado y perfecto. El segundo, porque su poder tributario les faculta para el establecimiento de exenciones (tomando este concepto en su sentido más amplio) y, en consecuencia, de ayudas fiscales en la terminología comunitaria".

Vamos a centrarnos, a partir de este momento, en ese segundo principio reseñado que les permite a las Comunidades Autónomas establecer exenciones tributarias, que es un elemento que ya de por sí reviste cierta polémica por establecer el legislador solamente en determinados casos a través de una ley, como sabemos, que, a pesar de que se cumpla el hecho imponible de un impuesto, no se tenga que tributar por la concurrencia de "razones de índole social, moral o económica más importantes que las estrictamente tributarias" (Carrión Morillo, 2019: p. 27). De hecho, resulta necesario separar las exenciones de los supuestos de no sujeción dentro del hecho imponible, pues suelen confundirse, en no pocas ocasiones, las unas con los otros. Comenzando por el principio de la cuestión, nadie puede dudar de que el hecho imponible es el elemento básico, el elemento fundamental e imprescindible cuya existencia origina la relación jurídico-tributaria. Esto es, un presupuesto de hecho establecido por una ley que si se realiza va a originar, indefectiblemente, el nacimiento de la obligación tributaria, y cuyos efectos tienen que estar recogidos, contemplados y determinados por la ley de cada tributo. Una vez se tenga claro el hecho imponible, ya estamos preparados para aclarar qué son los supuestos de no sujeción y qué diferentes son de las exenciones tributarias.

No es faltar a la verdad, por tanto, establecer que tiene lugar un supuesto de no sujeción tributaria cuando ante la existencia de un presupuesto de hecho, no se llega a realizar el hecho imponible; es decir, el hecho de que se trata nunca va a estar sujeto, de modo habitual por estar ya sujeto a otro tributo. No obstante, va a producirse un supuesto de exención cuando sí que existe hecho imponible, pero es el legislador el que decide exonerarlo de tributación alguna y que no tenga que tributar, normalmente porque, en su opinión razonada y justificada, concurren razones de índole social, moral o económica más importantes que las estrictamente tributarias, como antes hemos señalado.

Aclarados estos prolegómenos, ya podemos examinar la exención tributaria general, que se define en el artículo 22 de la Ley 58/2003, de 17 de diciembre, General Tributaria, que va a determinar que, a pesar de que exista y se cumpla el hecho imponible, "la ley exime del cumplimiento de la obligación tributaria principal". Hay que despejar dudas sobre el término "obligación tributaria principal", y profundizar en su verdadero significado que a veces la ley no se queda en las palabras escritas, así que recogiendo la aclaración realizada por Herrero de Egaña Espinosa de los Monteros sobre el concepto de "obligación tributaria principal", se puede decir que "el legislador, para ciertos casos, puede matizar las consecuencias de la realización del hecho imponible y, operando sobre la obligación tributaria principal, puede eliminarla o reducirla". Es este autor el que va a precisar sintéticamente que la Administración tributaria, en esta clase de supuestos, aunque nunca pueda exigir el pago de la obligación tributaria principal, sí podrá reclamar, por el contrario, el cumplimiento de las demás obligaciones derivadas de la sujeción al tributo (Herrero de Egaña, 2008: pp. 17-18). La mejor prueba de todo esto es que el artículo 35.2.k) de Ley 58/2003, de 17 de diciembre, General Tributaria incluye dentro de los obligados tributarios a "los beneficiarios de supuestos de exención, devolución o bonificaciones tributarias".

Insistamos, de nuevo, en esta idea que resulta realmente importante, y que, por ello, nunca nos cansaremos de aclarar: la idea de que los contribuyentes que resulten beneficiados por una exención de un tributo, aunque no tengan que pagar ese tributo concreto, pueden estar obligados a cumplir con otras obligaciones que resulten derivadas de la sujeción al mismo. En línea con esto, debamos puntualizar que, aunque la exención tributaria general venga definida por la Ley General Tributaria, las exenciones concretas o particulares de cada uno de los tributos deberán especificarse en la ley concreta en la que sean aprobados o modificados cada uno de ellos.

Según hemos indicado anteriormente, vamos a fijar nuestra atención en las exenciones tributarias autonómicas, por lo que habrá que elegir, sin más remedio, una clase determinada de ellas para enmarcar nuestro estudio y, además, que esta clase exista en todas y cada una de las Comunidades Autónomas. En ese sentido, se ajusta a nuestras condiciones las rentas mínimas de inserción autonómicas que son declaradas exentas de tributar en IRPF, en virtud del artículo 7.y) de la Ley 35/2006, de 28 de noviembre, del Impuesto sobre la Renta de las Personas Físicas y de modificación parcial de las leyes de los Impuestos sobre Sociedades, sobre la Renta de no Residentes y sobre el Patrimonio. Sin ánimo de ser exhaustivo y a modo de ejemplo, podemos citar las siguientes:

En Andalucía, la Renta mínima de inserción social regulada por el Decreto-ley 3/2017, de 19 de diciembre, por el que se regula la Renta Mínima de Inserción Social; en Aragón, el Ingreso Aragonés de Inserción regulado por la Ley 1/1993, de 19 de febrero, de Medidas Básicas de Inserción y Normalización Social y por el Decreto 57/1994, de 23 de marzo , de la Diputación General de Aragón; en Asturias, el Salario Social Básico regulado por la Ley 4/2005, de 28 de octubre, de Salario Social Básico; en Canarias, la Prestación Canaria de Inserción regulada por la Ley 1/2007, de 17 de enero, por la que se regula la Prestación Canaria de Inserción; en Cantabria, la Renta Social Básica regulada por la Ley de Cantabria 2/2007, de 27 de marzo, de Derechos y Servicios Sociales; en Castilla-La Mancha, el Ingreso Mínimo de Solidaridad regulado por la Ley 5/1995, de 23 de marzo, de Solidaridad en Castilla-La Mancha y por la Ley 14/2010, de 16 de diciembre, de servicios sociales de Castilla-La Mancha; en Castilla y León, la Renta Garantizada de Ciudadanía regulada por el Decreto Legislativo 1/2019, de 10 de enero, por el que se aprueba el texto refundido de las normas legales vigentes en materia de condiciones de acceso y disfrute de la prestación de renta garantizada de ciudadanía de Castilla y León; en Cataluña, la Renta Garantizada de Ciudadanía regulada por la Ley 14/2017, de 20 de julio, de la renta garantizada de ciudadanía; en la Comunidad de Madrid, la Renta Mínima de Inserción regulada por la Ley 15/2001, de 27 de diciembre, de Renta Mínima de Inserción; en la Comunidad Valenciana, la Renta Valenciana de Inclusión regulada por la Ley 19/2017, de 20 de diciembre, de la Generalitat, de Renta Valenciana de Inclusión; en Extremadura, la Renta Básica de Inserción regulada por la Ley 5/2019, de 20 de febrero, de Renta Extremeña Garantizada y por la Ley 9/2014, de 1 de octubre, de renta básica extremeña de inserción; en las Islas Baleares, la Renta Social Garantizada regulada por la Ley 5/2016, de 13 de abril, de la renta social garantizada; en Galicia, la Renta de Inclusión Social (RISGA) regulada por la Ley 10/2013, de 27 de noviembre, de inclusión social de Galicia; en La Rioja, la Renta de Ciudadanía regulada por la Ley 4/2017, de 28 de abril, por la que se regula la Renta de Ciudadanía; en Murcia, la Renta Básica de Inserción regulada por la Ley 3/2007 de 16 de marzo, de Renta Básica de Inserción; y, finalmente, los territorios forales: en Navarra, la Renta Garantizada regulada por la Ley Foral 15/2016, de 11 de noviembre, por la que se regulan los derechos a la Inclusión Social y la renta garantizada, y en el País Vasco, la Renta de Garantía de Ingresos regulada por la Ley 18/2008, de 23 de diciembre, para la Garantía de Ingresos y para la Inclusión Social.

Resulta imprescindible aclarar sobre esta exención, como ya señalamos en un trabajo anterior (Carrión Morillo, 2021: pp. 208-209), que "igual que existen unas Comunidades Autónomas que aprobaron más tarde que otras sus propias rentas mínimas, tampoco fueron declaradas como exentas desde el principio un buen número de ellas. Esto se debe a que esta clase de ayudas públicas no estaban exentas en el pasado, y consiguientemente tributaban como renta en el IRPF, hasta que se introdujo la exención referida del artículo 7.y) de la Ley 35/2006, de 28 de noviembre, del Impuesto sobre la Renta de las Personas Físicas, en el año 2015"[1].

3. EXENCIÓN DE LAS PRESTACIONES NO CONTRIBUTIVAS AUTONÓMICAS Y LOS PRINCIPIOS TRIBUTARIOS

En principio, de la definición y explicación de las exenciones que hemos comentado, podríamos reducir todo ello a que resul-

---

1 Tal exención se estableció por el Real Decreto-ley 9/2015, de 10 de julio, de medidas urgentes para reducir la carga tributaria soportada por los contribuyentes del Impuesto sobre la Renta de las Personas Físicas y otras medidas de carácter económico.

tan para el contribuyente el mayor beneficio que este puede obtener, ya que la exención tributaria significa que no tiene que pagar un tributo, al eximirle de ello la propia ley, o norma con rango legal. El resto de los beneficios fiscales, es decir, sin ir más lejos, las reducciones, las deducciones, o las bonificaciones, por el contrario, configuran un beneficio mayor o menor en cada caso, pero siempre parcial y nunca completo. Por eso, precisamente, hay que ser del todo cuidadoso a la hora de crear nuevas exenciones fiscales. ¿Qué ocurre, entonces, con la exención de las rentas mínimas de inserción y otras prestaciones no contributivas similares? ¿Cumplen con los principios tributarios? ¿Son, pues, constitucionales estas exenciones tributarias autonómicas?

Si nos referimos a las rentas mínimas de inserción junto con otras prestaciones y pensiones no contributivas que tienen unas características similares (entre las que estarían, a nivel estatal incluso, además del Ingreso Mínimo Vital, las de invalidez o jubilación y las del resto de prestaciones familiares no contributivas) se debe a que, como señalamos en un trabajo anterior (Carrión Morillo, 2021: p. 210), "se podrían definir las prestaciones no contributivas, entonces, como prestaciones económicas que el legislador se siente obligado a aprobar para proteger a todos aquellos ciudadanos que se encuentran en una situación de manifiesta necesidad, al carecer de los recursos mínimos suficientes para poder subsistir o sobrevivir en los términos que la ley, o norma con rango legal, establezca, a pesar de que estos ciudadanos no hubiesen cotizado jamás o el tiempo necesario para alcanzar las prestaciones contributivas".

El artículo 7.y) de la Ley 35/2006, de 28 de noviembre, del Impuesto sobre la Renta de las Personas Físicas, antes citado, literalmente establece lo siguiente: "La prestación de la Seguridad Social del Ingreso Mínimo Vital, las prestaciones económicas establecidas por las Comunidades Autónomas en concepto de renta mínima de inserción para garantizar recursos económicos de subsistencia a las personas que carezcan de ellos, así como las demás ayudas establecidas por estas o por entidades locales para atender, con arreglo a su normativa, a colectivos en riesgo de exclusión social, situaciones de emergencia social, necesidades habitacionales de personas sin recursos o necesidades de alimentación, escolarización y demás necesidades básicas de menores o personas con discapacidad cuando ellos y las personas a su cargo, carezcan de medios económicos suficientes, hasta un importe máximo anual conjunto de 1,5 veces el indicador público de rentas de efectos múltiples".

De la redacción de este artículo convendría, con el fin de aclarar del todo el concepto de exenciones tributarias, que estas pueden ser subjetivas u objetivas. Para que la exención tributaria sea subjetiva, debe de existir un supuesto en que la exención tributaria se produzca por la condición del obligado tributario que es quien cumple con el hecho imponible del tributo, mientras que, para que la exención tributaria sea objetiva, debe de existir un supuesto objetivo en que existan ciertos hechos subsumidos dentro del hecho imponible que quedan exentos. Las rentas mínimas de inserción autonómicas se constituyen, sin lugar a duda, como un derecho subjetivo, ya que, al igual que el Ingreso Mínimo Vital en el ámbito estatal, se traducen en un derecho que tienen determinados ciudadanos en situación de vulnerabilidad a percibir esta clase de prestaciones de carácter económico no contributivas, por lo que no hay duda posible de cuál es la clase de exención de la que estas forman parte.

En este punto concreto, podemos ir al grano, si me permiten la expresión, ¿cómo encajarían estas exenciones autonómicas con los principios tributarios? Y aún más importante, ¿dónde se determinan legalmente los principios tributarios de nuestro sistema fiscal español? Como la segunda pregunta resulta más sencilla de responder que la primera, podemos comenzar nuestras respuestas por esta. Y, en este caso, además de ser de justicia, resulta evidente que los principios tributarios del sistema fiscal español se encuentran recogidos en la Constitución vigente y, más en concreto, en el artículo 31 de nuestra norma suprema, que es el que establece los pilares de nuestro sistema jurídico-tributario que se ha ido construyendo en España, poco a poco, desde 1978. El artículo 31.1, por tanto, va a sentenciar que "todos contribuirán al sostenimiento de los gastos públicos de acuerdo con su capacidad económica mediante un sistema tributario justo inspirado en los principios de igualdad y progresividad que, en ningún caso, tendrá alcance confiscatorio". Del contenido de este texto, digno se ser enmarcado en el frontispicio de nuestro sistema fiscal, se puede colegir que existen no solo principios tributarios formales sino también materiales, por lo que tendremos que examinar con mayor detenimiento su contenido para poder responder a la primera pregunta que formulamos.

La primera idea transcendental para el sistema tributario español se comenta al principio de este artículo 31.1 con esta expresión tan repetida: "todos contribuirán al sostenimiento de los gastos públicos". A pesar de ser una afirmación tan rotunda, existe la necesidad de aclarar quiénes son aquellos que forman parte de ese "todos", aquellos que tendrán que contribuir para poder sostener los gastos públicos de España. Podemos afirmar sin ambages que, al no establecerse limitación, concreción o especificación alguna, la palabra "todos" deberá ser comprendida como cualquier persona, ya sea esta física o, por el contrario, jurídica, que posea alguna vinculación económica con España, por lo que deberán ser incluidas dentro de este concepto todas las personas, con independencia de cuál fuera su residencia, siempre y cuando tuvieran los vínculos económicos necesarios. La residencia de los sujetos puede ser en una u otra Comunidad Autónoma, en el artículo ni se mencionan específicamente ni se hacen referencias. La duda, entonces, pivotaría sobre la nacionalidad de los sujetos. ¿Es necesario que sean españoles? ¿Los extranjeros tributan de la misma manera que los españoles? Las palabras del catedrático López Espadafor aclaran todo esto con su habitual maestría:

> "De la puesta en relación de los citados términos «todos» e «igualdad» de este artículo de la Constitución [artículo 31] se puede derivar, pues, una igualdad de trato entre españoles y extranjeros en nuestro Sistema impositivo. En este sentido se movería el artículo 15 de la Ley Orgánica sobre derechos y libertades de los extranje-

ros en España y su integración social, al disponer que españoles y extranjeros estarán sujetos a los mismos impuestos en nuestro Estado. Pero la idea que deriva de la Constitución es más amplia que la letra de este artículo 15, dado que, como apuntamos, del artículo 31.1 de aquélla se podría deducir una igualdad de trato fiscal entre españoles y extranjeros, que no sólo implicaría que ambos tipos de contribuyentes queden sujetos a los mismos impuestos, sino también que cada impuesto en concreto se aplique en iguales términos a unos y otros" (López Espadafor, 2017: p. 258).

Si nos preguntásemos por cuál sería la finalidad de la expresión de "todos contribuirán al sostenimiento de los gastos públicos" del artículo 31 de la Constitución, es algo palmario que su inclusión en nuestra norma suprema no es baladí, sino que tiene como finalidad principal el no excluir a ningún ciudadano en cuanto a la necesaria contribución al difícil sostenimiento del coste del Estado de bienestar en que vivimos, a diferencia de lo que era habitual en los tiempos pretéritos del Antiguo Régimen, donde las clases aristocráticas y privilegiadas resultaban exentas de pagar impuestos a pesar de resultar, de manera ordinaria, las más beneficiadas por el Estado absoluto, para el que los desfavorecidos (hoy se llamarían vulnerables) no eran ni significaban absolutamente nada; y precisamente por ser nada, no había ningún problema en cargarles sinfín con todo tipo de tributos, sin que importase lo más mínimo, además, no solamente si podrían pagarlos, sino si tan solo serían capaces de sobrevivir un día más en este mundo[2].

En la historia española, más en concreto, encontramos diversas referencias anteriores a la actual Constitución. Como resume con sumo acierto el catedrático López Espadafor, "en el consti-

2 Es lo que sucedía al Tercer Estado en la Francia anterior a la Revolución de 1789, un país a punto de estallar, en el que era totalmente ninguneado y despreciado el Tercer Estado que, en realidad, era, en sí mismo, el pueblo y, por ello, la nación, como denunció el abate más célebre de la historia de Francia en su famoso folleto. SIEYÈS, E. J.: *¿Qué es el Tercer Estado?*, introducción, traducción y notas de Francisco Ayala, Orbis, Barcelona, 1985.

tucionalismo histórico español encontramos, como referencias a los destinatarios del deber de contribuir al sostenimiento de los gastos públicos, que se hablaba de «todo español» en el artículo 8 de la Constitución de 1812, en el artículo 6 de la Constitución de 1837, en el artículo 28 de la Constitución de 1869 y en el artículo 3 de la Constitución de 1876. Después, en el artículo 9 del Fuero de los Españoles de 1945 se hablaba, a tales efectos, de «los españoles». Así, la Constitución española de 1978 introduce en esta materia un importante cambio en su artículo 31.1, eliminando la referencia expresa a los españoles en la delimitación de los sujetos vinculados por tal deber y permitiendo, de esta manera, incluir también a los extranjeros en el ámbito del mismo, con una genérica referencia a «todos»" (López Espadafor, 2017: p. 259).

> "Todos contribuirán al sostenimiento de los gastos públicos", en definitiva, se va a erigir de manera indiscutible como un principio, concretamente en el principio de generalidad y, para ser aún más precisos, siempre resulta del todo conveniente recordar el matiz que sobre esta cuestión añadieron los reputados catedráticos Martín Queralt, Lozano Serrano, Tejerizo López y Casado Ollero, quienes afirmaron que cuando así se constituye, en esta expresión tantas veces referida que no puede generar ninguna clase de duda, la generalidad para el sostenimiento de los gastos de las distintas Administraciones públicas, no es que se esté tratando de erradicar un supuesto *statu quo* de anticuados privilegios fiscales, ya que en ningún caso ni tienen ni podrían tener cabida en un ordenamiento jurídico de un Estado avanzado y democrático como es el nuestro, donde ocupa un lugar tan destacado el principio de igualdad, que se ha materializado en el artículo 14 de la Constitución. Por el contrario, en realidad estaríamos ante la imperante necesidad de aclarar que no es que no puedan existir privilegios que ampare la Ley, que está muy claro y no necesitaría mayor comentario, "sino que tampoco pueden producirse situaciones privilegiadas al aplicar la Ley" (Martín Queralt et al., 2020: p. 106).

El principio de generalidad constitucional, por todo lo que se acaba de comentar, se podría definir como que todos los sujetos de Derecho tienen obligación de contribuir para sostener los gastos de la Administración pública pagando los tributos. A pesar de ello, el matiz del párrafo anterior resulta crucial para plantear la posibilidad de un quebrantamiento de este principio esencial tributario por el establecimiento legal de las exenciones tributarias. ¿Cómo se puede explicar, entonces, que coexistan el principio de generalidad y las exenciones tributarias en nuestro ordenamiento jurídico, sean estas estatales o autonómicas? ¿No supone la existencia de exenciones tributarias estatales y autonómicas, en la práctica, la anulación del principio de generalidad?

Ante este admisible razonamiento extraído de la necesaria confrontación de la definición del principio tributario de generalidad con el significado de las exenciones tributarias, sean estas estatales o autonómicas, como no podía ser de otra manera, ha sido el Tribunal Constitucional, que es, siempre hay que recordarlo, el máximo intérprete de la Constitución española, el que ha establecido a través de diferentes sentencias una jurisprudencia constitucional que ha aclarado con suma rotundidad esta cuestión. De esta manera, el Tribunal Constitucional ha dado una respuesta (parece que definitiva) al conflicto que antes habíamos plasmado en las dos preguntas que formulamos. Sirva como ejemplo cristalino de ello la sentencia del Tribunal Constitucional (STC, en adelante) 10/2005, de 20 de enero, que va a establecer de la mejor forma que "la exención, como quiebra del principio de generalidad que rige la materia tributaria al neutralizar la obligación tributaria derivada de la realización de un hecho revelador de capacidad económica, es constitucionalmente válida siempre que responda a fines de interés general que la justifiquen (por ejemplo, por motivos de política económica o social, para atender al mínimo de subsistencia, por razones de técnica tributaria, etc.), quedando, en caso contrario, proscrita".

Por todo ello, según expusimos específicamente en un trabajo anterior ya citado (Carrión Morillo, 2021: p. 213), "queda absolutamente claro, según lo afirmado por nuestro Tribunal Constitucional, que el hecho de que existan exenciones tributarias es compatible con el cumplimiento del principio de generalidad, siempre y cuando existan otros principios o normas que justifiquen y legitimen su existencia. Ese, precisamente, es el supuesto de esos motivos de política económica o social que se encuadrarían dentro de los principios constitucionales rectores de la política económica y social enunciados entre los artículos 39 y 52 inclusive de la Constitución española. La propia sentencia citada, entre esos fines de interés general que señala, pone el ejemplo específico de que la exención sirva *para atender al mínimo de subsistencia.* Un motivo que coincide con el fin con el que se ha creado el Ingreso Mínimo Vital, por lo que esta exención, y el resto de esas prestaciones no contributivas similares, desde luego que no atentan al principio de generalidad". Al ser clave, por tanto, que la exención sirva "para atender al mínimo de subsistencia", según ha establecido el Tribunal Constitucional, se aplica no solo al Ingreso Mínimo Vital, sino también a las rentas mínimas de inserción de las diferentes Comunidades Autónomas españolas que antes hemos detallado.

Hay que seguir con el estudio del resto de principios tributarios, así que, tras haber finalizado el del principio de generalidad expuesto en el artículo 31.1 de la Constitución española, hay que centrarse en la expresión que sigue a la ya analizada: "todos contribuirán al sostenimiento de los gastos públicos". El texto, entonces, continúa del modo siguiente: "de acuerdo con su capacidad económica mediante un sistema tributario justo inspirado en los principios de igualdad y progresividad que, en ningún caso, tendrá alcance confiscatorio". Como vemos, se enuncian en esta frase diversos principios que se relacionan indudablemente entre ellos y que, sin excepción, cualquiera de los mismos puede resultar afectado por la constitución y la existencia legal de alguna exención tributaria, por lo que debemos profundizar en su análisis.

La misma sentencia antes citada, la STC 10/2005, de 20 de enero, establece también que "la Constitución a todos impone el deber de contribuir al sostenimiento de los gastos públicos en función de su capacidad económica, no debiendo olvidarse que los principios de igualdad y generalidad se lesionan cuando «se utiliza un criterio de reparto de las cargas públicas carente de cualquier justificación razonable y, por tanto, incompatible con un sistema tributario justo como el que nuestra Constitución consagra en el art. 31»". No cabe la menor duda, por lo tanto, de que lo expresado de modo tan diáfano subraya con demoledor acierto que el principio de capacidad económica se encuentra íntimamente relacionado con los principios de igualdad y generalidad tributarios.

El principio de capacidad económica, que ha sido llamado también de manera plausible principio de capacidad contributiva (Simón Acosta, 2018), se podría definir, en virtud de lo establecido por el artículo 31.1 de la Constitución española, "como la concreción del principio de generalidad analizado, en cuanto que supone una individualización de la obligación existente de contribuir a los gastos públicos al señalar que cada uno de los sujetos pasivos tribute de manera diferente dependiendo de su particular situación económica. Esto constituye un cuantioso avance en la interpretación del principio de generalidad, ya que implica precisar cómo debe aplicarse este; no sólo todos tienen el deber de contribuir, sino que lo harán, además, en función de la capacidad económica particular de cada uno de ellos", según señalamos en nuestro trabajo anterior recientemente citado (Carrión Morillo, 2021: p. 214).

La capacidad económica de cada ciudadano se manifiesta, de forma ordinaria, en el nivel de renta y riqueza del que pueda disponer cada uno de ellos, por lo que es un hecho irrefutable que el sistema tributario español basa su éxito en gravar en mayor grado la riqueza y el patrimonio frente a la entrega de bienes y la prestación de servicios. A consecuencia de esto, en España existe un mayor gravamen en los impuestos directos y uno menor, correlativamente, en los impuestos indirectos, ya que estos no pueden lograr, en un principio, que la carga tributaria se distribuya en función del nivel de la renta o del patrimonio del sujeto pasivo. El legislador, por ello, cuando aprueba impuestos que sean directos, esto es, que graven la renta o el patrimonio, se ajusta al principio tributario de capacidad económica, pero es legítimo preguntase, igualmente, si cumpliría de la misma manera si aprobase impuestos indirectos o cualquier otra clase de tributos.

Las tasas, como bien sabemos, son tributos en los que se obliga al ciudadano a que pague una tasa a cambio de recibir una contraprestación concreta que, en la mayoría de los casos, es un servicio público. El ciudadano, por tanto, está obligado a pagar una cantidad fija determinada por la Administración pública para, de este modo, poder acceder a ese servicio público determinado, con total independencia de cuál fuera su nivel de renta particular. Por ello, como en el caso de los impuestos indirectos, puede parecer que no existe una observancia total del principio tributario de capacidad económica.

Sin embargo, el Tribunal Constitucional ha validado la interpretación del legislador español, ya que ha entendido el máximo intérprete constitucional que la aplicación de este principio siempre debe valorarse con respecto al sistema tributario en su conjunto. Esto significa que no es necesario que sea aplicado en todos y cada uno de los tributos. En palabras de la STC 108/2004, de 30 de junio, F. 7: "Como dijimos en las citadas TC SS 182/1997 y 137/2003, el art. 31.1 CE «conecta el citado deber de contribuir con el criterio de la capacidad económica (con el contenido que a este principio de justicia material se ha dado, fundamentalmente, en las TC SS 27/1981, 37/1987, 150/1990, 221/1992 y 134/1996), y lo relaciona, a su vez, claramente, no con cualquier figura tributaria en particular, sino con el conjunto del sistema tributario".

No obstante, a pesar de la contundencia expresada por el Tribunal Constitucional sobre esta cuestión concreta, el máximo interprete constitucional no ha tenido la misma contundencia sobre otro aspecto del principio de capacidad. En concreto, sobre si la capacidad económica que resulta gravada por los tributos debe ser real en todo caso, o bien cabría la posibilidad, aunque sea en ocasiones, de que fuera potencial o virtual. Nuestra opinión, en este aspecto, coincide con la del catedrático Menéndez Moreno, que señala que "el TC no ha formulado una doctrina clara ni uniforme sobre este principio, y en ocasiones ha llegado a relativizarlo tanto, que lo ha convertido en una fórmula prácticamente vacía de contenido" (Menéndez Moreno, 2018: p. 80).

Como ha indicado este autor, existen sentencias divergentes en la jurisprudencia constitucional que no hacen que sea posible mantener un único y definitivo criterio. En algunas de las sentencias del Tribunal Constitucional, por ejemplo[3], se establece "la necesidad de que la capacidad económica se traduzca en una riqueza real que exista en cada uno de los contribuyentes que estén obligados a pagar el tributo". En otras sentencias del máximo intérprete constitucional, sin embargo, se amplía las posibilidades al establecer que la riqueza del contribuyente obligado al pago del tributo puede ser real o potencial en cumplimiento del principio de capacidad económica[4].

Lo único que se puede asegurar, en definitiva, es que, para cumplir con el principio tributario de capacidad económica, entonces, no puede ser gravada una renta inexistente o ficticia[5], por lo que el Tribunal Constitucional, en esta cuestión concreta, no pone ningún límite a la acción legislativa, al conceder un amplísimo (y peligroso) margen de apreciación y decisión al legislador.

Como hemos comentado, el principio de capacidad económica está estrechamente relacionado con los principios de igualdad y generalidad. Si ha quedado claro por todo lo expuesto anteriormente que el principio de generalidad resulta compatible con la existencia de las exenciones estatales o autonómicas, hay que analizar ahora qué ocurre con el principio de igualdad; un principio tan estrechamente relacionado con el principio de capacidad económica, que se puede afirmar sin ningún tapujo que el principio de igualdad resulta un complemento de aquel. Es bien conocido, en este sentido, el aserto que afirma lo siguiente: a igual capacidad económica, igual tributación; y esto supone

3 Véanse las siguientes SSTC: núm. 194/2000, de 19 de julio; y núm. 26/2015, de 19 de febrero.

4 Véanse, entre otras, las siguientes SSTC: núm. 37/1987, de 26 de marzo; y núm. 221/1992, de 11 de diciembre.

5 Véanse, entre otras, las siguientes SSTC: núm. 221/1992, de 11 de diciembre; y núm. 194/2000, de 19 de julio.

que no puede producirse el caso (al menos en principio) en que unas situaciones del contribuyente que impliquen una capacidad económica idéntica puedan ser sometidas a unos gravámenes de tributación distintos.

Según señalamos en un trabajo previo (Carrión Morillo, 2022: p. 71), "con respecto al principio constitucional de igualdad, se puede dividir, como sabemos, en la igualdad formal, proclamada en el artículo 14 de la Constitución ("los españoles son iguales ante la Ley"), y la igualdad material, establecida por el artículo 9.2 del mismo texto constitucional, al obligar a que los poderes públicos promuevan las condiciones necesarias para que la libertad y la igualdad de los ciudadanos puedan ser tanto reales como efectivas. Esa igualdad ante la ley es una igualdad formal, ya que supone que no puede existir discriminación alguna. Por ello, ante posibles situaciones jurídicas que resulten idénticas, el legislador debe establecer el mismo trato jurídico, prohibiendo, siempre y en todo caso, la discriminación. La igualdad formal, por tanto, es limitada por la igualdad material, que significaría obtener, si es posible, la igualdad real". Lo que queda más claro, entonces, es que la igualdad formal, que es igualdad ante la ley, resulta limitada por la igualdad material, que consistiría en precisar e intentar conseguir la igualdad real en cada caso y siempre que fuera posible. Ante esta conclusión, ¿sería posible interponer un recurso de amparo si algún ciudadano estimase que una ley le ha perjudicado vulnerando el principio de igualdad?

Como bien sabemos, no puede caber la interposición de un recurso de amparo si su fundamentación se basase en alegar vulneración del artículo 31.1, por tener que basarse, obligatoriamente, en la vulneración de los derechos fundamentales contenidos entre los artículos 14 y 29 (más la objeción de conciencia del artículo 30.2) de la Constitución española. El objeto exclusivo del recurso exige la vulneración de uno o varios derechos fundamentales. Si se interpusiese el recurso de amparo alegando vulneración del artículo 31.1, por tanto, no podría ser admitido por el Tribunal Constitucional.

Sin embargo, ¿qué ocurriría si un ciudadano considera que una exención vulnera el principio de igualdad? ¿Puede ser recurrida en amparo la ley, o norma con rango de ley, estatal o autonómica, que establece esa exención ante el Tribunal Constitucional por vulneración del principio de igualdad? Si un ciudadano fuese perjudicado por la implantación de una exención, y siempre y cuando además de invocar la vulneración del artículo 31.1, invocase, de forma imprescindible, la vulneración del artículo 14 de la Constitución española cabría interponer recurso de amparo, en principio; solo en este caso concreto, ya que no resulta suficiente que exista una discriminación subjetiva provocada por una ley tributaria y se invoque la igualdad material del artículo 31.1 si el recurso de amparo no invoca forzosamente como base la igualdad formal contenida en el artículo 14 de nuestro texto constitucional.

Como ya señalamos en el trabajo previo tantas veces citado a lo largo de este capítulo (Carrión Morillo, 2021: p. 217), "el artículo 31.1 de nuestro texto constitucional, además, dispone que la justicia de nuestro sistema tributario debe estar inspirada *en los principios de igualdad y progresividad que, en ningún caso, tendrá alcance confiscatorio*. Que nuestro sistema tributario no tenga alcance confiscatorio, más que un principio es un claro límite, pues se prohíbe que la carga tributaria que deben afrontar los contribuyentes sea exorbitante. De este modo, excluida la confiscatoriedad por su carácter de límite y la igualdad, por haber sido ya analizada, nos quedaría el principio de progresividad como el último de los principios tributarios materiales a examen. Si decíamos que el principio de igualdad era un complemento del principio de capacidad económica, el principio de progresividad tributaria se erige como una especie de subdivisión o un paso más allá del principio de capacidad económica, con el que se encuentra también íntimamente relacionado, traduciéndose la progresividad tributaria, entonces, en la siguiente expresión: a mayor capacidad económica, mayor tributación. Quien tiene más, en cumplimiento de esta afirmación, debe contribuir más al sistema tributario español que, en virtud del artículo 31.1 tantas veces citado, debe ser justo".

Como expusimos también en otro trabajo anterior (Carrión Morillo, 2022: pp. 71-72), en relación con el principio tributario constitucional de progresividad, como acabamos de indicar en el párrafo anterior, "este se traduce en que quien tenga más capacidad económica debe contribuir más. A pesar de esta mayúscula proclamación, el Tribunal Constitucional, a través de su jurisprudencia, ha ido vaciando de contenido el concepto de progresividad en la práctica, interpretando que esa progresividad debe existir en el conjunto del sistema, por lo que pueden existir tributos que sean proporcionales y no progresivos". Aunque pueda parecer excesivo a primera vista, algunos autores se temen la completa desaparición del principio de progresividad en el futuro con no poca razón, dada la extrema reducción de este en el sistema tributario español (Soler Belda, 2017: p.11).

Aun así, las rentas mínimas de inserción de las Comunidades Autónomas que hemos señalado antes conforman una exención del IRPF, como hemos indicado, y en el caso determinado de este impuesto, probablemente por ser el más importante de nuestro sistema tributario en cuanto es el que puede reflejar con más exactitud la capacidad económica al gravar la obtención de rentas o rendimientos que obtengan las personas físicas, resulta el mayor y mejor ejemplo de progresividad existente en nuestro ordenamiento tributario, y precisamente es el impuesto que supone que las personas físicas que reciban una renta mínima de inserción no tendrán que tributar por ella.

Habiendo realizado, por todo lo que hemos explicado hasta ahora, el análisis de los principios tributarios materiales con respecto a las exenciones anteriormente pormenorizadas resulta necesario analizar también un principio tributario formal, que es el principio de reserva de ley que se recoge expresamente en el artículo 31.3 de nuestra norma suprema, cuando este establece que "sólo podrán establecerse prestaciones personales o patrimoniales de carácter público con arreglo a la ley". Esta exigencia tiene un carácter en extremo garantista de nuestro sistema tributario, que otorga tanta importancia al tributo como otorga una imponente protección a los sujetos pasivos obligando a que se apruebe por una ley. Como resume hábilmente el catedrático López Espadafor:

> "La referencia al principio de legalidad en general y, obviamente, no circunscrito al ámbito tributario, la encontramos en el apartado 3 del artículo 9 de la Constitución, precepto en el que se hace referencia también a la seguridad jurídica. En realidad, el principio de legalidad y la reserva de ley en materia tributaria son un medio para la efectividad de la seguridad jurídica. No pudiéndose exigir un tributo cuyos elementos esenciales no hayan sido regulados previamente por la ley, el administrado-contribuyente ante sus actos o situación económica conocerá previamente las consecuencias tributarias que pueden derivarse de los mismos y, así, pudiendo saber la carga fiscal que se derivaría, decidir si quiere realizarlos o mantener su situación económica. No puede existir un tributo sin ley y no se puede exigir un tributo si no es conforme a la ley, consiguiéndose así la efectividad del principio de seguridad jurídica en materia tributaria". (López Espadafor, 2014: p. 11)

Por todo esto, hay que recalcar que la Constitución española no solamente determina que debe ser una ley la que establezca el tributo y regule los elementos esenciales del mismo, sino que, si esto no se cumpliese, no podría exigirse tal tributo en ningún caso. La duda razonable que queda por despejar sería saber cuáles son los elementos esenciales de un tributo que debe regular, ¿o tendrá que regular todos los elementos del tributo, sea cual sea su importancia?

El Tribunal Constitucional ha aclarado parcialmente esta plausible duda estableciendo una noción de reserva de ley relativa, esto es, todos los elementos del tributo que sean esenciales deben ser regulados por una ley[6]. Esto supone, en la práctica, que no es imprescindible que todos los elementos tributarios se regulen por ley, solo los elementos esenciales del tributo, mientras que los otros elementos del tributo podrían regularse legalmente por una

---

6 Véanse, en este sentido, las siguientes SSTC: núm. 179/1985, de 19 de diciembre; núm. 19/1987, de 17 de febrero; y núm. 233/1999, de 16 de diciembre.

norma con rango inferior a la ley. El sujeto pasivo, el hecho imponible, la base imponible, la base liquidable, el tipo de gravamen y la cuota tributaria son elementos fundamentales del tributo, pero ¿qué ocurre con las exenciones tributarias? ¿Son elementos esenciales también o no lo son?

El artículo 133.3 de la Constitución española resuelve este asunto, pero solo de manera parcial, al establecer de manera literal que "todo beneficio fiscal que afecte a los tributos del Estado deberá establecerse en virtud de ley". La exención, puede considerarse en estricta justicia como el mayor beneficio fiscal de un contribuyente como dijimos, pero el ámbito de aplicación de este significado en este artículo se despliega exclusivamente en el Estado. ¿Qué sucede entonces con las exenciones autonómicas? Para poder comprender esta cuestión en su conjunto, hay que retrotraerse y desplazarse a una cuestión más importante, que es la del poder financiero.

Es el mismo artículo de la Constitución española, pero en su apartado primero, el que señala que "la potestad originaria para establecer los tributos corresponde exclusivamente al Estado, mediante ley". En ese sentido la exención, en cuanto mayor beneficio fiscal, es una derivada de este, ya que se trata de la exención de un hecho imponible, que es uno de los elementos esenciales de la relación jurídico-tributaria. El apartado segundo del mismo artículo recoge, en referencia a los otros niveles administrativos territoriales españoles, que "las Comunidades Autónomas y las Corporaciones locales podrán establecer y exigir tributos, de acuerdo con la Constitución y las leyes".

Como vemos, parece que el poder financiero de las Comunidades Autónomas y de las Corporaciones locales sería derivado entonces, pero que no había duda de que existiese y que, por ende, pudiesen legislar tributos y demás. Por si hubiere alguna duda todavía al respecto, traigamos aquí las palabras del Tribunal Constitucional que, en STC de 2 de febrero de 1981, estableció que "la CE (arts. 1 y 2) establece la unidad de la nación española, traducida en una organización: el Estado. Los órganos centrales del Estado no ejercen todo el poder público, porque la CE prevé una distribución vertical de poderes (art. 137). Así, pues, la autonomía no es soberanía. No puede oponerse al principio de *unidad*". Unas palabras que convendría probablemente recordar en una situación de zozobra y exaltado debate sobre cambios en el poder político y financiero de algunas Comunidades Autónomas, al poner unos límites claros y contrapesos, y que resume muy bien la propia afirmación del nuestro Tribunal Constitucional: "la autonomía no es soberanía".

Una vez aclarada, pues, la potestad de legislar de las Comunidades Autónomas en materia financiera, en general, y en materia tributaria, en particular y, por consiguiente, establecer las exenciones tributarias que les permitan la Constitución y las leyes, es el artículo 8.d) de la Ley 58/2003, de 17 de diciembre, General Tributaria, el que aclara definitivamente esta importante cuestión cuando ordena la regulación por ley del "establecimiento, modificación, supresión y prórroga de las exenciones, reducciones, bonificaciones, deducciones y demás beneficios o incentivos fiscales".

En definitiva, las exenciones tributarias tendrán que ser siempre y en todo caso establecidas por una ley, ya sea esta estatal o autonómica. En el supuesto de las rentas mínimas de inserción autonómicas tantas veces referidas a lo largo de este texto, estas exenciones resultan compatibles con los principios tributarios materiales expuestos por el artículo 31.1 de la Constitución española, de un lado, y con el principio tributario formal contenido en el artículo 31.3 del mismo texto, por el otro.

4. CONSIDERACIONES FINALES: ¿QUÉ NOS DEPARARÁ EL FUTURO?

Después del estudio realizado parece claro que las exenciones tributarias no vulneran los principios tributarios establecidos en el artículo 31 de la Constitución española, sean las exenciones estatales o autonómicas. ¿Cómo se relacionan las exenciones y los principios tributarios con el controvertido modelo territorial español entonces? Los hechos indican que se trata de una relación que no es fácil y que, en no pocas ocasiones, resulta examinada por los tribunales de justicia, quizá por tener contornos que no son del todo precisos, si es que pudieran serlo, que tampoco está nada claro.

No es posible negar, por ejemplo, que el modelo territorial español, que es descentralizado como hemos explicado previamente, influye directamente en la Administración tributaria, pues existen muchos entes territoriales diferentes que exigen el pago de impuestos y otros tributos. A pesar de esto, como señala el inspector de Hacienda Torre Díaz (Torre Díaz, 2014: p. 174), "los principales impuestos tienen un control centralizado en manos de una única organización: la Agencia Tributaria. Esto tiene varias excepciones. En primer lugar, la más obvia son los sistemas forales de concierto y convenio con el País Vasco y Navarra. En el País Vasco, además, hay una administración fiscal distinta en cada «territorio histórico» (o provincia), lo cual crea problemas de coordinación, eficiencia y eficacia; si, como hemos explicado en otros capítulos, controlar la fiscalidad de una multinacional es complicadísimo para grandes Estados, hacerlo desde la Administración Tributaria de una provincia lo es aún más".

Además de las tensiones internas fiscales, inevitables en nuestro modelo territorial con la existencia de País Vasco y de Navarra con un régimen tributario envidiado por otras muchas de las Comunidades Autónomas, existen las tensiones internacionales, que giran alrededor del problema de muy difícil solución que tiene la tributación de la mayoría de las empresas multinacionales, como apunta Torre Díaz. Esto escapa a la capacidad legislativa doméstica, a la capacidad de un Estado, sea España o incluso otros más importantes, o de un conjunto de Estados como los que forman parte de la Unión Europea, así que debe quedar a expensas de lo que aprueben otros organismos internacionales como la OCDE, como ya señalamos en un extenso trabajo de reciente publicación (Carrión Morillo, 2023: p. 271).

"Dada la magnitud de la reforma, una verdadera transformación en ciernes, que debe realizarse en los sistemas tributarios de todos los Estados, parece que el marco en el que deben debatirse las propuestas para adaptar la fiscalidad a ese nuevo paradigma tributario y reformar los Convenios de Doble Imposición Internacional es el de la OCDE. Por eso, resulta muy aprovechable todo el trabajo que se está realizando en esta organización internacional a través de los ya célebres pilares 1 y 2, y será en él donde se debatirán y decidirán los siguientes cambios que deberán existir en la tributación internacional en el futuro".

Lo que queda claro, entonces, es que hay dos pulsiones casi contrarias, si nos referimos a sistemas legislativos: una, en al ámbito internacional, impulsada por la OCDE, que quiere regular estas nuevas situaciones producidas por los cambios tecnológicos de modo conjunto, eliminando leyes domésticas o nacionales; otra, como la que existe en España con la pujante legislación autonómica, que quiere, en lugar de reducir leyes, que cada vez existan más y más. Algo que en el ámbito tributario es notorio, y que está provocando que muchos ciudadanos y empresas cambien su domicilio, se muden y trasladen su negocio a otras Comunidades Autónomas con legislaciones más benignas.

Del mismo modo, en el panorama mundial, España apenas suma hoy en día, pareciendo que su futuro político y legislativo está unido a la Unión Europea que, a pesar de toda su decadencia, sigue siendo un importante actor internacional. Sin embargo, se trata de un futuro nada prometedor pues, como apuntó el eximio filósofo político Negro, "el europeísmo que sustituye el sentimiento natural de pertenencia a una suerte de comunidad política por un vago cosmopolitismo sin arraigo, en lugar de liberarlas del estatismo tecnocrático está destruyendo las naciones, mientras, aprovechando el desconcierto, las oligarquías campan por sus respetos, y mafias locales proclaman naciones y Estados donde nunca existieron, sin más justificación intelectual que la subjetivista metafísica sentimental imperante" (Negro, 2014: p. 38).

Ante esta actividad de las oligarquías, ¿qué ocurre con los ciudadanos de Europa, en particular, y de Occidente, en general? ¿La ciudadanía va a tomar las riendas de su destino? Una posibilidad harto remota si leemos la descripción de la situación que de nuestras democracias hace Redeker (2014: p. 94). Este filósofo francés califica a los regímenes contemporáneos de Occidente como de "democracias impolíticas" (que son una evolución de la conocida democracia de opinión o *doxocracia*), donde "el pueblo en este tipo de democracia, no se propone gobernar, apoderarse de las palancas tradicionales de la soberanía para ejercer el poder; solamente desea instalar lo privado en el lugar de la cosa pública". Esto significa que los ciudadanos no están preocupados por la justicia o por la libertad, sino por su salud o por su entretenimiento, instalando lo privado en lo público. Los ciudadanos del resto del mundo, con otros deseos, quizá puedan ser la solución para nuestros problemas futuros.

5. BIBLIOGRAFÍA

Calvo Ortega, R. (2000), "Principios tributarios constitucionales y sistema autonómico", en VV. AA., *El sistema de financiación territorial en los modelos de estado español y alemán, Instituto Nacional de Administración Pública (INAP),* Madrid: pp. 65-84.

Carrión Morillo, D. (2019), *Breviario de Derecho tributario y fiscalidad empresarial*, Demiurgo, Madrid.

—, (2021), "Aproximación a la fiscalidad del IMV y otras prestaciones no contributivas: Presente y futuro", en Villar Cañada, I.M./Vila Tierno, F. (dirs.), *Renta mínima y democracia sustantiva: de los "derechos de pobreza" a los de "ciudadanía social"*, Universidad de Jaén, Jaén: pp. 203-227.

—, (2022), "El impuesto sobre el patrimonio y las medidas fiscales patrimoniales de la ley 11/2021 de prevención y lucha contra el fraude fiscal", en López Espadafor, C.M. (dir.), *Tributación, economía, gestión y regulación de patrimonios,* Dykinson, Madrid: pp. 67-86.

García de Cortázar, F. (2003), *Los mitos de la Historia de España,* Planeta, Barcelona.

Herrero de Egaña Espinosa de los Monteros, J. M. (2008), "Devengo, exigibilidad y exenciones en la obligación tributaria", en: VV. AA., *Comentarios a la Ley General Tributaria,* Aranzadi, Navarra: pp. 16-32.

López Espadafor, C.M. (2014), "*Las facultades parlamentarias en España en el ámbito fiscal*", Derecho y Cambio Social, Año 11, n. 36: pp. 1-14.

—, (2017), "*El papel de la residencia, no residencia, nacionalidad y extranjería en la configuración de las actuales figuras tributarias*", Cuadernos de derecho transnacional, vol. 9, n. 1: pp. 236-264.

Martín Queralt, J.; Lozano Serrano, C.; Tejerizo López, J. M.; y Casado Ollero, G. (2020), *Curso de Derecho financiero y tributario,* 31ª edición, Tecnos, Madrid.

Menéndez Moreno, A. (2018), *Derecho Financiero y Tributario.* Parte general. Lecciones de Cátedra, 19ª edición, Civitas, Navarra.

Negro, D. (2002), *Gobierno y Estado,* Marcial Pons, Madrid.

—, (2014), "*El fin de la normalidad. ¿Un nuevo tiempo-eje?*" Anales de la Real Academia de Ciencias Morales y Políticas, n. 91, separata.

—, (2015), *La ley de hierro de la oligarquía,* Encuentro, Madrid.

Payne, S.G. (2016), *365 momentos clave de la historia de España,* Espasa, Barcelona.

Redeker, R. (2014), *Egobody. La fábrica del hombre nuevo, traducción de Emma Rodríguez Camacho,* Fondo de Cultura Económica, México.

Rocafort, G. (2020), *Historia total de la España Almogávar. De la orden del Temple al general Franco,* SND Editores, Madrid.

Simón Acosta, E. (2018), "Principios tributarios materiales (I)", en: Simón Acosta, E. A.; Vázquez del Rey Villanueva, A.; y Simón Yarza, M. E. (Coord.), *Lo esencial del Derecho Financiero y Tributario. Parte General,* 2ª edición, Aranzadi, Navarra.

Sieyès, E. J. (1985), *¿Qué es el Tercer Estado?, introducción, traducción y notas de Francisco Ayala,* Orbis, Barcelona.

Soler Belda, R.R. (2017), "*A vueltas con la progresividad. El principio de progresividad del artículo 31.1 de la Constitución en su evolución doctrinal y jurisprudencial*", Diario La Ley, n. 8911: pp.1-20.

Torre Díaz, F. de la (2014), *¿Hacienda somos todos? Impuestos y fraude en España,* Debate, Barcelona.

Voltes, P. (1984), *Historia inaudita de España,* Círculo de Lectores, Barcelona.

BLOQUE IV

EL DERECHO ANTE EL RETO MIGRATORIO Y LA CONSTRUCCIÓN DE IDENTIDADES NACIONALES

Capítulo 11

La articulación del espacio de libertad, seguridad y justicia y su concreción frente al reto migratorio

DR. ROGELIO PÉREZ BUSTAMANTE
Catedrático de Historia del Derecho
Universidad Nacional de Educación a Distancia (UNED)

DR. JULIO GUINEA BONILLO
Universidad Europea de Madrid (UEM)

1. INTRODUCCIÓN

El Espacio de Libertad Seguridad y Justicia nacería con el tratado de Ámsterdam en 1997, pero con carácter previo ya existía en el tratado de Maastricht un título específico referido a los asuntos de Justicia e Interior, con el objetivo de avanzar en pos de un espacio más amplio de integración que incluyese la política migratoria.

Es en el momento en el que se crea la Unión Europea cuando se deja atrás la centralidad economicista del proyecto y se apuesta por avanzar más allá de un simple mercado único, con trascendencia comercial. La libre circulación va a ser la nueva normalidad para todos los ciudadanos, pero con instrumentos paralelos que doten de especial protección a los movimientos que se realicen. Además, el espacio europeo no podía mantener una divergencia legislativa y reglamentaria entre los Estados miembros en ámbitos tan delicados como la migración, la lucha contra el terrorismo, el tráfico de drogas o armas y las redes de delincuencia organizada transnacional.

Por ello, fue con el Tratado de Maastricht cuando nacen dos pilares en Europa que apostará por una cooperación intergubernamental reforzada, donde los gobiernos trabajarían tanto en el Consejo como en el Consejo Europeo, abordando discusiones de interés común en materia de asilo, el cruce de las fronteras exteriores de la Unión, las cuestiones de inmigración y la política con respecto a los nacionales de terceros países y, al mismo tiempo, se lucharía contra la toxicomanía y el fraude internacional.

Justicia y Asuntos de Interior (JAI) va a ser ese tercer pilar en lo que se refiere a la cooperación judicial en materia civil y penal y reflejaba una incipiente cooperación policial y aduanera, pero con un verdadero inconveniente: el método, basado en su excesivo énfasis sobre el intergubernamentalismo, puesto que la institución comunitaria por excelencia, la Comisión Europea, quedaba en este ámbito relegada a ser una entidad asociada pero sin gozar del monopolio de la iniciativa legislativa como sí disponía de él en el primer pilar. Analizaremos en el presente capítulo su construcción, e impacto en el ámbito migratorio.

1.1. La Europa de la Justicia

En la declaración de 9 de mayo de 1950 se propuso la idea de crear un proyecto de integración entre los Estados europeos, cimentando los primeros ladrillos de una futura entidad federal europea. Para ello, se contaría con cuatro instituciones, una Alta Autoridad, un Consejo de Ministros, una Asamblea Común y un Tribunal de Justicia.

Robert Schuman propuso el Tribunal con objeto de que se garantizase la aplicación uniforme del Tratado del Carbón y del Acero y resolviera posibles conflictos entre los países miembros. Aunque no podemos evitar mencionar que Francia con la importante inestabilidad política con la que contó durante la IV República, tuvo verdaderas preocupaciones sobre la independencia del tribunal y la posibilidad de que pudiera interferir con su sistema jurídico nacional, pero fue su propio Ministro de Asuntos Exteriores quien lo estableció en la declaración fundacional como pieza clave del cuadro institucional (Domingo, 2017).

Otros Estados que no decidieron participar en aquellos momentos, como el Reino Unido, lo valoraban como un verdadero desafío a su soberanía nacional. Algunos de los países que sí formaron parte de la CECA tenían vínculos estrechos con el Reino Unido, como Bélgica y los Países Bajos, lo que podría haber influido en su opinión sobre el Tribunal de Justicia propuesto, pero lo vieron como una institución necesaria. Eran conscientes de que podría afectar a sus tribunales nacionales en su normal funcionamiento y a la propia integridad de su sistema jurídico. Por ello, se optó en la Conferencia Intergubernamental por insertar una serie de disposiciones en el Tratado de París que permitían a los Estados miembros presentar un recurso de revisión en su propio sistema jurídico nacional si consideraban que una decisión del Tribunal era contraria a sus intereses nacionales.

Este freno de emergencia ayudó a que los Estados asumieran la idea y con ello se conseguía, por primera vez en la historia, la articulación de un verdadero tribunal supranacional. La Europa de la justicia estaba a punto de nacer, sobre la base del artículo 23 del Tratado CECA, asegurando la interpretación y aplicación uniformes de las disposiciones del tratado mediante el tribunal con sede en Luxemburgo (Gillingham, 1999: pp. 297-302).

Desde sus inicios, el Tribunal comenzó a moldear Europa, desde las célebres Sentencias de "Monopolios", dictada el 26 de octubre de 1954, permitiendo a la Alta Autoridad tomar medidas para evitar la creación o el mantenimiento de monopolios en la industria del carbón y del acero. En línea con la de 1957, cuando el Tribunal de la CECA emitiría otra sentencia histórica que se refería a una disputa entre Francia y Alemania sobre la aplicación de las disposiciones del Tratado relativas a la producción de hierro y acero. En ella estableció el principio de que los Estados miembros tienen la responsabilidad de garantizar el cumplimiento de las cuotas asignadas a sus productores, lo que es una de las piedras angulares del sistema de cuotas y control de la producción de la CECA.

Un año después, 30 de enero de 1958, el Tribunal de Justicia de la CECA resolvió una controversia entre la empresa alemana Hoesch AG y la Alta Autoridad de la CECA, en relación con una decisión de esta última sobre la fijación de precios del acero. Hoesch argumentó que la decisión de la Alta Autoridad era contraria al Tratado de la CECA y solicitó al Tribunal de Justicia que anulara la decisión. El Tribunal no anuló la Decisión porque argumentó que la Alta Autoridad tenía la autoridad para fijar precios máximos para el acero y su decisión estaba dentro de su competencia, sin violar el Tratado de la CECA. El Tribunal también estableció que la Alta Autoridad no tenía la obligación de dar a conocer los detalles de su proceso de toma de decisiones, pero que debía proporcionar suficiente información a las empresas afectadas para que pudieran comprender la base de sus decisiones (Rivero, 1958: pp. 295-308).

Estos ejemplos manifiestan el primigenio espacio judicial europeo que se estaba creando y al que se sumaría en 1959, un Tribunal Europeo de Derechos Humanos, articulado por el Convenio Europeo de Derechos Humanos, con el objetivo de garantizar el respeto de los derechos humanos y las libertades fundamentales en los Estados miembros del Consejo de Europa. Este tribunal tiene jurisdicción para resolver casos individuales presentados por personas o grupos de personas que alegan violaciones de sus derechos humanos y libertades fundamentales, supuso una pieza clave en la articulación de una verdadera justicia supranacional europea y junto al Tribunal de Justicia de las Comunidades Europeas configuraría la Europa de la justicia como la conocemos hoy (Roca, 2012: pp. 183-224).

Durante la década de los años 50 del s. XX no se van a observar normas de libre circulación en materia de trabajadores puesto que la Comunidad Europea del Carbón y del Acero no se encargaba de esas cuestiones. El tratado de París de 1952 asumía entre sus objetivos la eliminación de las barreras comerciales y el control de las producciones, pero no sería hasta 1957, con la firma del Tratado de Roma que se creó la Comunidad Económica Europea (CEE), que se introdujeron las primeras normas de carácter migratorio, para la libre circulación de trabajadores. El Artículo 48 del Tratado de Roma establecía que "la libre circulación de trabajadores estará garantizada dentro de la Comunidad" (Tamames, 1965).

En la primera década de la construcción europea se adoptarían los dos primeros instrumentos para la libre circulación de personas, de 1960 se adoptó el reglamento no 38/64/CEE del Consejo, de 25 de marzo de 1964, relativo a la libre circulación de los trabajadores dentro de la Comunidad, establecía un marco jurídico para la eliminación de obstáculos a la libre circulación de trabajadores dentro de la Comunidad Europea y posteriormente el Reglamento n.º 1612/68 de 1968, que establecía la libre circulación de trabajadores dentro de la Comunidad, complementando y mejorando el reglamento de 1964, ampliando el ámbito de aplicación de la libre circulación de los trabajadores y estableciendo un mayor número de derechos y garantías para los trabajadores migrantes, prohibiendo la discriminación por razones de nacionalidad en la contratación, condiciones de trabajo y otros aspectos relacionados con el empleo de trabajadores de otros Estados miembros. Además, garantizaba el derecho de los trabajadores a permanecer en el territorio de otro Estado miembro después de haber trabajado allí durante un período determinado.

Estas normas resultaron esenciales para regular la libre circulación de trabajadores en los inicios de la construcción europea, tratando de encauzar la migración intra europea, paralelamente con la adopción, por parte de las instituciones comunitarias, de normas fundamentales que regularon la migración de nacionales procedentes de terceros Estados con destino al Mercado Común. En 1961, la Comisión de la CEE propuso una Directiva sobre la política de inmigración, que fue adoptada en 1962 como la Directiva 64/221/CEE del Consejo[1]. Esta directiva estableció las condi-

[1] Directiva 64/221/CEE del Consejo, de 25 de febrero de 1964, relativa a la coordinación de las condiciones de admisión y de residencia de los nacionales de los Estados miembros en los Estados miembros.

ciones y procedimientos para la admisión y residencia de trabajadores migrantes de países no pertenecientes a las Comunidades Europeas, así como la igualdad de trato en materia de empleo y condiciones laborales.

Entre 1960 y 1969 se vivieron momentos de verdadera tensión en la construcción europea porque el protagonismo ejercido por Francia, bajo el liderazgo del general Charles de Gaulle ocasionó importantes momentos de fractura, cómo la crisis de la silla vacía en 1965 que se cerraría con el compromiso de Luxemburgo, traicionando el espíritu de los Tratados de Roma y abogando por la unanimidad en la asunción de decisiones y un giro intergubernamentalista, tal y como el presidente de la República francesa deseaba desde los fallidos planes Fouchet (Soutou, 2009: pp. 3-17).

Estas circunstancias condujeron a un fuerte choque entre dos liderazgos y visiones estratégicas de construir Europa diametralmente contrarias. Por un lado, la figura de Charles de Gaulle, que desde la presidencia de Francia desde 1959 hasta 1969, tuvo una actitud crítica y desconfiada hacia la integración europea, especialmente en lo que se refiere a la supranacionalidad y la influencia de la Comisión Europea sobre los Estados miembros.

Por otro lado, desde el ámbito comunitario, nos encontraremos con la excepcional figura de Walter Hallstein, el primer presidente de la Comisión de la Comunidad Económica Europea, desde 1958 hasta 1967 (Loth, et al., 1998). Durante su mandato, se trabajó en la profundización del mercado común y se establecieron las bases para la Política Agrícola Común. También se inició el proceso de ampliación de la Comunidad con la adhesión del Reino Unido, Dinamarca e Irlanda en 1973. Con tenacidad suficiente, para proponer una política común de inmigración en 1965, que buscaba coordinar las políticas nacionales de inmigración de los Estados miembros y establecer un marco común para la admisión de trabajadores inmigrantes y elevar en 1967 una propuesta de un régimen común para la admisión de estudiantes extranjeros, que buscaba facilitar el acceso de los estudiantes extranjeros a las universidades y otros centros de educación superior de la Comunidad.

Aunque el Consejo y la Comisión parecían no entenderse en aquellos años, fueron singularmente importantes para la reafirmación del papel del Tribunal de Justicia de las Comunidades Europeas. Se sentaron las bases de los grandes principios del derecho europeo con sentencias históricas como Van Gend & Loos de 5 de febrero de 1963, asunto C-26/62 (Rasmussen, 2014: pp. 136-163), por la que se estableció el principio de que la Comunidad Europea es una organización jurídica autónoma y que los Estados miembros han transferido parte de su soberanía a la Comunidad Europea, lo que implica que el derecho comunitario tiene prioridad sobre el derecho nacional de los Estados miembros[2].

En segundo lugar, la sentencia Costa/ENEL (Arena, (2021: pp. 897-931), asunto C-6/64, de 15 de julio de 1964 estableció el principio de que las normas del derecho comunitario no sólo tienen prioridad sobre el derecho nacional de los Estados miembros, sino que los Estados miembros también tienen la obligación de garantizar la aplicación efectiva del derecho comunitario[3]. Mientras que la sentencia Defrenne, asunto C-43/75, de 8 de abril de 1969, estableció el principio de igualdad de remuneración entre hombres y mujeres para un mismo trabajo[4].

---

2 Van Gend en Loos, una empresa de transporte holandesa, impugnó un arancel de importación introducido por el gobierno holandés. El Tribunal de Justicia falló a favor de Van Gend en Loos, argumentando que la Comunidad Europea tenía poderes legislativos y que los particulares podían invocar el derecho comunitario en los tribunales nacionales.

3 En este caso, el gobierno italiano había nacionalizado la empresa eléctrica ENEL y Costa, un ciudadano italiano, impugnó la nacionalización en los tribunales italianos. El Tribunal de Justicia falló a favor de Costa, argumentando que la nacionalización era contraria al derecho comunitario y que los tribunales nacionales tenían la obligación de aplicar el derecho comunitario.

4 En este caso, una azafata belga, Nicole Defrenne, impugnó la diferencia salarial entre hombres y mujeres en su empresa de aviación. El Tribunal

Sentencias que fueron posibles porque juristas como Robert Lecourt estuvieron al frente de las instituciones judiciales. De hecho, Lecourt fue miembro del Tribunal de Justicia desde 1962 y como presidente del Tribunal de 1967 a 1976, cuando lo abandonó. Durante su mandato, desempeñó un papel crucial en el desarrollo del derecho comunitario y en la consolidación del papel del Tribunal como intérprete último del derecho europeo, presidiendo el Tribunal en varios casos importantes, incluyendo la Sentencia Costa/ENEL de 1964 (Phelan, 2017: pp. 935-957).

Este personaje extraordinario fue defensor de la Europa de la justicia. Creía que el Tribunal tenía un papel esencial que desempeñar en la creación de un sistema legal europeo unificado y en la protección de los derechos fundamentales de los ciudadanos comunitarios. Por ello, Lecourt fue un firme partidario de la expansión de la competencia jurisdiccional, para incluir áreas como la política social, la igualdad de género y la protección de los derechos de los trabajadores. También abogó por la creación de un sistema de recursos para que los ciudadanos de las Comunidades Europeas pudieran impugnar las decisiones de las instituciones europeas y por la creación de una Fiscalía Europea, para investigar y enjuiciar los delitos transnacionales a nivel europeo. Algunos de ellos tardarían décadas en materializarse.

De manera que, el asunto Internationale Handelsgesellschaft de 1970, en el que se estableció el principio de la efectividad del derecho comunitario, según el cual los Estados miembros no podían adoptar medidas que obstaculizaran la aplicación efectiva del derecho comunitario; o el caso Van Duyn de1974, en el que se estableció el principio de que los ciudadanos comunitarios tienen el derecho a moverse y residir libremente dentro de las Comunidades y que este derecho puede ser invocado ante los tribunales

de Justicia falló a favor de Defrenne, argumentando que la igualdad de remuneración entre hombres y mujeres era un principio fundamental del derecho comunitario y que los Estados miembros debían garantizar su aplicación en sus respectivos territorios.

nacionales; fueron el paradigmáticos sobre su empeño por articular una Europa de la justicia.

Jurisprudencia que coincide con un espíritu renovado por parte de los líderes europeos de avanzar en la integración europea. Así lo habían transmitido en la Cumbre de la Haya de 1 y 2 de diciembre de 1969, como encuentro al más alto nivel clave en el desarrollo de la política migratoria de las Comunidades Europeas, porque estableció un marco para la cooperación y proporcionó un impulso político para la acción. Además, la Cumbre tuvo lugar en cuando había un creciente reconocimiento de que los problemas migratorios eran un asunto europeo y que requerían una respuesta coordinada a nivel comunitario.

La crisis del petróleo de 1973 motivó la necesidad de establecer políticas de inmigración y empleo más coordinadas (Akins, 1973: pp. 462-490). Por ello, fue un año clave para adoptarse la Directiva 73/148/CEE del Consejo de 21 de mayo de 1973[5], que estableció el derecho de libre circulación y residencia para los ciudadanos de las Comunidades en el territorio de los demás Estados miembros, consolidando y ampliando las normas anteriores sobre la libre circulación de trabajadores. Mientras que, al año siguiente, se adoptaría la Directiva 74/148/CEE del Consejo[6], que estableció el derecho a la reunificación familiar para los trabajadores migrantes de países no pertenecientes a las Comunidades Europeas que residían legalmente en uno de los Estados miembros. Además, se observaba con creciente preocupación el racismo y la discriminación en Europa y consecuentemente se adoptaron medidas para combatir la discriminación racial y promover la igual-

---

5 Relativa a la supresión de las restricciones al desplazamiento y a la estancia, dentro de la Comunidad, de los nacionales de los Estados Miembros en materia de establecimiento y de prestación de servicios.

6 Directiva 74/148/CEE del Consejo, de 4 de marzo de 1974, relativa al derecho de los ciudadanos de la Unión Europea y de los miembros de sus familias a circular y residir libremente en el territorio de los Estados miembros.

dad de trato para los trabajadores migrantes y sus familias en los países de la Comunidad[7].

La década de los años 70 fue testigo de la ampliación de la Comunidad Económica Europea, porque en 1973, se ampliaría el número de miembros con la incorporación de Dinamarca, Irlanda y el Reino Unido. La llegada de estos nuevos miembros a la Comunidad generó la necesidad de establecer políticas comunes en diversas áreas, incluyendo la inmigración. Al mismo tiempo que se produjo un aumento de la migración de países mediterráneos, con trabajadores procedentes de países como Turquía, Marruecos, Argelia y Túnez. Este aumento de migrantes y, paralelamente, de refugiados y solicitantes de asilo a los países de la Comunidad provocaría el alineamiento de los líderes europeos alrededor de una necesidad: se debía articular una política de asilo común en la Comunidad y se contribuyó a establecer políticas comunes en materia de inmigración.

---

7 Prueba de ello, sería la adopción de varias directivas, entre otras: la Directiva 73/148/CEE del Consejo, de 21 de mayo de 1973, relativa a la abolición de las restricciones a la libre circulación y residencia de los nacionales de los Estados miembros en el territorio de los demás Estados miembros. La Directiva 75/34/CEE del Consejo, de 17 de diciembre de 1974, relativa a la aplicación del principio de igualdad de trato entre hombres y mujeres en el acceso al empleo, la formación y la promoción profesionales, y a las condiciones de trabajo. La Directiva 75/117/CEE del Consejo, de 10 de febrero de 1975, sobre la aproximación de las legislaciones de los Estados miembros en materia de aplicación del principio de igualdad de retribución entre trabajadores y trabajadoras. La Directiva 76/207/CEE del Consejo, de 9 de febrero de 1976, relativa a la aplicación del principio de igualdad de trato entre hombres y mujeres en lo que se refiere al acceso al empleo, a la formación y a la promoción profesionales, y a las condiciones de trabajo. O bien, la Directiva 77/486/CEE del Consejo, de 25 de julio de 1977, relativa a la aproximación de las legislaciones de los Estados miembros sobre la protección de las personas en lo que respecta al tratamiento automatizado de datos de carácter personal.

Fueron años marcado por el liderazgo de personalidades como Willy Brandt, quien como canciller de la República Federal de Alemania desde 1969 hasta 1974 y presidente del Partido Socialdemócrata Alemán (SPD) desde 1964 hasta 1987, destacó por su compromiso con la política de acogida y el derecho al asilo, impulsando una legislación más abierta en la materia (Apel, et al., 1986). También promovió una política de cooperación europea en materia de migración y asilo. Fue seguido por Helmut Schmidt, desde 1974 hasta 1982, en cuyo mandato se ocupó de establecer una política europea común de migración y asilo, favoreciendo la cooperación entre los Estados miembros para la adopción de medidas conjuntas en la materia.

Por su parte, Francia con Valéry Giscard d'Estaing, como presidente de la República tras Pompidou, ocuparía el cargo desde 1974 hasta 1981. Durante su mandato, se preocupó por establecer una política migratoria común europea, promoviendo la colaboración entre los Estados miembros en la materia y la creación de una estructura de coordinación europea. Personaje clave que se suma a la figura de Leo Tindemans, no solo por su protagonismo en el Informe Tindemans (Pérez-Bustamante, 1999), sino que como primer ministro de Bélgica desde 1974 hasta 1978 y presidente del Consejo Europeo desde 1975 hasta 1976, quien se preocupó por impulsar una política europea común de migración y asilo, a través de la promoción de una cooperación estrecha entre los Estados miembros en la materia y la creación de una estructura de coordinación europea y esbozó las líneas generales sobre las que cabría articular una Unión Europea sólida en el futuro.

El Informe que lleva su nombre propuso el uso del "Fondo Social Europeo" con objetivo promover la igualdad de oportunidades, la movilidad laboral en Europa o la lucha contra el paro y los desequilibrios. Además, el informe enfatiza la importancia de la cooperación en el ámbito de la política exterior, la seguridad y la defensa para garantizar la estabilidad y la prosperidad en Europa.

El Informe Tindemans es coincidente en esa década con unos británicos poco apetentes por promocionar las políticas migratorias europeas. No tuvieron un papel relevante, debido a que se mantuvieron al margen del proceso de integración europea en cuanto a la libre circulación de personas. Aunque Gran Bretaña se unió a la Comunidad Europea en 1973, no aceptó la libre circulación de personas en ese momento y años más tarde negoció una excepción a mantenerse en el Espacio Schengen, que mantuvo hasta su salida de la Unión Europea en 2020.

Por su parte, la Comisión Europea tendría durante la década de los 70 tres presidentes diferentes. Franco Maria Malfatti, presidente de la Comisión Europea desde 1970 hasta 1972, apoyó la creación de un sistema común de asilo y una política migratoria coordinada (Malfatti, 1972). Además, en 1971, la Comisión Europea emitió una recomendación para la igualdad de trato de los trabajadores extranjeros. Por otro lado, estuvo Sicco Mansholt, presidente de la Comisión Europea desde 1972 hasta 1973, centrando su mandato en la política agrícola común y la integración europea, aunque también apoyó una mayor cooperación en materia de migración y asilo (Mansholt, 1974: pp. 105-106).

En tercer lugar, estuvo Roy Jenkins, presidente de la Comisión Europea desde 1977 hasta 1981, como uno de los líderes más comprometidos en la lucha contra la discriminación racial y la promoción de la igualdad de trato para los trabajadores migrantes y sus familias (Jenkins, 2011). Durante su mandato, la Comisión emitió una recomendación para la igualdad de trato de los trabajadores extranjeros y sus familiares en el ámbito laboral y social, y se adoptaron diversas medidas para combatir la discriminación racial. Además, Jenkins fue uno de los impulsores de la Directiva de 1979 sobre la igualdad de trato en el empleo y la ocupación.

En esa línea, el Parlamento Europeo tuvo un papel importante en la promoción de la política migratoria en la Unión Europea en la década de los 70 (Jacobs y Corbett, 2019). A través de sus poderes consultivos, el Parlamento emitió una serie de informes y recomendaciones que ayudaron a dar forma a la política migratoria europea. Jean-Marie Lefebvre fue presidente de la Comisión de Asuntos Sociales y Empleo del Parlamento Europeo entre 1973 y 1977. Durante su mandato, Lefebvre defendió la necesidad de una política migratoria europea que garantizara la igualdad de trato y los derechos de los trabajadores migrantes. Otra personalidad relevante a destacar fue Marie-Claude Vaillant-Couturier, miembro del Parlamento Europeo entre 1959 y 1979 y durante su carrera política se destacó por su compromiso con los derechos humanos y la lucha contra la discriminación racial, defendiendo en aquella década la necesidad de una política migratoria europea que promoviera la igualdad de trato y la integración de los trabajadores migrantes.

En efecto, el Parlamento Europeo se posicionó claramente en favor del avance en la política migratoria en aquella década, puesto que ya en 1976 emitió un informe en el que se pedía una política europea común sobre los trabajadores migrantes. El informe destacó la necesidad de establecer una política de inmigración que garantizara la igualdad de trato y oportunidades para los trabajadores migrantes y sus familias. Además, instó a la Comisión y al Consejo a tomar medidas para combatir la discriminación racial y la xenofobia. Al año siguiente, el Parlamento Europeo emitiría otro informe en el que se pedía una mayor coordinación entre los Estados miembros en la lucha contra la inmigración ilegal y el tráfico de personas, e hizo hincapié en la necesidad de garantizar la protección de los derechos humanos de los trabajadores migrantes y sus familias.

A finales de esa década, veremos a personajes como Herman Schmid, eurodiputado del Partido Comunista de Alemania entre 1979 y 1989, en cuyo mandato abogó por una política migratoria europea que garantizara los derechos de los trabajadores migrantes y luchó contra la discriminación racial y la xenofobia. Al igual que Richard Balfe, quien sería eurodiputado británico del Partido Conservador entre 1979 y 1994 y destacó por su compromiso con los derechos de los trabajadores migrantes y su apoyo a una política migratoria europea que promoviera la igualdad de trato.

Con un empoderado Parlamento Europeo comenzamos la década de los 80, con una situación económica compleja, caracterizada por la crisis y el desempleo, lo que generó tensiones y preocupaciones en cuanto al impacto de la inmigración en los mercados laborales nacionales. Debemos destacar singularmente la figura de Simone Veil, la primera mujer en presidir el Parlamento Europeo, tras resultar elegida por sufragio universal en las primeras elecciones a la cámara. Estuvo al frente de la institución entre 1979 y 1982 y en cuyo mandato promovió una política migratoria europea que garantizara los derechos de los trabajadores migrantes y luchó contra la discriminación racial y la xenofobia.

Esos primeros años de su mandato se les conoce como la crisis de los años 80, porque hubo un conjunto de crisis relacionadas con los precios del petróleo desde 1979, cuando se produjo la Revolución iraní, provocando una disminución significativa en la oferta mundial de petróleo, al que se sumó, posteriormente, la guerra entre Irán e Irak en 1980, reduciendo aún más la producción de petróleo. Como resultado, los precios del petróleo se dispararon en todo el mundo y ello provocaría una grave crisis económica en muchos países europeos, incluyendo una alta inflación, una disminución del crecimiento económico y un aumento del desempleo. La crisis también afectó a la política migratoria de las Comunidades Europeas ya que muchos países europeos empezaron a preocuparse por la llegada de inmigrantes y refugiados y temían que pudieran aumentar el desempleo y la inestabilidad social.

Por un lado, el aumento del desempleo condujo a una reducción de la demanda de trabajadores migrantes, lo que provocó que algunos Estados miembros intentaran limitar la inmigración y restringir los derechos de los trabajadores migrantes ya establecidos. Por otro lado, la necesidad de mano de obra en algunos sectores y regiones llevó a la demanda de trabajadores migrantes, lo que provocó tensiones y conflictos entre los Estados miembros.

Además, en 1981 se produjo una recesión económica global que afectó a las economías europeas, ocasionando graves consecuencias políticas en las Comunidades Europeas. Los Estados miembros de la Comunidad Europea comenzaron a competir entre sí para atraer inversiones extranjeras y mejorar sus economías nacionales, lo que llevó a la adopción de políticas económicas más liberales y menos reguladoras. También hubo un aumento del proteccionismo y del nacionalismo económico, con la imposición de barreras comerciales y la protección de los mercados internos.

Ese creciente descontento y desencanto con los partidos políticos tradicionales y con el sistema económico y social establecido llevó a un surgimiento de movimientos políticos y sociales alternativos, y algunos líderes políticos aprovecharon este descontento para capitalizarlo políticamente. Uno de los líderes más destacados fue Margaret Thatcher, quien se convirtió en la primera ministra del Reino Unido en 1979 y lideró una revolución conservadora en el país, enfocada en la liberalización económica y la reducción del papel del Estado (Thatcher, 2012). En otros países europeos, se dieron movimientos políticos de corte similar, como el Partido Liberal de Alemania.

Sin embargo, también surgieron movimientos políticos de izquierda y socialistas que criticaban el sistema neoliberal y defendían la protección del Estado del bienestar y los derechos sociales. En España, el partido socialista liderado por Felipe González llegó al poder en 1982 y promovió políticas de protección social y modernización económica (Bonillo, 2018: p. 3), mientras que, en Francia, el socialista François Mitterrand fue elegido presidente en 1981 y promovió políticas económicas y sociales de corte progresista, con un programa de nacionalización y protección del mercado (Haywood, 1993: p. 269).

1.2. El Nacimiento de la libre circulación en Europa: la Zona Schengen

Bajo el gobierno francés y alemán de entonces, se propuso apostar decididamente por el concepto de libre circulación, elevando la cuestión al Consejo Europeo de Fontainebleau, el 17 de junio de 1984 (Van Outrive, 2001: pp. 43-61). El sentir general fue positivo porque los lideres aprobaron definir las condiciones necesarias para la libre circulación de los ciudadanos. A continuación, vino la fase preparatoria del acuerdo puesto que en ese mismo año cinco países europeos, de los diez miembros que componían entonces las Comunidades Europeas, Francia, Alemania, Bélgica, Luxemburgo y los Países Bajos, se reunieron en la pequeña ciudad luxemburguesa de Schengen para discutir la posibilidad de abolir los controles fronterizos. Esto fue seguido por una serie de reuniones técnicas y políticas entre los países participantes para preparar la base del acuerdo.

Durante las negociaciones del Acuerdo de Schengen, la Comisión Europea desempeñó un papel importante como observador y consultor. La Comisión no tuvo poder de decisión en la negociación del acuerdo, pero fue consultada y emitió recomendaciones y opiniones sobre los aspectos técnicos y jurídicos del acuerdo.

La firma del acuerdo se produjo por cinco extraordinarias personalidades[8]: Catherine Lalumière de Francia, Waldemar Schreckenberger de Alemania, Paul De Keersmaeker de Bélgica, Robert Goebbels de Luxemburgo y Wim van Eekelen de Países Bajos. El Reino Unido, por su parte, tenía una posición especial en las Comunidades Europeas debido a su pertenencia a la Commonwealth y sus vínculos históricos con los Estados Unidos, con un sistema

---

8 Catherine Lalumière es una política francesa que ocupó varios cargos en el gobierno francés y en la Unión Europea, incluyendo el de Ministra Delegada de Asuntos Europeos y el de Secretaria General del Consejo de Europa. Waldemar Schreckenberger fue un político alemán y miembro de la Unión Demócrata Cristiana (CDU). Fue Secretario de Estado en el Ministerio del Interior de Alemania y desempeñó un papel importante en las negociaciones del Acuerdo de Schengen. Paul De Keersmaeker fue un político belga que fue miembro del Parlamento Europeo y Viceprimer Ministro y Ministro de Asuntos Exteriores de Bélgica. Robert Goebbels es un político luxemburgués que ha ocupado varios cargos en el gobierno de Luxemburgo y en la Unión Europea, incluyendo el de Ministro de Finanzas y el de Vicepresidente del Parlamento Europeo. Wim van Eekelen es un político holandés que fue Secretario de Estado de Asuntos Exteriores y de Defensa de los Países Bajos y desempeñó un papel importante en las negociaciones del Acuerdo de Schengen.

de controles fronterizos en vigor el CTA junto a Irlanda y no estaba dispuesto a renunciar a él. De hecho, ambos países mantenían un temor a la inmigración masiva y a la pérdida de control sobre sus fronteras, así como las preocupaciones de seguridad debido a la actividad terrorista en el pasado, por lo que prefirieron no sumarse a esa nueva zona Schengen.

Grecia e Italia no firmaron en ese momento porque estaban más preocupados por la inmigración irregular que por la eliminación de las fronteras internas. Los otros dos países que no firmaron el acuerdo Schengen fueron Irlanda y Dinamarca. Irlanda argumentó que la eliminación de los controles fronterizos podría dañar su economía y su seguridad, mientras que Dinamarca se opuso por motivos políticos internos. Los otros dos Estados candidatos a la adhesión a las Comunidades como España y Portugal no participaron en las negociaciones. España y Portugal aún estaban en plena transición democrática después de años de dictadura y consideraron que la eliminación de los controles fronterizos podría permitir la entrada de terroristas y criminales (González, 2004: pp. 139-149).

Además, después de la firma del Acuerdo de Schengen en 1985, comenzaron las negociaciones formales para implementar el acuerdo, llevándose a cabo en una serie de reuniones entre los ministros de justicia e interior de los países participantes en los años 1985 a 1990. Durante estas reuniones, se discutieron los detalles del acuerdo, como las condiciones para la abolición de los controles fronterizos y la cooperación en áreas como la seguridad, la inmigración y el asilo.

El 19 de junio de 1990 se firmaba el Convenio para la aplicación concreta del Acuerdo de Schengen, abarcando las cuestiones sobre la abolición de los controles en las fronteras interiores, la definición de procedimientos para la emisión de un visado uniforme, el funcionamiento de una base de datos única para todos los miembros conocida como SIS-Sistema de Información de Schengen, así como el establecimiento de una estructura de cooperación entre funcionarios de interior e inmigración.

En esos años, la Comisión tuvo un papel importante en la transposición de las disposiciones del acuerdo en la legislación comunitaria. En 1990, la Comisión presentó una propuesta de Directiva sobre la libre circulación de personas que se basaba en el Acuerdo de Schengen y que se convertiría en la base jurídica de la eliminación de los controles fronterizos en la UE. La Directiva fue aprobada en 1995 como parte del Acervo de Schengen y su entrada en vigor se pospuso hasta después de que los países participantes hubieran cumplido con las condiciones necesarias para la abolición de los controles fronterizos y establecido los mecanismos de cooperación necesarios para garantizar la seguridad de la zona Schengen.

Esta demora de diez años en su aplicación se debió a la necesidad de desarrollar las herramientas y tecnologías necesarias para garantizar la seguridad de las fronteras exteriores del espacio Schengen. Además, también hubo preocupaciones sobre cómo se implementaría el acuerdo en la práctica y sobre cómo se abordarían las posibles consecuencias no deseadas, como el aumento de la delincuencia transfronteriza. Singularmente resulta esencial en la historia de la integración jurídica europea y en la construcción de una política migratoria, puesto el espacio Schengen se convirtió en un área de libre circulación de personas, en la que no se realizan controles de pasaportes en las fronteras internas.

Esto significó que los ciudadanos de la UE podían vivir, trabajar y estudiar en cualquier país del espacio Schengen sin restricciones, lo que facilitó la movilidad y la integración en el mercado laboral de la Unión. Además, la eliminación de los controles fronterizos internos permitió una mayor cooperación entre las autoridades de los países miembros para combatir la delincuencia transfronteriza y el terrorismo. A este espacio se sumaba el 27 de noviembre de 1990 Italia, el 25 de junio de 1991, Portugal y España y el 6 de noviembre de 1992 Grecia.

De esta manera se estableció un marco común para la gestión de las fronteras exteriores de la UE y la regulación de la entrada de terceros países. Se establecieron normas y procedimientos comunes para la expedición de visas y permisos de residencia, así como para el control de los movimientos migratorios. Además, el acuerdo permitió la cooperación entre los servicios de control de fronteras y los servicios de inmigración de los países miembros, lo que mejoró la eficacia en la lucha contra la inmigración ilegal (Zaiotti, 2011).

La implementación real del Área Schengen finalmente comenzó el 26 de marzo de 1995, donde siete países miembros de Schengen: Francia, Alemania, Bélgica, Luxemburgo, Países Bajos, Portugal y España decidieron abolir sus controles en las fronteras interiores. El 28 de abril de 1995, Austria, el 19 de diciembre de 1996, Dinamarca, Finlandia, Islandia, Noruega y Suecia fueron los cinco nuevos países que se unieron. Por otro lado, liderados por una muestra de los siete países mencionados, en octubre Italia y en diciembre de 1997 Austria suprimieron sus controles fronterizos internos. Las siguientes adhesiones se produjeron en enero de 2000 con Grecia y marzo de 2001 con Dinamarca, Finlandia, Suecia, Islandia, Noruega, mientras que el 16 de abril de 2003 lo hicieron República Checa, Estonia, Hungría, Letonia, Lituania, Malta, Polonia, Eslovaquia y Eslovenia y en octubre de 2004, Suiza. En diciembre de 2011, después de tres años de la firma del Acuerdo de Schengen, Liechtenstein declaró la supresión de los controles en las fronteras interiores y en enero de 2023, Croacia se convirtió en el último miembro en unirse al Acuerdo de Schengen.

2. LA EUROPA DEL SISTEMA MIGRATORIO DE DUBLÍN

Paralelamente al proceso Schengen, y la abolición de las fronteras interiores, los Estados miembros asumieron una integración económica más amplia y decidieron adoptar el Acta Única Europea en 1986, que estableció la libre circulación de personas, servicios, bienes y capitales como uno de los cuatro pilares fundamentales del mercado único europeo. Esto significó una mayor armonización y liberalización de las políticas migratorias en los Estados miembros (Corella, 2016: pp. 149-166).

El Acta Única Europea fue un Tratado de reforma de los Tratados constitutivos, pero se le llamó "Acta" porque su objetivo principal era modificar y actualizar los tratados anteriores, como los Tratados de Roma y el Tratado de París, para crear un mercado único europeo. Además, en ese momento, había cierta resistencia en algunos países miembros a firmar un tratado que fuera percibido como un paso hacia una mayor integración europea, por lo que se eligió el término "Acta" para presentarlo de una manera más aceptable para los ciudadanos y los gobiernos de los países miembros.

La cuestión de la migración en aquel momento no era considerada una cuestión económica, sino más bien una cuestión política. La libre circulación de personas y el control de las fronteras internas no fueron incluidos en el Acta Única Europea, pues se centraría en la concreción del mercado único y la cooperación política europea, así como también cuestiones no económicas como la protección del medio ambiente y la salud pública, mientras que la política migratoria, se mantenía en gran medida como una competencia nacional.

Los acontecimientos que se sucedieron a finales de los 80, como la caída del Muro de Berlín, el 9 de noviembre de 1989, y la posterior reunificación alemana aumentaron las preocupaciones de seguridad del país, lo que llevó a Alemania a promover, en el seno del Consejo Europeo, un Convenio internacional, para abordar el tema de las normas de asilo y refugio (Lluch, 2001: pp. 141-146).

El Consejo Europeo de Estrasburgo de diciembre de 1989 subrayaría "*la importancia que a este respecto reviste la progresiva supresión de los tramites en las fronteras interiores de la Comunidad que dificultan la libre circulación de las personas y simbolizan la división, lo que supone que se adopten paralelamente medidas eficaces para luchar contra el terrorismo, la toxicomanía y el crimen organizado. La supresión progresiva de los tramites fronterizos no afectara al derecho de los Estados miembros de adoptar aquellas medidas que estimen necesarias en materia de control de la inmigración procedente de terceros países, así como con respecto a la lucha contra el terrorismo, la criminalidad, el tráfico de drogas y el tráfico de obras de arte y antigüedades. El Consejo Europeo solicita a la Comisión que estudie, habida cuenta de las competencias nacionales y comunitarias, medidas adecuadas con objeto de establecer controles eficaces en las fronteras exteriores de la Comunidad*".

De esta forma, los líderes europeos expresarían su deseo de que se elaborase "*un inventario de las posturas nacionales en materia de inmigraci6n con vistas a preparar un debate de este problema en el Consejo (Asuntos Generales). A la vista de dicho debate el Consejo Europeo invita a los organismos competentes a que celebren, a la mayor brevedad y a más tardar antes de que finalice el año 1990, los Convenios que están en estudio sobre el derecho de asilo, así como sobre el cruce de las fronteras exteriores de la Comunidad y sobre los visados. En este contexto, se efectuará un inventario de las políticas nacionales en materia de asilo con vistas a buscar la armonización.*"

Eso supuso un notable impulso en favor de la creación de una normativa internacional migratoria comunitaria, sobre la base de un Convenio entre los Estados miembros, que se ajustase a la Convención de Ginebra sobre el Estatuto de los Refugiados de 28 de julio de 1951 y a su Protocolo de 31 de enero de 1967, lo que derivó en la plasmación del Convenio de Dublín de 15 de junio 1990. El Tratado supuso por primera vez el establecimiento de un mecanismo para determinar qué Estado miembro de las Comunidades Europeas sería responsable del examen de la solicitud de asilo presentada por un extranjero que buscara protección internacional en algún país miembro. Se estableció un sistema de "*primer país de entrada*" que obligaba a que el Estado miembro en el que un solicitante de asilo entraba por primera vez en la UE a ser el responsable de tramitar su solicitud de asilo. Si el solicitante de asilo se movía a otro Estado miembro, ese país podía enviarlo de regreso al primer Estado miembro para que procesara la solicitud.

El Convenio también estableció un sistema de intercambio de información entre los Estados miembros para ayudar a la implementación del sistema de primer país de entrada y para ello se comprometieron a proporcionar información regularmente sobre los solicitantes de asilo y los permisos de residencia expedidos. Sin embargo, algunas disposiciones fueron controvertidas. Una de las más polémicas era el principio de "país seguro" que permitía a los Estados miembros rechazar las solicitudes de asilo de los solicitantes que habían pasado por otro país comunitario antes de llegar al suyo. Esto a menudo se utilizó para trasladar la responsabilidad de procesar las solicitudes de asilo a los países de entrada a la UE, en lugar de permitir que los solicitantes eligieran el país donde deseaban presentar su solicitud.

De la misma manera, fue problemática la disposición que estableció el sistema de determinación del Estado responsable de examinar una solicitud de asilo. El sistema se basaba en una serie de criterios establecidos en el Convenio, como el lugar de entrada a la UE, la presencia de familiares en otros países de la UE, etc. Este sistema a menudo fue criticado por ser injusto e ineficiente, ya que a menudo recaía una carga desproporcionada en los países de primera entrada. Además, el Convenio de Dublín de 1990 no abordaba de manera adecuada la protección temporal de los solicitantes de asilo en situaciones de emergencia, como conflictos armados o crisis humanitarias, lo que generó críticas sobre su eficacia en la protección de los derechos de los solicitantes de asilo.

Más de siete años después de su firma, entró en vigor el 1 de septiembre de 1997. El retraso se debió principalmente a que no todos los Estados miembros de la UE lo habían ratificado y adoptado en su legislación nacional. Durante el período entre la firma y la entrada en vigor, surgieron ciertas controversias y críticas sobre el Convenio porque algunos Estados miembros argumentaron que no era justo que los países de entrada fueran los responsables exclusivos del examen de las solicitudes de asilo, y que el sistema no tenía en cuenta las diferencias en las capacidades y recursos de los Estados miembros para procesar las solicitudes de asilo.

El Convenio nació herido de muerte ya que el aumento del flujo de solicitantes de asilo en Europa durante este período, especialmente en los años 90, puso aún más presión en el sistema de asilo y planteó preguntas sobre su eficacia en su forma original. Estas preocupaciones llevaron a su revisión en 2003 y a su posterior modificación en 2013 (Wilhelmi, 2017: pp. 67-84).

3. LA EUROPA DE JUSTICIA Y ASUNTOS DE INTERIOR

Indudablemente, el Convenio tuvo repercusiones sobre la negociación del Tratado de Maastricht en 1991. El Tratado aborda por primera vez la construcción de la Unión Política y destaca por incluir disposiciones en dos áreas principales: libre circulación de personas y control de fronteras. En primer lugar, el Tratado de Maastricht estableció el derecho de los ciudadanos de la UE a circular y residir libremente en el territorio de los Estados miembros. Esto significa que los ciudadanos de la UE tienen el derecho a vivir y trabajar en cualquier Estado miembro de la UE, sin necesidad de permisos especiales de trabajo o residencia.

En segundo lugar, el Tratado de Maastricht estableció la cooperación en materia de control de fronteras y política de visados. Esto incluyó la creación de un sistema de información de Schengen, que permitió la eliminación gradual de los controles de pasaportes en las fronteras internas de la UE. Además, se estableció una política de visados común para los países de la UE (Fernández, 1997: pp. 65-79).

Por tanto, las disposiciones sobre política migratoria se mantuvieron tanto en el primer pilar, el de la Comunidad Europea, como en el tercer pilar, el intergubernamental de Asuntos de Justicia e Interior. En aquel primer pilar, se insertó la libre circulación de personas como uno de los cuatro pilares fundamentales del mercado interior, lo que implicaba la eliminación de los controles de fronteras internas y derecho básico de la ciudadanía europea. Las normas de la parte comunitaria eran adoptadas mediante el procedimiento de "cooperación" entre el Parlamento Europeo y el Consejo, lo que significa que el Parlamento Europeo tenía el poder de co-decisión y las decisiones se tomaban por mayoría cualificada.

En el tercer pilar, el Tratado incluyó disposiciones sobre la cooperación en materia de asilo, inmigración y control de fronteras entre los Estados miembros, cuyas normas se adoptaban regidas por la cooperación entre los Estados miembros y mediante la unanimidad en el Consejo, con una consulta al Parlamento Europeo (Robles, 1999).

Ello permitiría en 1995 adoptar el Convenio Europol, que se estableció la Oficina Europea de Policía (Europol) para combatir el crimen organizado transnacional y el terrorismo. Su mandato no se centra específicamente en la política de migración, pero también pudo incluir aspectos relacionados con la migración, como la lucha contra la trata de personas y la identificación de los autores de delitos relacionados con la inmigración ilegal. Además, el Tratado de Ámsterdam de 1999 estableció la creación de un sistema de intercambio de información sobre la inmigración ilegal, lo que reforzó el papel de Europol en el ámbito de la migración.

En cualquier caso, uno de los principales motivos por los que bajo las bases jurídicas del pilar de Justicia y Asuntos de Interior no se adoptaron normas contundentes en materia migratoria durante el periodo de entrada en vigor de Maastricht y hasta la ratificación completa de Ámsterdam fue porque la dinámica de cooperación en esta materia seguía protegiendo celosamente la soberanía nacional. Los Estados miembros no querían perder el control sobre sus propias políticas migratorias y se mostraron reticentes a ceder competencias a nivel comunitario. Además, la adopción de medidas en materia migratoria también estaba limitada por el hecho de que la UE no tenía una política común de asilo y refugio en aquel momento. Por lo tanto, cualquier intento de armonización de las políticas migratorias habría requerido una discusión más amplia sobre la política de asilo y refugio (Robles, 1999).

El pilar JAI tenía esencialmente un carácter intergubernamental, tal y como destacamos, significaba que las decisiones se tomaban por unanimidad de los Estados miembros, lo que a menudo ralentizaba el proceso de toma de decisiones. En general, esto limitaba la capacidad de la UE para tomar medidas en materia migratoria de manera eficiente y rápida.

De hecho, JAI había nacido con objeto de combatir mejor el crimen organizado y el terrorismo ya que en la década de 1990, la UE se enfrentó a un aumento significativo en la actividad delictiva transnacional, incluyendo el tráfico de drogas, la trata de personas y el terrorismo. De manera que sería un medio para combatir estas amenazas de manera más efectiva a través de la cooperación policial y judicial entre los países miembros.

El pilar había sido propuesto por la presidencia Luxemburguesa en las negociaciones de la CIG de 1991 y secundada por países como Alemania, Francia, Italia, España, Portugal, Bélgica y Países Bajos, en aras de reforzar la cooperación en justicia y asuntos internos, facilitando la armonización de los procedimientos penales y el reconocimiento mutuo de las decisiones judiciales.

Todo ello, con miras a consolidar la ciudadanía europea, como una forma de promover la idea de integración, al garantizar la protección de los derechos fundamentales y las libertades civiles de los ciudadanos de la UE en toda la Unión, al mismo tiempo que se mejoraba la eficacia de la UE, permitiendo una mayor acción en áreas de interés común, lo que hipotéticamente mejoraría la eficacia y la capacidad de la UE para hacer frente a los desafíos comunes.

Sin embargo, hasta que no se adoptó el Tratado de Ámsterdam no se realizó el verdadero paso en favor de consolidación del ámbito de Justicia y Asuntos de Interior como un pilar autónomo de la UE y el establecimiento de una política común de inmigración y asilo. El Tratado, suscrito el 2 de octubre de 1997, permitió la adopción de medidas para establecer una política común de inmigración, incluida la entrada y residencia de ciudadanos de terceros países en el territorio de la UE, y estableció un marco para la armonización de las políticas de asilo y refugio. Además, se creó el cargo de Comisario de Justicia y Asuntos de Interior, permitiendo a la Comisión Europea asumir una mayor responsabilidad en la elaboración de políticas y en la toma de decisiones en estas áreas.

Con la entrada en vigor del Tratado de Ámsterdam el 1 de mayo de 1999, se produjo un importante avance en esta materia.

El tercer pilar, que era principalmente intergubernamental, se fusionó en gran medida con el primer pilar, que se centraba en la integración económica. La Comisión Europea adquirió un mayor papel en el proceso legislativo en materia de justicia y asuntos de interior, y se introdujo la codecisión en determinadas áreas, lo que implicó que el Parlamento Europeo tuviera un mayor papel en la toma de decisiones.

Fueron momentos decisivos para personajes clave como Marcelino Oreja Aguirre, entonces Comisario europeo de Asuntos Institucionales y cuyo papel trascendental en las negociaciones y en la redacción del Tratado de Ámsterdam permitió alumbrar el Espacio de Libertad, Seguridad y Justicia. Se elevó como uno de los principales negociadores en nombre de la Comisión Europea y defendió la necesidad de reforzar la cooperación en materia de justicia y asuntos de interior. Asumía una mayor comunitarización del tercer pilar, es decir, una transferencia de las competencias de los Estados miembros a la Unión Europea en materia de justicia e interior porque solo una mayor cooperación y coordinación a nivel europeo podría hacer frente a los nuevos desafíos transnacionales que afectaban a la seguridad y la justicia, tales como el terrorismo, el crimen organizado y la inmigración irregular.

Además, Oreja Aguirre argumentaba que la comunitarización permitiría garantizar mejor los derechos fundamentales, la protección de datos y la privacidad de los ciudadanos, al estar sujetos a la supervisión y control de las instituciones europeas, incluyendo el Parlamento Europeo y el Tribunal de Justicia de la Unión Europea.

4. EL ESPACIO DE LIBERTAD, SEGURIDAD Y JUSTICIA

Ámsterdam concretará el Espacio de Libertad, Seguridad y Justicia (ELSJ), fundamental en el ámbito migratorio. El Espacio de libertad refiere al objetivo de crear un espacio común en el que los ciudadanos de los Estados miembros de la UE puedan disfrutar de los mismos derechos y libertades, independientemente de su lugar de residencia o nacionalidad. La Seguridad refiere a la necesidad de garantizar la seguridad de los ciudadanos en el territorio de la UE mediante la cooperación entre los Estados miembros en áreas como la lucha contra el terrorismo, el crimen organizado, la trata de personas, el tráfico de drogas y la ciberdelincuencia. La Justicia refiere a la necesidad de garantizar el acceso a una justicia efectiva y el respeto por el estado de derecho en toda la UE. Esto incluye la cooperación en áreas como el reconocimiento mutuo de las decisiones judiciales, la armonización de las leyes penales y civiles, y la protección de los derechos fundamentales.

De hecho, hubo importantes materias del tercer pilar que se atribuyeron al primero, se incluyeron aspectos importantes de la cooperación policial y judicial en asuntos penales, como el reconocimiento mutuo de las sentencias y el establecimiento de normas mínimas para la protección de los derechos fundamentales en el ámbito de la justicia penal. Además, se estableció una política común de inmigración y asilo, que incluía la creación de un Fondo Europeo para Refugiados y un sistema de asilo común basado en normas armonizadas.

Tal y como referimos, el ELSJ fue importante en el ámbito migratorio porque estableció un marco para la cooperación en políticas migratorias entre los Estados miembros de la UE, y creó instrumentos para promover la migración legal y la lucha contra la migración irregular y el tráfico de seres humanos. Se apostaba por la cooperación en materia de migración y asilo, y en la creación de políticas para la gestión de los flujos migratorios, garantizando la libertad de circulación de los ciudadanos de la UE, al mismo tiempo que se protegían las fronteras exteriores y se gestionaba la migración de manera efectiva y humana.

La puesta en práctica de dicha política requirió de tres grandes programas quinquenales. El programa de Tampere fue un plan de acción aprobado en 1999 por los jefes de Estado y de Gobierno de los países miembros de la Unión Europea en una reunión celebrada en la ciudad finlandesa de Tampere los días 15 y 16 de octubre de ese año. En esa reunión se establecieron las prioridades y los objetivos para la creación del Espacio de Libertad, Seguridad y Justicia, que incluía temas de inmigración, asilo y cooperación judicial en asuntos civiles y penales. El programa fue implementado a través de una serie de medidas legislativas y prácticas adoptadas por los Estados miembros y las instituciones de la UE en los años siguientes (Kaunert, 2005: pp. 459-483).

Tampere tuvo como objetivo establecer un sistema común de asilo y migración, mejorar la cooperación en la lucha contra el crimen y el terrorismo transnacional y reforzar la protección de los derechos fundamentales y la justicia. El programa se centró en varias áreas clave, incluyendo: la Política de asilo con el desarrollo de un sistema común europeo de asilo, que garantizara una protección adecuada y equitativa de los solicitantes de asilo en toda la UE. La migración, gestionando mejor la migración en la UE, con una política común para la entrada y residencia de los migrantes. La Cooperación judicial, incluyendo el reconocimiento mutuo de las decisiones judiciales, la armonización de las leyes penales y el establecimiento de una red judicial europea o la lucha contra el crimen y el terrorismo, cooperando en la lucha contra el crimen y el terrorismo transnacional, incluyendo la cooperación policial y el intercambio de información (Carrera, et al., 2020).

De hecho, fue en aquellos años de implementación de Tampere cuando se reformó el Convenio de Dublín, con objeto de adaptar las normas de asilo en Europa a las nuevas circunstancias y desafíos migratorios, y se basó en gran medida en las recomendaciones del Alto Comisionado de las Naciones Unidas para los Refugiados (ACNUR).

Entre las principales modificaciones introducidas de 2003 destacan la ampliación del plazo de presentación de solicitudes de asilo, la obligación de los Estados miembros de informar a los solicitantes de asilo sobre sus derechos y obligaciones, la mejora de las condiciones de acogida y la creación de un sistema de información sobre las decisiones en materia de asilo. También se introdujeron medidas para mejorar la cooperación entre los Estados miembros en la gestión de los flujos migratorios, como el establecimiento de un sistema de información sobre las solicitudes de asilo presentadas en los distintos Estados miembros y la creación de un mecanismo de solidaridad para la reubicación de los solicitantes de asilo entre los Estados miembros (Baldaccini, et al., 2007).

Al culminar Tampere, se sacó adelante el Programa de La Haya de 2004, adoptado mediante una declaración conjunta de los jefes de Estado y de Gobierno de los Estados miembros de la UE durante una reunión del Consejo Europeo en La Haya, Países Bajos, el 4 y 5 de noviembre de 2004. La declaración estableció un plan de acción conjunto en el ámbito de la justicia y los asuntos de interior, incluyendo cuestiones relacionadas con la migración y la política de asilo (Arteaga, 2002: p. 4).

El Programa de La Haya se basó en los logros y las iniciativas del Programa de Tampere de 1999 así como de nuevas prioridades y objetivos para la UE en el ámbito de la justicia y los asuntos de interior. La declaración conjunta fue adoptada por unanimidad y sin discusión, lo que indica el consenso de los Estados miembros sobre la necesidad de fortalecer la cooperación en este ámbito (Balzacq y Carrera, 2016: pp. 1-32).

Entre las medidas adoptadas se incluyeron la creación de una fiscalía europea, la mejora de la protección de los derechos de las víctimas de la delincuencia, el refuerzo de la cooperación policial y judicial entre los Estados miembros, y la simplificación de los procedimientos de extradición en la UE. También se hizo hincapié en la necesidad de una política migratoria común y una gestión eficaz de las fronteras exteriores de la UE. Se estableció un sistema de entrada y salida para los nacionales de terceros países que visitan la UE, y se adoptaron medidas para reforzar la cooperación con los países terceros en materia de readmisión de inmigrantes ilegales.

Sin embargo, también dejó algunos asuntos pendientes. Por ejemplo, no logró establecer un sistema europeo de asilo común y eficaz, lo que se había planteado como un objetivo clave. Además, la cooperación judicial en materia penal todavía enfrentaba obstáculos, como la falta de reconocimiento mutuo de las sentencias judiciales (Fijnaut, 2016: pp. 735-749).

En cualquier caso, uno de los grandes hitos de aquel periodo sería en el ámbito migratorio la adopción de la Directiva de Retorno en 2008, estableciendo que los migrantes en situación irregular tienen que ser retornados a sus países de origen en un plazo de seis meses desde la adopción de la decisión de retorno, salvo que existiesen razones excepcionales para prolongar este plazo (Elsen, 200: pp. 13-26).

La directiva establece también que los Estados miembros tienen la obligación de garantizar que el retorno sea efectivo y digno, respetando los derechos humanos y el derecho internacional. Entre otras disposiciones, los Estados miembros deben ofrecer asistencia material y financiera a los migrantes en situación irregular que sean retornados a sus países de origen, en particular a aquellos que se encuentran en situación de vulnerabilidad.

Sin embargo, la Directiva de Retorno ha sido objeto de críticas por parte de algunas ONGs que consideran que no respeta plenamente los derechos humanos de los migrantes en situación irregular, en particular en lo que se refiere a los plazos de detención y el acceso a recursos efectivos y a una revisión judicial efectiva de las decisiones de retorno (Kostakopoulou, 2008: pp. 555-574).

Tras estas actuaciones se adoptaría el último programa hasta la fecha, el de Estocolmo, adoptado por el Consejo Europeo en su reunión del 10 y 11 de diciembre de 2009 en Estocolmo, Suecia (Guild y Carrera, 2009). El proceso de adopción comenzó en 2008 con la presentación de un borrador del programa por parte de la Comisión Europea. Luego, se llevaron a cabo discusiones y negociaciones entre los Estados miembros de la UE, el Parlamento Europeo y la Comisión Europea para finalizar el texto del programa. Finalmente, fue aprobado por el Consejo Europeo y se convirtió en la hoja de ruta para la política de justicia y asuntos de interior de la UE para el período 2010-2014 (Kaunert y Léonard, 2010: pp. 143-149).

El Programa de Estocolmo incluyó varias medidas relacionadas con la migración y la integración de los migrantes en la Unión Europea. Entre los principales logros migratorios del programa se encuentran: Una política de asilo común, con el objetivo de garantizar que los solicitantes de asilo sean tratados de manera justa en toda la UE. También se hizo hincapié en la necesidad de un enfoque más justo y equilibrado para la distribución de los solicitantes de asilo entre los Estados miembros. Se postó por un refuerzo del control de las fronteras, fortaleciendo la gestión de las fronteras exteriores de la UE, incluido el fortalecimiento de la Agencia Europea de la Guardia de Fronteras y Costas, que tiene encomendado apoyar a los Estados miembros en la gestión de las fronteras exteriores de la UE y mejorar la coordinación entre los Estados miembros.

Asimismo, se centraba en la Lucha contra la inmigración irregular, combatiéndola y fortaleciendo de la cooperación policial y judicial entre los Estados miembros y la creación de un registro de entrada y salida para los ciudadanos de países que no perteneciesen a la UE. Se asumía la integración de los migrantes, con medidas para fomentar la integración de los migrantes en la sociedad europea, incluida la promoción de la igualdad de oportunidades y el acceso a la educación y el mercado laboral. A la par que se protegía los derechos de los migrantes, con medidas concretas y fortaleciendo la lucha contra la trata de personas y la promoción de la igualdad de trato y no discriminación en la UE (Geddes, 2003).

Desde el Programa de Estocolmo de 2009, no se han vuelto a adoptar nuevos programas y su culminación en 2014 ha supuesto una interrupción en la profundización del Espacio de Libertad, Seguridad y Justicia, debido a los desafíos políticos y económicos que han ocupado la agenda europea en los últimos años, como la crisis migratoria, la salida del Reino Unido de la UE o la pandemia de COVID-19. Estos temas han acaparado la atención de las instituciones europeas y han dificultado la adopción de nuevas políticas y programas en otros ámbitos (Léonard y Kaunert, 2016: pp. 143-149).

Una de las situaciones más complejas se viviría durante las primaveras árabes en 2011, cuando varios países del norte de África, como Túnez, Libia y Egipto, vivieron importantes protestas y revueltas populares que desembocaron en conflictos armados. Muchos ciudadanos de estos países comenzaron a huir en busca de seguridad y una vida mejor. En marzo de ese año, la OTAN lideró una intervención militar en Libia, lo que provocó la caída del régimen de Muamar el Gadafi y a raíz de esta intervención, miles de personas comenzaron a huir de Libia, especialmente a través de las costas italianas y maltesas Kaunert y Léonard, 2012: pp. 1-20).

En los años siguientes, la situación en Siria empeoró, y la guerra civil que comenzó en 2011 provocó que millones de personas tuvieran que abandonar sus hogares en busca de refugio. Muchos de ellos comenzaron a intentar llegar a Europa, lo que provocó una gran crisis migratoria que alcanzó su momento más álgido en el verano de 2015, con la llegada masiva de migrantes y refugiados a Europa. En tan solo un mes, en agosto de 2015, se registraron más de 100.000 llegadas por mar a las costas europeas (Enríquez, 2015).

Ante esta situación, la Unión Europea comenzó a adoptar medidas para intentar controlar los flujos migratorios. Se establecieron cuotas de acogida para los refugiados, se reforzó la vigilancia en las fronteras y se comenzaron a firmar acuerdos con países terceros para intentar frenar la salida de migrantes. Sin embargo, estas medidas no fueron suficientes para solucionar la crisis migratoria, y muchos países europeos comenzaron a cerrar sus fronteras y a adoptar políticas más restrictivas en materia migratoria (Hailbronner y Thym, 2009).

Se puede hacer una lectura años después a propósito de la crisis migratoria de la Unión Europea, durante las primaveras árabes, como un momento clave en la política migratoria del bloque, y sus consecuencias se han dejado sentir en los años siguientes, con un aumento de la retórica antinmigración y un aumento del populismo en muchos países europeos.

Esto ha supuesto que voces muy críticas cuestionaran la efectividad de los programas y políticas migratorias adoptadas en el marco del ELSJ, argumentando que estas políticas no abordan adecuadamente los desafíos actuales de la migración y que se necesitan enfoques más innovadores y eficaces, frente al sistema de Dublín. De hecho, el Reglamento de Dublín fue reformado por segunda vez durante 2013, por haber sido calificado de ineficaz e injusto, especialmente en vista del alto número de solicitudes de asilo y las presiones a las que se veían sometidos los Estados miembros en las fronteras de la UE (Joppke, 2007; pp. 1-22).

Los grandes cambios que introdujo fueron dotar de una mayor claridad y precisión en la definición de los criterios para determinar el Estado miembro responsable de examinar una solicitud de asilo, con la creación de un sistema de "mecanismos de solidaridad" para ayudar a los Estados miembros más afectados por la presión migratoria, incluyendo la posibilidad de trasladar a los solicitantes de asilo a otros Estados miembros o proporcionarles asistencia financiera o técnica. Mejoras en la protección de los derechos de los solicitantes de asilo, como el derecho a la información y la asistencia jurídica, así como medidas para garantizar que los Estados miembros respeten el principio de no devolución, esto es, no expulsar a los solicitantes de asilo a un país donde corran el riesgo de sufrir persecución o malos tratos (Triandafyllidou, 2015).

5. CONCLUSIÓN

La construcción del Espacio de Libertad, Seguridad y Justicia y, en concreto, la reforma de Dublín sigue siendo objeto de duras críticas, y algunos expertos han argumentado que se necesitan cambios más profundos en la política migratoria de la UE para abordar adecuadamente los desafíos actuales puesto que aún permanecen sin ser resueltos los siguientes problemas:

- Solidaridad entre los Estados miembros: La Unión Europea necesita una mayor solidaridad entre los Estados miembros para hacer frente a los flujos migratorios y las situaciones de crisis. Es necesario establecer un mecanismo de reparto de la responsabilidad en la acogida de migrantes y refugiados, de modo que no recaiga siempre en los mismos países que hacen frontera con las rutas del Mediterráneo occidental, central y oriental.
- Mejora del sistema de asilo: Es necesario mejorar el sistema de asilo de la UE, simplificar los procedimientos y reducir los tiempos de respuesta. Además, es importante garantizar un acceso efectivo al derecho de asilo y mejorar las condiciones de acogida.
- Lucha contra la trata de seres humanos: La Unión Europea necesita reforzar la lucha contra la trata de seres humanos, que afecta especialmente a los migrantes en situación de vulnerabilidad. Es necesario mejorar la protección de las víctimas y perseguir con más eficacia a los responsables de esta actividad ilegal, pero de manera efectiva y respetando los derechos humanos de los migrantes.
- Fortalecimiento de la gestión de las fronteras: La UE necesita reforzar la gestión de sus fronteras exteriores, garantizando un control efectivo de las entradas y salidas de personas en su territorio. Para ello, es necesario contar con medios y recursos suficientes, así como una mayor cooperación entre los Estados miembros.
- Fomento de la integración: una buena integración de los migrantes en la sociedad de acogida es esencial para su éxito y bienestar a largo plazo, y también para la cohesión social en general. La UE podría fomentar políticas y medidas más concretas y ambiciosas, que promuevan la inclusión y la igualdad de oportunidades para los migrantes.

Estas prioridades pendientes se han visto obstaculizadas y con una importante demora en su resolución por las tensiones políticas entre los Estados miembros y las dificultades para llegar a acuerdos comunes en un ámbito tan sensible como el migratorio. Además, la pandemia de COVID-19 ha restringido aún más la movilidad en la UE y ha hecho que las negociaciones se retrasasen aún más.

De hecho, los tratados europeos prevén un proceso de toma de decisiones complejo y requiere un amplio consenso entre los Estados miembros, lo que convierte al ámbito migratorio en un tema espinoso ante las diferencias significativas en las políticas nacionales y en las opiniones sobre cómo abordar la migración. En efecto, todavía existen muchas políticas y decisiones migratorias que son competencia exclusiva de los estados miembros, por lo que una mayor comunitarización de las políticas migratorias podría ayudar a asegurar una mayor coherencia y solidaridad entre los países miembros.

Es indudable que el Convenio de Dublín sentó las bases para la cooperación en materia de asilo entre los Estados miembros de la UE y fue el primer acuerdo en este ámbito a nivel europeo. Su éxito y su posterior evolución influyeron en el desarrollo de la Política Europea Común de Asilo y en la elaboración de otras medidas de la UE en materia de inmigración y asilo, incluyendo la creación de la Agencia Europea de Fronteras y Guardacostas (Frontex) en 2004 y la aprobación de la Directiva de Retorno en 2008. También sentó las bases para la creación del Espacio de Libertad, Seguridad y Justicia en el Tratado de Ámsterdam de 1997, que introdujo la cooperación en materia de justicia y asuntos de interior en la UE y allanó el camino para el Tratado de Maastricht de 1992.

Sin embargo, la UE debe mover su enfoque con respecto a la migración, desde una perspectiva más centrada en la gestión de las fronteras y la lucha contra la inmigración irregular, a una perspectiva más amplia y práctica que incluya la integración de los migrantes y la cooperación con los países de origen y tránsito, requiriendo la revisión de las políticas y programas existentes que con cierta dosis de tiempo y esfuerzo para los actores involucrados podrá convertir a la Unión en un referente del trato digno y humanitario al migrante.

De la misma manera que se precisa de la UE un trabajo en estrecha colaboración con los países de origen y tránsito de los migrantes para abordar las causas subyacentes de la migración irregular y fomentar una migración segura, ordenada y regular. Esto podría incluir la cooperación en materia de desarrollo, la lucha contra la pobreza y la violencia, y la promoción de los derechos humanos y la democracia.

6. BIBLIOGRAFÍA

Akins, J. E. (1973). The oil crisis: this time the wolf is here. *Foreign Affairs*, 51(3): pp. 462-490.

Apel, H., Arbatow, G., Bahr, E., Binder, D., Brandt, W., Bruns, W., Wojna, R. (1986). *Zwanzig Jahre Ostpolitik: Bilanz und Perspektiven*. Verlag Neue Gesellschaft.

Arena, A. (2021). De una factura de electricidad impagada a la primacía del derecho europeo: así nació la jurisprudencia "Costa/Enel". *Revista de Derecho Comunitario Europeo*, 25(70): pp. 897-931.

Arteaga, F. (2002). Balance de la presidencia española en Asuntos de Justicia e Interior. *Boletín Elcano*, (3), 4.

Balzacq, T., & Carrera, S. (2016). The Hague Programme: The long road to freedom, security and justice. In *Security Versus Freedom?* (pp. 1-32). Routledge.

Baldaccini, A., Guild, E., & Toner, H. (2007). *Whose freedom, security and justice?: EU immigration and asylum law and policy*. Bloomsbury Publishing.

Bonillo, J. G. (2018). La presencia de España en la construcción de la política exterior de la Unión Europea (1985-2001) (I). *CEFLegal: Revista práctica de derecho. Comentarios y casos prácticos*, (205), 3.

Carrera, S., Curtin, D., & Geddes, A. (2020). 20 year anniversary of the Tampere Programme: Europeanisation Dynamics of the EU area of Freedom, Security and Justice. *CEPS Research Paper* 12 May 2020.

Corella, Á. S. (2016). Entre Schengen y Dublín: reivindicar el asilo como un derecho en la Unión Europea. *Documentación social*, (180): pp. 149-166.

Directiva 64/221/CEE del Consejo, de 25 de febrero de 1964, relativa a la coordinación de las condiciones de admisión y de residencia de los nacionales de los Estados miembros en los Estados miembros.

Directiva 74/148/CEE del Consejo, de 4 de marzo de 1974, relativa al derecho de los ciudadanos de la Unión Europea y de los miembros de sus familias a circular y residir libremente en el territorio de los Estados miembros.

Domingo, R. (2017). *Robert Schuman: Architect of the European Union. Great Christian Jurists in French History*. Cambridge: Cambridge University Press.

Elsen, C. (2007, April). From Maastricht to The Hague: the politics of judicial and police cooperation. In *ERA forum*(Vol. 8, No. 1: pp. 13-26). Berlin/Heidelberg: Springer-Verlag.

Enríquez, C. G. (2015). La crisis de los refugiados y la respuesta europea. *Análisis del Real Instituto Elcano (ARI)*, (67), 1.

Fernández, B. L. (1997). La cooperación en asuntos de Interior y de Justicia. *Cuadernos de estrategia*, (93): pp. 65-79.

Fijnaut, C. (2016). The Hague Programme and police cooperation between the Member States of the EU. In *The Containment of Organised Crime and Terrorism* (pp. 735-749). Brill Nijhoff.

Geddes, A. (2003). *The Politics of Migration and Immigration in Europe*. SAGE Publications Ltd.

Gillingham, J. (1999). Genèse et devenir de la Communauté Européenne du Charbon et de l'Acier. *Histoire, économie et société*, 297-302.

Gonzalez, J. M. L. (2004). Schengen. Un espacio de libertad, seguridad y justicia. *Revista de derecho*, (21): pp. 139-149.

Guild, E., & Carrera, S. (2009). Towards the Next Phase of the EU's Area of Freedom, Security and Justice: The EC's Proposals for the Stockholm Programme. *CEPS policy brief*, (196).

Hailbronner, K., & Thym, D. (2009). *EU Immigration and Asylum Law: Commentary*. C.H. Beck.

Haywood, E. (1993). The European Policy of François Mitterrand. *J. Common Mkt. Stud.*, 31, 269.

Jacobs, F., & Corbett, R. (2019). *The European Parliament*. Routledge.

Jenkins, R. (2011). *European Diary, 1977-1981*. A&C Black.

Joppke, C. (2007). Beyond National Models: Civic Integration Policies for Immigrants in Western Europe. *West European Politics*, 30(1): pp. 1-22.

Kaunert, C. (2005). The area of freedom, security and justice: the construction of a 'European public order'. *European security*, 14(4): pp. 459-483.

Kaunert, C., & Léonard, S. (2010). After the Stockholm programme: an area of freedom, security and justice in the European Union?. *European security*, 19(2): pp. 143-149.

Kaunert, C., & Léonard, S. (2012). The European Union asylum policy after the Treaty of Lisbon and the Stockholm Programme: towards supranational governance in a common area of protection?. *Refugee Survey Quarterly*, 31(4): pp. 1-20.

Kostakopoulou, D. (2008). The Long-Term Residents' Directive and the Integration Debate: An Opportunity Missed for the EU? *Journal of Ethnic and Migration Studies*, 34(4): pp. 555-574.

Léonard, S., & Kaunert, C. (2016). Beyond Stockholm: In search of a strategy for the European Union's area of freedom, security, and justice. *European politics and society*, 17(2): pp. 143-149.

Lluch, T. (2001). Hacia una política común de asilo para la Unión Europea. *Revista CIDOB D'Afers Internacionals*: pp. 141-146.

Loth, W., Wallace, W., & Wessels, W. (Eds.). (1998). *Walter Hallstein: The Forgotten European?*. London: Macmillan.

Malfatti, F. (1972). Speech on his resignation from the Commission and developments during his term by Mr. Franco Maria Malfatti, President of the Commission of the European Communities, at the European Parliament. Strasbourg, 14 March 1972.

Mansholt, S. L. (1974). Europe needs the crises. *Intereconomics*, 9(4): pp. 105-106.

Phelan, W. (2017). The revolutionary doctrines of European law and the legal philosophy of Robert Lecourt. *European Journal of International Law*, 28(3): pp. 935-957.

Pérez-Bustamante, R., y Conde, E. (1999). *La unión política europea: 1969-1999* (Vol. 1). Dykinson, SL-Libros.

Rasmussen, M. (2014). Revolutionizing European law: A history of the Van Gend en Loos judgment. *International Journal of Constitutional Law*, 12(1): pp. 136-163.

Rivero, J. (1958). Le problème de l'influence des droits internes sur la Cour de Justice de la Communauté Européenne du Charbon et de l'Acier. *Annuaire francais de droit international*, 4(1), 295-308.

Roca, F. J. G. (2012). El diálogo entre el Tribunal Europeo de Derechos Humanos y los tribunales constitucionales en la construcción de un orden público europeo. *Teoría y realidad constitucional*, (30), 183-224.

Robles, M. C. T. (1999). La cooperación en materia de justicia y asuntos de interior en la Unión Europea: sus mecanismos jurídicos (Doctoral dissertation, Universidad de Zaragoza).

Soutou, G. H. (2009). Les présidents Charles de Gaulle et Georges Pompidou et les débuts de la coopération politique européenne: du Plan Fouchet au Plan Fouchet light. *Relations internationales*, (4): pp. 3-17.

Tamames, R. (1965). *Formación y desarrollo del mercado común europeo.*

Thatcher, M. (2012). *Los años de Downing Street: La autobiografía de la Dama de Hierro.* Aguilar.

Triandafyllidou, A. (2015). *European Immigration: A Sourcebook.* Ashgate Publishing.

Van Outrive, L. (2001). Historia del Acuerdo y del Convenio de Schengen. *Revista CIDOB d'afers internacionals*: pp. 43-61.

Wilhelmi, M. A. (2017). Unión Europea y "crisis" de refugiados. La libre movilidad como derecho humano. *OXÍMORA Revista Internacional de Ética y Política,* (10): pp. 67-84.

Zaiotti, R. (2011). *Cultures of border control: Schengen and the evolution of European frontiers.* University of Chicago Press.

Capítulo 12

Derecho y protección del menor migrante, desplazado y refugiado en las sociedades globalizadas[1]

Dra. Cristina Hermida del Llano
Catedrática de Filosofía del Derecho
Universidad Rey Juan Carlos

1. INTRODUCCIÓN

Los menores constituyen el segmento dentro de la población que se encuentra en situación de mayor vulnerabilidad y por ello requieren una atención especial en aras de garantizar que se respeten sus derechos humanos[2]. Sin embargo, los derechos del menor tienen una corta historia y, de hecho, todavía en la actualidad, lamentablemente, no se reconocen de forma efectiva ni tienen virtualidad práctica en todas las partes del mundo.

Me gustaría recordar aquí muy esquemáticamente que la Sociedad de las Naciones, predecesora de la Organización de Nacio-

---

1 Esta contribución es resultado de mi participación en la mesa redonda "Derecho y protección del menor migrante, desplazado y refugiado en las sociedades globalizadas" dentro de la Legal Week 2022, Derechos, Libertades y seguridad. Semana del Derecho celebrada del 18-21 de octubre. Facultad de Ciencias Sociales y de la Comunicación, Universidad Europea de Madrid. Asimismo, se enmarca en los trabajos realizados dentro del Grupo de Investigación de Alto Rendimiento INGESDICUL —Inmigración y Gestión de la Diversidad Cultural— de la Universidad Rey Juan Carlos.

2 Consultar: Publicación | Los Derechos del Niño en los Informe de Sostenibilidad.pdf (unicef.org), en especial: p. 7.

nes Unidas, elaboró la Declaración de Ginebra sobre los Derechos del Niño en 1924, a iniciativa de Eglantyne Jebb, fundadora de la organización *Save the Children* (Harrison, 2004): "La Declaración expresa que todas las personas deben reconocer el derecho de los niños a contar con los medios necesarios para su desarrollo, a recibir ayuda especial en épocas de necesidad, a tener prioridad en las actividades de socorro, a gozar de libertad económica y protección contra la explotación, y a acceder a una educación que infunda conciencia social y sentido del deber"[3], lo que atañe directamente al tema que nos ocupa del menor migrante, desplazado o refugiado. Este texto histórico reconoce, por primera vez, que los niños gozan de derechos específicos (derechos sociales, aunque no derechos civiles)[4], pero sobre todo resalta la responsabilidad que tenemos los adultos frente a ellos.

A mi modo de ver, esta declaración tuvo el acierto de resaltar que los niños en su conjunto debían de ser objeto de medidas especiales de protección para garantizar su normal desarrollo material y afectivo, pasando a estar protegidos por el Estado. De este modo, de forma pionera, la noción de derecho conseguía superar la idea de beneficencia que había existido hasta entonces. La idea de que los derechos de los menores de edad fueran recogidos dentro del contenido de la protección de la infancia constituyó, sin duda, un paso de gigante en la redefinición de lo que había de ser entendido por niñez, aunque bien es verdad que la decla-

---

3 Consultar: Historia de los derechos del niño | UNICEF.

4 La declaración contiene solo cinco artículos: "1. El niño debe ser puesto en condiciones de desarrollarse normalmente desde el punto de vista material y espiritual. 2. El niño hambriento debe ser alimentado; el niño enfermo debe ser atendido; el niño deficiente debe ser ayudado; el niño desadaptado debe ser reeducado; el huérfano y abandonado deben ser recogidos y ayudados. 3. El niño debe ser el primero en recibir socorro en caso de calamidad. 4. El niño debe ser puesto en condiciones de ganarse la vida y debe ser protegido de cualquier explotación. 5. El niño debe ser educado inculcándole el sentimiento del deber que tiene de poner sus mejores cualidades al servicio del prójimo".

ración de Ginebra quedaría en papel mojado al no establecerse mecanismos que garantizaran su cumplimiento.

Tiempo después, como sabemos, la Asamblea General de las Naciones Unidas aprobó la Declaración Universal de Derechos Humanos (1948), cuyo art. 25 reconocía el derecho de las madres y los niños a "cuidados y asistencia especiales", así como también a "protección social"[5]. A su vez, once años más tarde, concretamente, el 20 de noviembre de 1959, Naciones Unidas daba un paso decisivo al aprobar la Declaración de los Derechos del Niño[6], al contemplar, entre otros, el derecho del niño a la educación, al juego, a la salud, y a un entorno que lo apoye, partiendo de la idea de que "la humanidad debe al niño lo mejor que ésta puede darle". Como sabemos, también esta declaración internacional se convertiría en objeto de críticas debido a que su aceptación por parte de las naciones generaba sólo una obligación moral, al no haberse establecido medidas operativas para su implementación.

En 1974 aumentaría la preocupación por la situación de vulnerabilidad de mujeres y niños ante situaciones de emergencia y de conflicto. Esta es la razón por la que la Asamblea General exhortó a los Estados miembros a observar la Declaración sobre la Protección de la Mujer y el Niño en Estados de Emergencia o de Conflicto Armado. Esta Declaración prohibió el encarcelamiento y los ataques contra mujeres y niños que formasen parte de la po-

---

5 Artículo 25.: "1. Toda persona tiene derecho a un nivel de vida adecuado que le asegure, así como a su familia, la salud y el bienestar, y en especial la alimentación, el vestido, la vivienda, la asistencia médica y los servicios sociales necesarios; tiene asimismo derecho a los seguros en caso de desempleo, enfermedad, invalidez, viudez, vejez y otros casos de pérdida de sus medios de subsistencia por circunstancias independientes de su voluntad. 2. La maternidad y la infancia tienen derecho a cuidados y asistencia especiales. Todos los niños, nacidos de matrimonio o fuera de matrimonio, tienen derecho a igual protección social".

6 Consultar: A/RES/1386%20(XIV) – S – A/RES/1386%20(XIV) –Desktop (undocs.org)>. Asimismo vid. <Día Universal del Niño, de noviembre>.

blación civil, defendiendo la inviolabilidad de los derechos de las mujeres y los niños en contextos de conflicto armado.

Otro hito histórico para los derechos humanos, en general, y para los derechos de los niños, en particular, se produjo a raíz de que la Asamblea General de las Naciones Unidas aprobara la Convención sobre los Derechos del Niño[7], que fue adoptada y abierta a la firma y ratificación por la Asamblea General en su resolución 44/25, de 20 de noviembre de 1989, entrando en vigor el 2 de septiembre de 1990. Es en este momento cuando se reconoce el papel de los niños como agentes sociales, económicos, políticos, civiles y culturales. La Convención garantizaba y establecía normas mínimas para proteger los derechos de los niños independientemente de sus circunstancias.

2. PROTECCIÓN DEL MENOR REFUGIADO, DESPLAZADO O MIGRANTE[8]

Esta especial protección para el menor doblemente vulnerable (sea refugiado, desplazado o migrante), en realidad, exige la defensa de una concepción de los Derechos Humanos progresista, en cuanto se demandan actuaciones positivas por parte de los poderes públicos, que justifican la adscripción de deberes positivos, es decir, de obligaciones de hacer, y que, al mismo tiempo, provoca que ciertas omisiones tengan trascendencia jurídica.

No olvidemos que todos los niños, independientemente, de la nacionalidad, de su raza, sexo, edad, etc., ostentan una serie de

---

7 Consultar: CDN (un.org) y La Convención sobre los Derechos del Niño | UNICEF.

8 Este apartado constituye, en gran medida, una reelaboración del capítulo de libro de la autora de esta contribución (Hermida Del Llano, C.), titulado "Los derechos del niño: un marco filosófico-jurídico", recogido en el libro colectivo *Los derechos del niño: Estudios con motivo del Décimo Aniversario de la Convención de los derechos del niño.* Dir. Juan Antonio Carrillo Salcedo, Ministerio de Trabajo, Madrid, 2002: pp. 231-245.

derechos en cuanto seres humanos (Paja Burgoa, 1998: p. 60). Se trata de derechos inherentes a los menores en virtud de su dignidad humana, a sabiendas de que este valor goza de un reconocimiento universal.

Cuando uno se pregunta si los niños son titulares de derechos humanos del mismo modo que un adulto, o por qué razón habría de elaborarse una Convención específica que salvaguardara los derechos del niño en lugar de atenernos simplemente a lo que ya regulaban los textos internacionales de Derechos Humanos[9], la respuesta se encuentra en el llamado, con acierto, por Bobbio "proceso de especificación de los Derechos"[10], que constituye un avance del historicismo sobre el racionalismo y parte de la idea de considerar que los derechos han de estar más vinculados a las personas concretas de sus titulares (Peces-Barba, 1991: p. 155).

La necesidad de esa protección especial para los menores deriva de la situación de inferioridad en que estos se encuentran en las relaciones sociales. En realidad, la protección especial se vincula más que al valor de la igualdad, al de la solidaridad o la fraternidad. A diferencia de otros valores, que fundamentan directamente derechos, la solidaridad fundamenta indirectamente derechos, es decir, lo hace a través de los deberes. Como Peces-Barba ha precisado: "En el supuesto de condiciones relevantes generales, estamos ante los derechos del niño, que exigen una protección especial, fraterna

---

9 De hecho, el contenido de la Convención apenas difiere del conocido elenco de Derechos Humanos que desde la Declaración Universal de 1948 se viene repitiendo; teniendo en cuenta que los niños no dejan de ser seres humanos.

10 El profesor italiano habla de "... una nueva línea de tendencia que se puede llamar especificación, consistente en el paso gradual pero cada vez más acentuado hacia una ulterior determinación de los sujetos titulares de los mismos... ". Vid. Bobbio, N., "Derechos del hombre y Filosofía de la historia", en: *Anuario de Derechos Humanos*, nº 5, Madrid, 1988-1989: p. 37. Esta tesis la reitera en su obra *L'Età dei diritti*, Einaudi, Turín, 1990. Traducción al castellano a cargo de Rafael de Asís Roig: *El tiempo de los derechos*, Sistema, Madrid, 1991.

y solidaria, ante su debilidad, inferioridad física, intelectual y social, e incluso a veces ante su abandono" (Peces-Barba, 1991: p. 155), lo que se agudiza cuando estamos ante menores que han tenido que dejar su país, por ejemplo, huyendo de una guerra o de una manifiesta violación de derechos humanos.

De este modo, a mi modo de ver, los menores migrantes, desplazados o refugiados ostentan un *status* jurídico superior al del resto de las personas físicas. El trato desigual positivo que se ha de brindar a estos menores se fundamenta en las condiciones menos favorables en que se encuentran y supone una expresión del principio rawlsiano de la diferencia, que se inspira, además de en la igualdad, en el valor de la solidaridad[11]. En modo alguno, por razones de solidaridad, el principio de igualdad pierde fuerza cuando se favorece a aquellos sujetos que se encuentran en una situación más débil, más desfavorecida y más desventajosa que el resto de la sociedad. De tal modo que las posibles medidas discriminatorias en favor de estos menores frente a los adultos deberían reconducirse al supuesto de *igualdad como diferenciación*, que mantiene incólume el viejo principio de que hay que tratar desigualmente a los desiguales, precisamente, para dar virtualidad práctica a la igualdad. Como ha observado Feldman, el menor migrante, refugiado, desplazado, como sujeto de derecho que es, ha de gozar de más prerrogativas por esa calidad de ser en formación, de ser no terminado, por ende, expuesto a más peligros y con menos recursos propios para hacerles frente (Feldman, 1998: p. 40).

Con otras palabras, se puede decir que para ellos rige la cláusula de que "los Derechos Humanos hay que interpretarlos de la manera más favorable, ... como destinatarios legítimos de la pro-

---

11 Como ha observado RAWLS, J. en su obra *Teoría de la Justicia*, trad. de M.D. González Soler, Fondo de Cultura Económica, Madrid, 1979: "... la expectativa que se produce al aplicar el principio de la diferencia es la de que las perspectivas de los menos favorecidos se extienden a las generaciones futuras": pp. 323-324.

tección internacional"[12], hasta el punto de conseguir la aplicación extraterritorial de textos protectores de los derechos del menor[13] o del principio de jurisdicción o justicia universal.

Un aspecto de enorme interés es el relativo a la protección integral del menor migrante, refugiado o desplazado en materia de salud física y mental, que hoy en día sabemos que está estrechamente relacionado con las cuestiones medio ambientales, como ha destacado Sanz Caballero (Sanz Caballero, 2013: pp. 192-193), y, es que, en palabras suyas, "se trata de una cuestión de supervivencia para las generaciones futuras" (Sanz Caballero, 2013: p. 206), que incide de forma directa en los menores.

Me gustaría subrayar que los derechos del menor migrante, refugiado o desplazado, aunque se expresen como derechos del individuo, tienen también una dimensión fundamentalmente social que tiene en la familia su natural expresión. Teniendo en cuenta que la institución familiar es donde el menor va a poder desarrollar su personalidad y encontrar un marco de convivencia armónico y lleno de cariño tan necesario durante la infancia, creo que es importante que las solicitudes de reagrupación familiar sean debidamente atendidas.

3. BALANCE DE LOS DERECHOS DEL NIÑO EN LA ACTUALIDAD

Una cuestión que no podemos ignorar es que la pandemia ha traído consigo devastadoras consecuencias económicas y sanitarias

---

12 Voto del juez Piza Escalante de la Corte Interamericana en el caso Gallardo Viviana, nº 101/81 del 13 de noviembre de 1981; y voto del juez Nieto Navia en la Opinión Consultiva OC/5 de 1985.

13 La propuesta por parte de los Estados Unidos de limitar la aplicación de esta Convención a los niños que se encuentren <<legalmente>> en el territorio de cada Estado fue rechazada, al considerar que la entrada ilegal de los padres en el territorio de un Estado miembro no debía invocarse para limitar los derechos de sus hijos.

en todo el mundo, pero ha hecho especial mella en los niños como sujetos más vulnerables. De ahí que el programa mundial de acción de UNICEF para luchar contra la COVID-19 represente un microcosmos del trabajo que realiza esta organización para proteger a los niños más vulnerables y desfavorecidos, y para invertir en el fortalecimiento de los sistemas y servicios a largo plazo. UNICEF ha insistido en que hay que: "Proteger la salud de todos los niños y proporcionarles una buena nutrición; Ofrecer a los niños vulnerables servicios de agua, saneamiento e higiene; Facilitar el aprendizaje de los niños; Ayudar a las familias a satisfacer sus necesidades y cuidar a sus hijos; Proteger a los niños de la violencia, la explotación y el abuso, en particular a las niñas; y Proteger a los niños migrantes y refugiados, así como a todos los afectados por un conflicto".

Por otra parte, el trabajo infantil prolifera, según la Organización Internacional del Trabajo (OIT) y UNICEF. En un informe de junio de 2021, la OIT y UNICEF advirtieron que 160 millones de niños habían sido víctimas del trabajo infantil en 2020[14]. Aunque el porcentaje de niños involucrados en el trabajo infantil no había variado entre 2016 y 2020, el número total aumentó en 8,3 millones (OIT y UNICEF 2021). No se puede pasar por alto que el trabajo infantil impide en muchos casos la educación de los menores de edad, el abandono de la escuela y con ello el principio de igualdad de oportunidades en la carrera de la vida, como diría Rawls (1979) o Sandel (2006 y 2009), quiebre.

Para invertir la tendencia al alza del trabajo infantil, la OIT y UNICEF piden:

- "Una protección social adecuada para todos, que incluya prestaciones universales para los niños.
- Aumentar el gasto en educación de calidad y conseguir que todos los niños vuelvan a la escuela, incluidos los que no iban antes de la COVID-19.

---

14 Consultar: Aumento mundial del trabajo infantil: una amenaza continua para los derechos del niño – Humanium.

- Fomentar el trabajo decente para los adultos, de modo que las familias no tengan que recurrir a la ayuda de los niños para generar ingresos familiares.
- Acabar con las normas de género nocivas y la discriminación que influyen en el trabajo infantil.
- Invertir en sistemas de protección de la infancia, desarrollo agrícola, servicios públicos rurales, infraestructuras y medios de vida"[15].

Se nos llena la boca con celebraciones como la de 2019 cuando se celebró el 30° aniversario de la Convención sobre los Derechos del Niño, mientras que, a principios de 2020, se conmemoró el 25° aniversario de la Declaración y la Plataforma de Acción de Beijing sobre la igualdad entre los géneros y el empoderamiento de la mujer. Incluso con la promoción de los copresidentes del Grupo de Amigos para los Niños y los Objetivos de Desarrollo Sostenible, se ha anunciado, recientemente, la promesa mundial de contribución voluntaria "Para cada niño, todos los derechos".

Sin embargo, ante nosotros tenemos grandes retos que dificultan el logro de los ODS en favor de los niños, entre otros, los niveles sin precedentes de crisis humanitarias, incluida la pandemia mundial de la COVID-19, y un clima condicionado por unos recursos previsibles limitados[16]. Es por ello por lo que hay que conceder prioridad de forma efectiva y eficiente a la salud, la nutrición, el agua, el saneamiento y la higiene, así como el desarrollo en la primera infancia y la adolescencia[17].

---

15 Consultar: El trabajo infantil aumenta por primera vez en 20 años y la pandemia puede empeorar la situación | Noticias ONU (un.org). Recomiendo también "Enhancing migrant's social and economic inclusion and local development in European rural and mountain areas". Booklet with Matilde policy recommendations. DOI: 10.5281/zenodo.7021666. Versión: 31.08.2022.

16 Consultar: Informe Anual de UNICEF 2019: p. 10.

17 Entre las prioridades, según el informe anual de UNICEF 2019, se incluyen las siguientes: "Aceleración en las esferas prioritarias más impor-

Dicho de otra manera: a pesar de la proliferación de textos normativos que velan por la defensa de los derechos del niño en el mundo, lamentablemente, son todavía muchos los niños que siguen sumidos en la pobreza y sometidos a la más vil explotación, bien sea ésta de carácter emocional, laboral o sexual. No podemos abandonar a su suerte en este segundo milenio a todos estos menores de edad que siguen siendo ultrajados y explotados en diferentes partes del mundo.

Me gustaría terminar refiriéndome, aunque sea brevemente, a la Mutilación Genital Femenina (MGF) (Hermida de Llano, 2017) por ser una dramática realidad que, como resalta la Organización Mundial de la Salud, afecta a casi 300 millones de mujeres (pensemos que ello representa seis veces la población de España o de todo el país de Estados Unidos), siendo víctimas de esta práctica cerca de 2 millones de niñas y adolescentes cada año.

Según la propuesta de resolución del Parlamento Europeo sobre una estrategia de la Unión para poner fin a la MGF en el mundo, de 5 de febrero de 2020, "existen pruebas de la práctica de la mutilación genital femenina en más de noventa países de todos los continentes". Un tercio de los casos a nivel mundial se

---

tantes; Vínculos más sólidos entre el desarrollo y la programación humanitaria; Generación Sin Límites, una alianza basada en la educación y las competencias laborales modernas; Atención primaria de la salud a nivel de la comunidad; Salud mental; Cambio climático; Liderazgo intelectual; Innovación; Igualdad entre los géneros. Mientras prosiga la crisis de los derechos de los niños provocada por la pandemia mundial de COVID-19, UNICEF demostrará su liderazgo para responder, recuperar y reimaginar un mundo adecuado para todos los niños, haciendo un llamamiento a la acción con el objeto de: Proteger la salud de todos los niños; Ofrecer a los niños vulnerables servicios de agua, saneamiento e higiene; Facilitar el aprendizaje de los niños; Prestar apoyo a las familias para responder a sus necesidades y cuidar a sus hijos; Proteger a los niños de la violencia, la explotación y el abuso; Proteger a los niños migrantes y refugiados, así como a aquellos afectados por un conflicto (…) En efecto, el mundo no se paraliza para los niños, y nosotros tampoco nos quedaremos paralizados". Informe Anual de UNICEF 2019: p. 12.

produce en el continente africano. De acuerdo con los datos del UNFPA (Fondo de Población de las Naciones Unidas) de 2018, si se mantienen las tendencias actuales de la población, 68 millones de niñas en todo el mundo estarán en riesgo de sufrir MGF en 2030, con una previsión de aumento anual que crece desde los 4,1 millones estimados en 2019 hasta los 4,6 millones al año en 2030. De acuerdo con los datos nacionales más recientes disponibles de toda Europa, 600.000 mujeres y niñas viven en Europa con secuelas físicas y psicológicas permanentes de la MGF y otras 180.000 niñas más están en alto riesgo en solo trece países europeos. A día de hoy, cabría afirmar que unas 700.000 residentes en la Unión Europea han sido víctimas de la MGF.

Creo que estarán todos de acuerdo conmigo en que constituye un error pensar que cada cultura merece ser respetada por el hecho de gozar de legitimación social porque, como ya apuntara Max Weber (1993: pp. 43-45), tan importantes como las *relaciones de dominación* en la época actual son las *relaciones de definición* y la cuestión que queda abierta entonces es ésta: ¿quién define los que es normativo y lo que es aberrante? (Serrano Maillo, 2010. p. 20).

Es obvio que las mujeres no pertenecemos al grupo dominante y con mayor poder dentro de la sociedad, capaz de modificar costumbres o usos arraigados socialmente. Por si esto fuera poco, las mujeres somos las que salimos perdiendo con la aceptación de la tesis relativista de las culturas, al darse más importancia a las diferencias étnicas y culturales que a las diferencias de género.

Como saben, por desgracia, el hecho de que este tipo de prácticas estén oficialmente prohibidas por las normas penales de los países de procedencia no permite descartar la existencia de un peligro real a padecerlas. No debe olvidarse que la MGF se desarrolla en el ámbito privado y, en la mayoría de las ocasiones, con la aquiescencia familiar y social del entorno que rodea a la menor que la padece, y en el que las autoridades gubernativas, en muchas ocasiones, son incapaces de brindar una protección efectiva contra tal abuso. De hecho, hasta hace relativamente poco tiempo, a principios de la década de los noventa del siglo XX, las organizaciones internacionales no prestaban suficiente atención a este tema. Activistas, médicos, profesionales docentes y organizaciones internacionales, entre otros expertos en la materia, lo justifican, subrayando que existía cierto temor y miedo a una supuesta intromisión cultural o quizás por mera desidia ante un problema que se prefería relegar a la esfera de una intimidad o privacidad mal entendida.

Debería quedar claro que estas inveteradas y seculares costumbres o tradiciones no pueden prevalecer ni anteponerse al principio de respeto a la dignidad de la persona y a los derechos fundamentales universalmente reconocidos y admitidos. Todavía resulta más repudiable esta práctica cuando uno piensa que las afectadas son niñas, menores de edad, y los responsables, sus padres, es decir, aquellos sujetos llamados por antonomasia a preservar la dignidad, la integridad y garantizar el libre desarrollo de la personalidad (incluida la sexualidad), de sus hijas.

Es de justicia reconocer que la comunidad internacional, a través de la Unión Europea y de diversas agencias de Naciones Unidas (OMS, UNICEF, UNFPA[18]...), se ha ido paulatinamente pronunciando en diferentes foros, convenciones y declaraciones contra la MGF. No cabe duda de que el hecho de puesta en marcha del proceso de positivación ha sido un avance importante en la medida en que se ha creado un marco jurídico desde el que poder actuar.

En el caso del poder legislativo español, la respuesta se plasmó en la aprobación de dos leyes. Por un lado, la Ley Orgánica 11/2003, de 29 septiembre, que modifica el Código Penal, y en la cual tuvo lugar la tipificación de un nuevo delito de MGF mediante la nueva redacción dada al art. 149 del Código Penal. Con ello, además de elevarse esta práctica a la categoría de delito, como una variante del delito de lesiones, con tipificación penal expresa, se modificó la Ley Orgánica del Poder Judicial, (art. 23.4, apartado g), atribuyendo competencia jurisdiccional (consagra el principio de universalidad o de justicia mundial, la extraterritorialidad pe-

---

[18] Fondo de Población de Naciones Unidas.

nal)[19] a los tribunales españoles para conocer de los delitos relativos a la MGF siempre y cuando los responsables se encontrasen en España. Como se declara en la Exposición de Motivos de la ley 3/2005, de 8 de julio por la que se modifica la L.O.P.J., el hecho de que las mutilaciones sexuales sean una práctica tradicional en algunos países de los que son originarios los inmigrantes en los países de la Unión Europea no puede considerarse una justificación para no prevenir, perseguir y castigar semejante vulneración de los derechos humanos.

A mi modo de ver, resulta, a todas luces, loable la tipificación que se ha hecho de esta práctica aberrante que menoscaba seriamente la dignidad de la mujer, hasta el punto de cosificarla o deshumanizarla. El legislador español ha sabido entender que la MGF no puede tener una única y definida respuesta, esto es, la jurídico-penal. Nos encontramos ante una realidad muy compleja, que merece un enfoque integral por parte de las administraciones implicadas, como por otra parte ocurre con otras problemáticas referidas a menores migrantes, desplazados o refugiados. Es por ello por lo que el uso del Derecho Penal como mecanismo sancionador no puede desvincularse de una adecuada labor de información y prevención a través de organismos como es la escuela, los servicios sociales, profesionales sanitarios, mediadores inter-

---

19 Vid. Sentencia de la Sala de lo Penal de la Audiencia Nacional de 14.05.2014. Roj: AAN 114/2014 – ECLI:ES:AN:2014:114ª. Id Cendoj: 28079220022014200002. Órgano: Audiencia Nacional. Sala de lo Penal. Sede: Madrid. Sección: 2. Nº de Recurso: 2/2014. Nº de Resolución: 26/2014. Procedimiento: PENAL-APELACION PROCEDIMIENTO ABREVIADO. Ponente: JULIO DE DIEGO LOPEZ. Vid. también Sentencia de la Sala de lo Penal del Tribunal Supremo de 6.05.2015. Roj: STS 2046/2015 – ECLI:ES:TS:2015:2046. Id Cendoj: 28079120012015100266. Órgano: Tribunal Supremo. Sala de lo Penal. Sede: Madrid. Sección: 1. Nº de Recurso: 1682/2014. Nº de Resolución: 296/2015. Procedimiento: PENAL-PROCEDIMIENTO ABREVIADO/SUMARIO. Ponente: CANDIDO CONDE-PUMPIDO TOURON.

culturales y educadores para llegar entre todos a una resolución efectiva del problema.

No creo que sea acertado elaborar una teoría del error de prohibición fundado en los factores culturales a los que pertenece el sujeto porque el respeto a las tradiciones y a las culturas ha de tener como límite infranqueable el respeto a los derechos humanos que actúan como mínimo común denominador exigible en todas las culturas, tradiciones y religiones. En definitiva, el respeto por los derechos humanos debería servir de filtro entre lo que es tolerable e intolerable (Vázquez González, 2010: p. 207). A modo de conclusión, resulta obligado entender que la ablación del clítoris, esto es, la MGF no es cultura, es "mutilación" no solo del cuerpo sino también de los derechos de las mujeres y, en consecuencia, es discriminación femenina[20].

Resulta necesario adoptar unas directrices interpretativas sobre la MGF y el asilo que permitan a los Estados miembros armonizar mejor las prácticas nacionales de conformidad con el espíritu del Sistema Europeo Común de Asilo (SECA). En cuanto a las autoridades de asilo nacionales, sería conveniente que entre todos sensibilizáramos a quienes trabajan sobre la MGF, destacando la importancia que tiene esta problemática en el marco de su

---

20 Sentencia de la Sala de lo Penal del Tribunal Supremo de 31.10.2012. Roj: STS 7827/2012 – ECLI:ES:TS:2012:7827. Id Cendoj: 28079120012012100900. Órgano: Tribunal Supremo. Sala de lo Penal. Sede: Madrid. Sección: 1. Nº de Recurso: 3/2012. Nº de Resolución: 835/2012. Procedimiento: RECURSO CASACIÓN. Ponente: JOAQUIN GIMENEZ GARCIA. Lo mismo señaló posteriormente con idéntico tenor literal la Sentencia de la Audiencia Provincial de Barcelona de 13.05.2013. Roj: SAP B 4991/2013 – ECLI:ES:APB:2013:4991. Id Cendoj: 08019370092013100024. Órgano: Audiencia Provincial. Sede: Barcelona. Sección: 9. Nº de Recurso: 3/2012. Nº de Resolución: 42/2013. Procedimiento: Sumario. Ponente: JOSE MARIA TORRAS COLL. En esta misma línea, vid. LUCAS, B., "Aproximación antropológica a la práctica de la ablación o mutilación genital femenina", *Cuadernos Electrónicos de Filosofía del Derecho,* nº 17, 2008. Accesible en: https://www.uv.es/CEFD/17/blucas_antropo.pdf.

trabajo, bien se trate de profesionales de la salud, entrevistadores, responsables de tomar decisiones, de formular políticas, etc. No hay que escatimar esfuerzos en aras de animar a los legisladores de la Unión Europea, así como a nivel estatal y regional, y a los proveedores de servicios, a incluir plenamente a las mujeres y niñas, tanto solicitantes de asilo como refugiadas, en sus planes de acción globales y multidisciplinares para la eliminación de la MGF en la Unión Europea, en consonancia con la Resolución de la Asamblea General de la ONU de 2012.

Estoy convencida de la necesidad de que, como señala el Informe anual de la Comisión Española de Ayuda al Refugiado (2022), hay que mejorar los protocolos de actuación en caso de llegadas masivas de personas adultas con niños y niñas priorizando el interés superior del menor por encima de otras consideraciones. El artículo 24 de la Directiva 2013/32/UE de Procedimientos, en caso de necesidades específicas (por ejemplo, víctimas de tortura, de violencia sexual, mujeres solas con menores), obliga a los Estados miembros a prestar el apoyo necesario a las personas solicitantes, incluida la atención psicosocial. Si esto no es posible realizarlo en un procedimiento acelerado en frontera, se deberá tramitar por un procedimiento ordinario en territorio donde se le pueda ofrecer ese apoyo necesario.

En todo caso, me gustaría que quedara claro que no toda diversidad ni toda diferencia es éticamente aceptable, ni todo punto de vista cultural tiene en sí mismo el mismo valor ético (Vázquez González, 2010: p. 142). La sociedad globalizada y multicultural del siglo XXI exige que se reconozca como posible el reconocimiento e intercambio de un núcleo mínimo de principios y reglas que puedan constituir la base de una convivencia común, siempre basada en el respeto de la dignidad humana.

4. BIBLIOGRAFÍA

Bobbio, N. (1988-1989). "Derechos del hombre y Filosofía de la historia", en *Anuario de Derechos Humanos*, nº 5, Madrid.

—, (1991). *El tiempo de los derechos*, Sistema, Madrid.

Feldman, G. E. (1998). *Los Derechos del Niño,* Ciudad Argentina, Buenos Aires.

Harrison, B. (2004). *"Jebb, Eglantyne (1876–1928)",* Oxford Dictionary of National Biography, Oxford University Press, Oxford.

Hermida del Llano, C. (2002). "Los derechos del niño: un marco filosófico-jurídico", en Juan Antonio Carrillo Salcedo (Dir.), *Los derechos del niño: Estudios con motivo del Décimo Aniversario de la Convención de los derechos del niño,* Madrid: Ministerio de Trabajo: pp. 231-245.

—, (2017). *La mutilación genital femenina.* El declive de los mitos de legitimación, Tirant lo blanch, Valencia.

Paja Burgoa, J. A. (1998). *La Convención de los Derechos del Niño,* Tecnos, Madrid.

Peces-Barba, G. (1991). *Curso de Derechos Fundamentales.* Teoría General (I), Eudema, Madrid.

Rawls, J. (1979). *Teoría de la Justicia,* Fondo de Cultura Económica, Madrid.

Sandel, M. J. (2009). "*Justice. What is the right thing to do?*", Farrar, Strauss and Giroux, New York.

Sandel, M. J. (2006). "*Public Philosophy. Essays on Morality in Politics*", Cambridge, Massachussetts, London.

Sanz Caballero, S. (2013). "Los efectos del calentamiento global en los derechos del niño. Una perspectiva desde el Derecho Internacional", *Revista Española de Derecho Internacional,* Sección NOTAS, Asociación de Profesores de Derecho Internacional y Relaciones Internacionales, Vol. LXV/2 Madrid, julio-diciembre 2013: pp. 191-207.

Serrano Maíllo, A. (2010). *"Prefacio" a la obra de Vázquez González, C., Inmigración, diversidad y conflicto cultural. Los delitos culturalmente motivados cometidos por inmigrantes (especial referencia a la mutilación genital femenina),* Dykinson, Madrid.

Weber, M. (1922, cit. ed. 1993). *Economía y Sociedad. Esbozo de sociedad comprensiva* (trad. J.M. Echavarría y otros), Fondo de Cultura Económica, México.

Capítulo 13

La formación de la identidad terrorista: el porqué de un grupo terrorista como ETA

DRA. BEATRIZ ANDRÉS REGALADO
Universidad Europea de Madrid (UEM)

1. UNA APROXIMACIÓN AL CONCEPTO DE TERRORISMO

La lucha contra el terrorismo se ha convertido de forma innegable en una de las prioridades para los gobiernos de todo el mundo, debido a los sucesos acontecidos que han marcado la historia reciente a lo largo del siglo XX y comienzos del siglo XXI. De esta manera podemos observar cómo la amenaza del terror ha sacudido a la población mundial dejando secuelas visibles en las ciudades más importantes y sus ciudadanos.

Es importante comprender que el peligro del terrorismo no habita en los muertos, sino que busca sembrar en sus ataques el mayor número de víctimas mortales y originar unas secuelas emocionales que repercutan en la población. La ideología del miedo alimenta esta problemática cada vez más visible en nuestra sociedad.

Calduch (2014) definió el terrorismo como la estrategia de relación política basada en el uso de la violencia, y de la amenaza de la violencia por un grupo organizado, con el objeto de inducir un sentimiento de terror o de inseguridad extrema en una colectividad humana no beligerante y facilitar así el logro de sus demandas (p.175).

Pese a la antigüedad del término, se ha llegado a plantear un debate sobre el uso que los medios de comunicación y algunas personas realizan del término «terrorismo» para, de esta manera, describir una acción encaminada a causar un daño, sin evaluar el tipo de daño o la forma en que se lleva a cabo dicha acción. Es el caso del mal llamado «terrorismo de género» que de forma continuada es nombrado por los medios de comunicación y por personalidades de relevancia política, sin pensar en que sus intervenciones menoscaban al verdadero terrorismo y a la violencia de género. El mal uso de este término podría llevar a un desvanecimiento del significado del verdadero terrorismo, que sí lleva implícito una serie de características que han sido convenientemente acotadas y definidas.

De la Corte (2006) establece los elementos que caracterizan a los movimientos de las organizaciones terroristas. En primer lugar, a menudo los movimientos sociales expresan un conflicto social el cual surge o proviene de otros colectivos sociales o instituciones. De la misma manera, las personas que integran estos grupos participan de esos movimientos, se identifican a sí mismas como miembros de estos, siendo patente la identidad social construida. También es necesario que los miembros de estos colectivos compartan creencias y motivaciones básicas, esquematizadas en una ideología, pudiendo observarse en ellos actividades al margen de las instituciones o el Estado o contra las mismas.

Cabe aludir en este punto a la estructura piramidal realizada McCauley y Moskalenko (2017) donde se explica cómo en la base de la pirámide se encuentran los seguidores. Estos individuos no tienen capacidad para emplear la violencia, no obstante, sí que ofrecen un sustento ideológico para el grupo terrorista y son etiquetados como el brazo político. Este concepto se explica porque con sus actividades contribuyen económicamente al grupo terrorista. También se caracterizan por la asistencia a manifestaciones y reuniones de carácter reivindicativo. De igual manera es notoria la forma en que estos sujetos publicitan los principios e ideales del movimiento en sus grupos y redes sociales.

En el siguiente nivel se encuentran los activistas. Estos podríamos definirse como sujetos activos que colaboran de manera activa sin que se aprecien signos de vacilación en su participación en los eventos requeridos. Estos sujetos buscan mantener una participación más activa que los descritos anteriormente y se observa en ellos una asunción e interiorización plena de la ideología de la organización.

En el penúltimo peldaño de la pirámide encontramos a los sujetos denominados radicales. Estos presentan unas emociones y cogniciones facilitadoras de la conflictividad violenta. En la cúspide de la pirámide encontramos a los denominados terroristas, caracterizados por un compromiso total y por unas acciones que destacan por su violencia y que son consideradas por éstos como un deber moral.

Sin embargo, estos autores describen como se estructuran los grupos terroristas sin tener en cuenta por qué se produce esas conductas que rompen todo lo previsible en la sociedad y por tanto producen tanto dolor en ella.

2. LA DESCONEXIÓN MORAL DE BANDURA

Intentando dar respuesta a los actos descritos anteriormente, Bandura elabora una teoría cuya mayor particularidad fue tener en cuenta el factor edad; hecho que en la teoría de las ventanas rotas no se realiza, hablamos de esta teoría por la problemática que aquí se estudia, entendiendo quizá la simpleza de la misma la tesis de Zimbardo se fundamenta en la falta de consecuencias ante los pequeños delitos. De esta manera los murales y grafitis que a lo largo de los años han sido protagonistas de las calles de ciudades y pequeños municipios del País Vasco han reforzado el sentimiento de invulnerabilidad por quienes cometían estos actos, dejando desprovistos de protección y acentuando la debilidad de quienes eran señalados por dichas pintadas. Bandura entiende por tanto que los estándares morales son adquiridos en etapas muy tempranas del individuo, tras observar cómo es evaluada por el resto de la sociedad su propia conducta. Por tanto, una vez que se consolidan estos estándares morales pueden convertirse en guías de nuestro propio comportamiento y así el individuo actúa en función de las consecuencias que dichos actos tendrán para sí mismo o para los demás. El autor de esta teoría plantea que cuando un individuo va a cometer un acto cruel puede comportarse de forma distinta debido a un ejercicio de auto influencia.

Este proceso que recibe el nombre de «desenganche emocional» se define como la aparición de conductas diferentes bajo los mismos estándares morales. Durante el proceso de internalización adquirimos unas normas morales que, según Bandura, no funcionan a no ser que sean activadas o desvinculadas.

La particularidad de Bandura al elaborar esta teoría fue tener en cuenta el factor edad; Los estándares morales, como ya hemos señalado, son adquiridos en etapas muy tempranas del individuo, tras observar cómo es evaluada por el resto de la sociedad su propia conducta. Por tanto, una vez que se consolidan estos estándares morales pueden convertirse en guías de nuestro propio comportamiento y así el individuo actúa en función de las consecuencias que dichos actos tendrán para sí mismo o para los demás. El autor de esta teoría plantea que cuando un individuo va a cometer un acto cruel puede comportarse de forma distinta debido a un ejercicio de auto influencia.

Este proceso que recibe el nombre de «desenganche emocional» se define como la aparición de conductas diferentes bajo los mismos estándares morales. Durante el proceso de internalización adquirimos unas normas morales que, según Bandura, no funcionan a no ser que sean activadas o desvinculadas. Este último proceso tendrá aspectos más relevantes. Para comprender esta teoría debemos entender el concepto de la «Justificación Moral» que plantea que las personas no cometen actos atroces a no ser que los consideren moralmente adecuados. Dicho de otro modo, pueden tenerse buenas razones morales para hacer algo inmoral o también, el fin justifica los medios. Bandura describe a través de este proceso las acciones llevadas a cabo por los terroristas, bajo lo que él denominó el «Etiquetado Eufemístico» según el cual las mismas acciones pueden tomar diversas apariencias. Bandura identifica varios tipos de eufemismo:

- Las expresiones paliativas, que tienden a convertir en algo respetable algo negativo o censurable.
- El empleo de la forma pasiva, pues crea un distanciamiento entre el actor y la víctima.
- El etiquetado de acciones reproblables con palabras que presentan connotaciones positivas, de modo que la comisión de tales acciones resulte incluso virtuosa y se despoje de su valor negativo y moralmente inaceptable.

Bandura alude también a la comparación paliativa o ventajosa, resultado de comparar las acciones del individuo o del grupo con otras acciones peores y distingue dos tipos:

- Comparar nuestras acciones con las acciones crueles de nuestros oponentes.
- Comparaciones históricas, por ejemplo: «puede que yo matara a tres judíos, pero mira lo del holocausto».

La suma ha hecho que a lo largo de la historia grupos terroristas como ETA hayan recibido un fuerte apoyo de sus bases y de parte de la sociedad. La reestructuración cognitiva de la conducta por medio de la justificación moral y ventajosa es el mecanismo psicológico más efectivo para promover la conducta agresiva, debido a que no sólo elimina las propias inhibiciones del individuo, sino que genera su aprobación de acciones destructivas. Lo que en un momento determinado habría sido moralmente condenable se convierte en otro momento en fuente de autovaloración.

3. ACTIVIDAD DEL GRUPO TERRORISTA ETA

Las mayores caracterizaciones del grupo terrorista ETA, ha sido sin duda la forma de comunicación empleada con la sociedad, aún presente en la actualidad en algunas zonas del territorio nacional, todo un símbolo de la acción del grupo, en la actualidad debemos entender que esta forma de comunicación era algo casual, de la misma manera que la cartelería de guerra estudia las imágenes y los textos empleados, los grupos terroristas y en el caso que nos ocupa el grupo terrorista ETA utilizo las paredes del territorio nacional para comunicar treguas, declarar la vuelta a las armas, colocar puntos de mira a quienes serían sus próximas víctimas, dibujar enemigos en la mente de un colectivo. Uno de tantos pilares sobre el que sustentar este discurso, es la sentencia SAN 4625/2007 en la que queda probado que Jarrai no era una simple organización juvenil, como pretendía presentarse, configurándose como vanguardia delegada de ETA, en el sector juvenil. De tal propósito debía encuadrar y movilizar a los jóvenes hacia los objetivos y estrategias de ETA. Dicha sentencia refleja que el grupo terrorista instrumentaliza a la juventud vasca a la cual traslada el proyecto de ETA. La función asignada a Jarrai señala la sentencia dentro del M.V.L.V es la dinamización del movimiento juvenil. Años más tarde la misma sentencia señala como la denominada kale borroka o violencia callejera fue asumida por EKIN, la sentencia a la que se hace mención hace referencia a documentos que reflejan la estrategia seguida para desarrollar acciones de este grupo ya ilegalizado. En las líneas citadas en dicha sentencia se refleja la lucha complementaria de ETA como el medio de coacción a la ciudadanía y modo de cercenar la vida democrática en la forma más próxima al ciudadano. Lo descrito anteriormente se relaciona con las pruebas obtenidas en los registros que quedaron documentadas en las sentencias. Así, en el registro de la Sede de SEGI situado en Vitoria donde se organizan reuniones se encontraron los siguientes materiales:

- Manual sobre seguridad en la ejecución de acciones de Kale borroka o violencia callejera, titulado póntelo pónselo.
- Transparencia para elaborar cartelería en las que Figura el texto: «la actividad de la lucha callejera nos corresponde a todos».

- Pegatina en la que Figura la fotografía del magistrado del Juzgado Central de Instrucción número cinco de la Audiencia Nacional con una diana superpuesta con la frase: «Lo que habéis hecho lo pagareis caro».
- Una transparencia para elaborar cartelería en la que figuran los logotipos del partido popular, el partido socialista de Euskadi y de unión alavesa junto al texto: «Enemigos de Euskal herria. Responded duro».
- Eta´ren ekimena de eta, la iniciativa de eta. Documento clandestino original de dicho grupo.
- Pegatinas de ETA en las que aparecen individuos encapuchados en unas y el anagrama del hacha y la serpiente en otras.
- Transparencia para la elaboración de cartelería en la que junto al anagrama de ETA aparece un encapuchado encarando un lanzagranadas, otra en la que aparece con un arma corta otra con el texto de: gora euskadi ta askatasuna. De igual manera se encuentran estas transparencias con el anagrama y el texto de: bietnam jarrai. De igual forma se enumera otra con el anagrama del hacha y la serpiente y en el texto eusko gudariak superpuesto otra con el texto: el que no hace nada, nada cambia.
- Figura un sello con la leyenda jo ta ke/ pega y corre y otra con el texto frente a todas las expresiones del españolismo jo ta fuego.
- Transparencia para la elaboración de carteleria de ekin haika segi matxinada.

La importancia de la cartelería dentro del grupo terrorista ETA, queda probado en la sentencia que ilegaliza a segi haika y jarrai donde David Lizarralde Palacios es condenado al mismo tiempo que Ion Makel Ormazabal Gaztañaga por tener funciones de suministro y administración de la cartelería dentro del grupo anteriormente citado.

Parece claro por tanto entender que las acciones relacionadas con la actividad de las bases de la organización de terrorista, no es una actividad casual, las pintadas y los murales presentes hoy en día no pueden ser entendidos como actos ajenos al grupo terrorista y sin repercusión alguna en la sociedad donde se enmarcan.

Y es que existe todo un marco histórico que nos permite entender las acciones y que intento dar una justificación moral a los hechos cometidos, por ello es necesario comprender las acciones realizadas para entender la importancia de estas. Es el caso del concepto cada vez más utilizado incluso por las elites políticas, escrache el cual es definido como la manifestación popular de protesta contra una persona, generalmente del ámbito de la política o de la Administración, que se realiza frente a su domicilio o en algún lugar público al que deban concurrir. Por la definición actual de esta acción se entiende que la acción de escrachar ha perdido su origen el cual puede encontrarse en las acciones llevadas a cabo por H.I.J.O.S (Hijos por la Identidad y la Justicia contra el Olvido y el Silencio) definiendo el termino escrachar como quitar la máscara de aquellos que participaron en las torturas y genocidios de la dictadura Argentina, los cuales debido a las leyes de amnistía pretendieron llevar una vida silenciosa al resguardo de la sociedad y el anonimato. De esta manera el grupo H.I.J.O.S realiza sus acciones con la finalidad clara de descubrir la identidad de aquellos que participaron en esos actos y pretendieron después mantener un perfil gris; para ello se realizaron manifestaciones en domicilios y centros de trabajo con la finalidad de crear repercusión y conseguir un rechazo social para estos individuos.

> "Con el escrache queremos hacer pública la identidad de esos individuos: que sus colegas de trabajo conozcan la naturaleza de sus actividades durante la dictadura, que sus vecinos sepan que hallado de sus casas viven torturadores, que los reconozcan en la panadería, en el bar, en el mercado. Ya que no hay Justicia, hagamos al menos que no encuentren la paz, que sean señalados con el dedo en las calles por lo que son: criminales" (Guarini, 2002).

El escrache se presenta como un medio por el cual lograr sino un juicio legal si una condena social en el periodo acontecido entre 1974 y 1983. Estas acciones se caracterizan por la realización en busca de un fin explicito, que el individuo que lo padece no vuelva abandonar su domicilio por temor a una respuesta social. Por ello existían panfletos donde podían leerse:

> "Que el panadero no les venda el pan, que el diariero les niegue el diario, que el taxista no los deje subir, que el colectivero les cierre las puertas de su colectivo, que el mozo del bar de la esquina no le quiera servir café y que las personas que estén en ese bar lo echen al grito de 'asesino !'. Que en el barrio los vecinos los declaren personas no gratas y los repudien cada vez que traspasen el umbral de sus casas. Nosotros podemos hacer que el país sea su cárcel, empezando por cada barrio" (Guarini. 2002).

Se trata por tanto del mismo señalamiento realizado a las víctimas del grupo terrorista ETA, a lo largo de la historia de las diferentes etapas del mismo son incontables los relatos de políticos, miembros de policía y guardia civil, que describen junto con sus familias, como la su vida se vio alterada por ser amenazada por eta, aislamiento, dentro de la sociedad, menores que deben desconocer la profesión de sus progenitores por motivos de seguridad, sabotajes a monolitos panteones y lugares de descanso de víctimas.. Por tanto, se entiende que el señalamiento no es algo alejado de la realidad vivida por las diferentes víctimas del grupo terrorista ETA, a lo largo de su actividad, los puntos de mira pintados en las viviendas de todo el territorio nacional, sirvieron como un señalamiento explícito y suponían el comienzo de las amenazas.

No parece ya un secreto que estas pintadas y murales suponían en ocasiones desvelar la localización, de un miembro de un partido político, su domicilio, o la profesión de un vecino como un Guardia Civil o un Policía Nacional.

4. LA COMUNICACIÓN CON LA SOCIEDAD

En la actualidad en España se han conocido diferentes movimientos sociales como el 15-M y grupos políticos defensores de esta forma de acción social, trasladando a los diferentes medios de comunicación la finalidad de protesta de estos como los señalados anteriormente, lo cual, sin duda, supone un problema para una población que recibe mensajes confusos dentro de un sistema democrático e incluso podríamos ayudar a introducir una carencia en la misma sociedad, legitimando acciones propias de un grupo terrorista como es el caso de ETA.

Los señalamientos indicados anteriormente pueden ser percibidos de forma evidente en los murales realizados por el grupo terrorista ETA, donde de manera continuada señalan la identidad de miembros de Policía Nacional y Guardia Civil consiguiendo cambiar sus rutinas diarias durante los conocidos como años de plomo. Pintadas con el lema Alde Hemendik pretenden dibujar en el inconsciente de la población las figuras de las llamadas fuerzas de ocupación.

En estos actos la memoria de la población juega un papel esencial. La memoria es una construcción social, en la medida que el individuo necesita enmarcarse en un contexto social para recordar. Significando esto que el individuo necesita enmarcarse en un contexto social para recordar y esta toma prestada la lengua, las tradiciones propias esta se imprime en objetos específicos como es una calle, una obra de arte o los murales de estos grupos. Halbwachs (1950: p. 15): Define la memoria colectiva de la siguiente forma: "Puede hablarse de memoria colectiva cuando evocamos un acontecimiento que ocupa un lugar en la vida de nuestro grupo y que hemos traído a la memoria, que lo hacemos presente en el momento en el que lo recordamos desde el punto de vista de ese grupo". Una enunciación más sintética la da Pablo Fernández Christlieb (1991: p. 98): la memoria colectiva es "el proceso social de reconstrucción del pasado vivido y experimentado por un determinado grupo, comunidad o sociedad".

> "Por marco social de la memoria entendemos, no solamente el conjunto de las nociones que en cada momento podemos percibir, dado que ellas se encuentran más o menos en el campo de nuestra conciencia, sino también todas aquellas que alcanzamos partiendo de ésta, por una operación del espíritu análoga al simple razonamiento» (Halbwachs, 1925: p. 175). El marco es lo que

> contiene, lo que mantiene, lo que permite limitar e inscribir lo que a un grupo interesa: «Evocamos al recuerdo sólo para llenar el marco y prácticamente no tendríamos el recuerdo si no tuviéramos el marco para llenar".

La memoria colectiva y la memoria social según Guarini (2002) tienen una gran importancia en la producción y mantenimiento de la realidad social. Los grupos que desean imponerse sobre otros recurren a la táctica del olvido social para de esta manera mostrarse como una opción más viable, presentándose como aquellos que provienen de un pasado más dignificante y por tanto estando legitimados a una posición de superioridad en el presente. El olvido sin embargo se fabrica de distinta manera, con distintos materiales y procederes, y con un actor adicional: el poder que, empíricamente cobra la forma de grupo dominante. Es importante observar como el olvido social puede establecerse en dos tiempos: en primer lugar, impidiendo que unos hechos se mantengan dentro de una sociedad, imposibilitando la forja de la memoria y mucho menos la comunicación. En este caso el olvido antecede a la memoria esto puede suceder por la velocidad de los acontecimientos o por la saturación de estos los cuales impiden que la colectividad consiga darles un sentido. En segundo lugar, el olvido se produce de forma posterior al proceso de memoria. Así, en un momento estos eventos han sido guardados en la memoria colectiva pero un motivo concreto se les ha impedido la comunicación de los mismos, ya sea por imposición, por censura o por medio del terror. Este último supuesto se consolida como la característica principal de los grupos terroristas, la imposición de una idea por medio del miedo, entender el proceso de olvido social en los años conocidos como de plomo del grupo terrorista eta, es imposible sin comprender los medios empleados por el mismo, el grupo terrorista ETA además de la realización de atentados, realizó murales, pintadas amenazantes en las calles del país vasco por medio de los cuales se hace presente no solo para las instituciones sino lanzando un mensaje a la sociedad.

Lo anteriormente descrito constituye un modelo de comunicación, por lo que es importante definir este término. La comunicación se considera un medio de conexión o unión entre las personas para transmitir o intercambiar mensajes, podríamos por tanto de manera segura afirmar que el grupo terrorista eta desarrolla un ejercicio de comunicación con la sociedad por medio de murales. Por tanto, ya que la comunicación puede ser verbal o no verbal, los murales empleados por el grupo terrorista eta mantendrían un esquema rígido donde el grupo terrorista ETA y los grupos juveniles vinculados al mismo se establecerían como el emisor del mensaje, siendo el mensaje el mural y el receptor la sociedad. Mediante estas acciones por tanto el grupo terrorista ETA realiza una comunicación activa con la población, por medio de esta vía el grupo terrorista eta ha realizado comunicaciones de fin de tregua, ha pedido el apoyo de la sociedad para continuar con las acciones violentas y ha realizado las acciones más representativas de este grupo terrorista. Estos mensajes han dibujado el modus operandi en el cual las pintadas es el comienzo del etiquetaje de las víctimas de este grupo; es decir la Figura de la víctima podría considerarse desde el momento que comienzan a aparecer pintadas de contenido violento o con texto amenazante en el domicilio o entorno cercano de una persona. De esta manera eta como emisor traslada un mensaje a la persona la cual sería el receptor por medio de un *graffiti*, pudiendo suceder a sujetos individuales o miembros de un colectivo, como es el caso de la Policía Nacional (PN) y la Guardia Civil (GC). La Guardia Civil indica que durante el periodo de actividad criminal de ETA fueron asesinadas más de 850 personas. En la reseñar de este cómputo global la guardia civil tuvo entre sus bajas un número muy significativo de víctimas mortales; 210 agentes engrosan las listas de guardias muertos a manos del terrorismo de ETA. Este artículo lo atribuirá a varios factores como son: El hecho que en muchas comarcas del País Vasco y Navarra las casas cuartel constituían la única presencia del Estado. En segundo lugar, la dispersión de las instalaciones propias convertía en los atentados contra estas instalaciones en sencillas maniobras de ataque y huida. En tercer lugar, debían señalarse los desplazamientos en vehículo de las patrullas del cuerpo en servicios rutinarios muchos de ellos con reducidas y endebles medidas de autoprotección.

El cuerpo de la Guardia Civil ha sido el que más daño ha hecho a las estructuras de ETA y por tanto el enemigo a combatir, no solo los guardias civiles han sufrido atentados si no sus familias en las casas cuarteles, como se puede destacar en las conclusiones de la investigación (Regalado, 2021).

Como se destaca en la tabla que se adjunta a continuación, existe disparidad sobre el número de víctimas mortales de miembros de la Guardia Civil, para algunas fuentes 207 y en cambio otras 210, 212; la explicación no es otra que las fuentes tomen en cuenta que las cinco personas que a continuación se adjuntan, en el momento del atentado que les costó la vida, no estaban en activo en el cuerpo (Vasco et al., 2021).

Víctimas mortales de atentados de ETA ex miembros de la Guardia Civil, con otra actividad profesional en el momento del atentado

Nº	Fecha del atentado	Víctima	Colectivo
1	13/12/1978	Juan Jiménez Gomez	Ex-Guardia Civil Policía Municipal
2	12/02/1979	Cesar Pinillas Sanz	Ex-Guardia Civil Policía Municipal
3	30/12/1985	Alejandro Sáenz Sanchez	Ex-Guardia Civil jefe de vigilancia de Michelin
4	11/01/1991	Francisco Díaz de Cerio Gómez	Ex-Guardia Civil Miembro activo de UGT
5	16/09/1991	Francisco Cebrián Cabezas	Ex-Guardia Civil propietario de grúa

Fuente: elaboración propia a partir de Alonso, Domínguez y García Rey (2010), López Romo (2014), Sánchez y Simón (2021).

Estos datos dan sentido da forma a la figura del enemigo plasmada en los numerosos murales y pintadas aun presentes en las calles de la comunidad vasca el lema Alde hemdik ni se os quiere ni se os necesita, aún la actualidad se revictimización a un colectivo, ya de por si victimizado en este caso y la indefensión que han sufrido y sufren, por grupos políticos que apoyan uno de los principales pilares del grupo terrorista con agravante de continuar presente en las calles de nuestra nación. Es importante como se puede analizar en el Informe sobre la injusticia padecida por miembros de FFCC, así como sus familiares, a consecuencia del terrorismo de ETA (1960-2011) debemos destacar que cuando un miembro de la GC era amenazado y se convertía en objetivo no importaba si este abandonaba la institución que representaba, pues tenía las mismas probabilidades de convertirse en víctima, no obstante, su inseguridad y la indefensión de su familia era mayor.

Los murales que referenciamos presentes en las calles mayoritariamente de País Vasco sustentan su permanencia al resguardo de la libertad de expresión un derecho dado por la democracia que sin duda se instrumentaliza para que los mensajes de los grupos terroristas tengan su eco en la historia, existen sentencias como mismo Tribunal Constitucional recoge en su sentencia STC 174/2006, de 5 de junio que "aun cuando la misma sea desabrida y pueda molestar, inquietar o disgustar a quien se dirige, pues así lo requieren el pluralismo, la tolerancia y el espíritu de apertura, sin los cuales no existe sociedad democrática" haciendo alusión a una libertad critica, no obstante el mismo Tribunal dibuja de manera clara la línea donde este derecho termina para comenzar una conducta claramente antijurídica recogida en el Código Penal, "no cabe considerar ejercicio legítimo de las libertades de expresión e información a los mensajes que incorporen amenazas o intimidaciones a los ciudadanos o a los electores ya que como es evidente, con ellos ni se respeta la libertad de los demás, ni se contribuye a la formación de una opinión pública que merezca el calificativo de libre" (STC 136/1999, de 20 de julio).

Por tanto y partiendo del debate social existente en relación con la libertad de expresión y conociendo los límites de este derecho, no debemos olvidar el peligro real, y ya experimentado a lo largo de nuestra historia moderna, que se esconde en no prestar atención a los avances de estos grupos terroristas en materia de adoctrinamiento, pues ello supondría un alto coste para nuestro bien jurídico más importante.

4.1. Comunicación comparada

Quizá después de todo lo planteado, lo correcto no fuese decir que los grupos terroristas de nuestra historia moderna hayan planteado nada nuevo, si bien es cierto que en todo comportamiento pueden observarse cambios propios del momento de su tiempo y es que podemos observar trazos comunes al comportamiento mantenido en antiguos conflictos bélicos. A lo largo de estas páginas trataremos de reflejar la similitud existente en la comunicación de estos grupos con las antiguas guerras. Para ello definiremos el «cartel político» como un antecedente de obra impresa empleado como instrumento político. La aparición de la imprenta, en el siglo XV supondrá una apertura a la reproducción masiva de los mensajes, que son colgados en las paredes para su difusión. La Revolución Francesa de 1789 constituye el escenario de la primera «batalla de papel», pues todos sus autores emplearan este medio. La Comuna de París de 1871, uno de los capítulos más dramáticos en la historia de la Europa del siglo XIX, supuso el primer levantamiento revolucionario que disputó y conquistó el poder en París, durante ocho semanas entre el 18 de marzo y 28 de mayo. Durante esta revuelta, los muros de la ciudad fueron el escenario de la comunicación del pueblo, como describe Larrère (2021): En 1872, un "grupo de soldados republicanos y amigos del pueblo" escribe en los muros del cuartel de la Pépinière: "Ejército de Versalles, defensores del despotismo y de nuestra pobre Francia: sois los asesinos del pueblo, la mancha de sangre que lleváis en la frente nunca se borrará" (3). En 1873, en el palacete de Adolphe Thiers, demolido por la Comuna y luego reconstruido a expensas de los contribuyentes, aparece la siguiente frase: "Gente de París, esta casa es el precio de tu sangre". También, por supuesto, se alaba a los insurrectos: "Honor a los valientes Ferré,

Rossel, Crémieux y Dombrowski, que murieron por la Comuna Estos capítulos de la historia han supuesto un manual sobre tácticas de guerra. Este conocimiento ha sido elaborado a lo largo de los años y son muchos los que con sus investigaciones ayudan a aumentar esta sabiduría, como es el caso de Ponsonby (1928) quien redactó el decálogo de la propaganda de guerra en su obra «La falsedad en tiempo de guerra: Las mentiras de la propaganda de la Primera Guerra Mundial».

Es por tanto obligatorio definir el concepto de comunicación según Lomov (1989) la "Comunicación es todo proceso de interacción social por medio de símbolos y sistemas de mensajes. Incluye todo proceso en el cual la conducta de un ser humano actúa como estímulo de la conducta de otro ser humano. Puede ser verbal, o no verbal, interindividual o intergrupal. De la misma manera y por las acciones descritas por los grupos sería interesante plantear que es la propaganda cuyo término, proviene del latín y su significado es dar a conocer, por lo que está ligada al proceso de comunicación y por tanto no podría existir sin él".

Es importante señalar que no es necesario el éxito en la comunicación para que se hable del proceso de comunicación efectiva. De la misma manera debemos indicar que el concepto de la lengua y el habla son parte de lo que entendemos por comunicación. Por tanto, el resto de los códigos conocidos como paralingüísticos sirven para completar este proceso. El mejor ejemplo o el más sencillo se puede apreciar si tenemos en cuenta cómo una oración puede cambiar su significado al cambiar el tono de voz con el que la pronunciamos. La comunicación es, por tanto, un medio de conexión o unión entre las personas para el intercambio de mensajes. Esta es esta una de las principales premisas de la presente tesis doctoral que explora la comunicación llevada a cabo por los diferentes grupos terroristas con la sociedad por medio de murales elaborados en lugares públicos siguiendo un patrón conductual en los diferentes grupos.

Por tanto, el grupo terrorista sería el emisor del mensaje, el mural contendría dicho mensaje y el receptor de este sería la sociedad a quien se dirige. Para una mejor comprensión de este lenguaje terrorista es necesario analizar el papel de la capacidad simbólica estudiada por Vygotsky (1979, 1986), quien señala que las funciones mentales superiores dependerán de la adquisición de herramientas culturales, incluido el lenguaje y otros símbolos que iluminan la memoria, archivan datos y expanden el pensamiento. Dentro de esta simbología necesaria encontramos aquellos que se presentan en los murales descritos. En el caso de ETA, encontramos una simbología propia como pueden ser los colores presentes en la bandera de la ikurriña, las banderas con el lema etxera con la que se revindica el acercamiento de presos de ETA al país vasco. Para su compresión es necesario conocer la historia de este grupo terrorista. Estos símbolos posibilitan la adquisición de conocimientos a través de las experiencias indirectas ya que proveen información acerca de hechos y entidades a los que no se tiene acceso directo, lo que amplía enormemente las oportunidades de aprendizaje. El término símbolo ha sido utilizado de diferentes modos, en distintos campos. Definiremos los símbolos como aquellas entidades que alguien propone para representar una cosa a partir de algo diferente.

Entendemos que los grupos terroristas y de forma específica ETA, en España mantienen una comunicación activa con la población. Por medio de esta vía ETA ha realizado comunicado el fin de las treguas, pedido apoyo de la sociedad para continuar con las acciones violentas y ha realizado las acciones más representativas como grupo terrorista. Una de las características que imprimen mayor importancia a los murales es el hecho de no tratarse de una acción puntual, no es un hecho aislado, sino que los murales realizados por el grupo terrorista ETA, mantienen el mismo patrón que los realizados por grupos como las FARC, IRA o Estado Islámico.

Desde el comienzo de su actividad, la banda terrorista ETA mantiene un modus operandi en el que las pintadas se presentan como un mecanismo de distinción como futura víctima de ETA. La figura de víctima podría considerarse desde el momento de la aparición de los murales y pintadas de contenido violento o con texto amenazante en el domicilio o entorno cercano de una persona. De esta manera ETA como emisor traslada un mensaje a la persona que sería el receptor por medio de un *graffiti*, de esta manera consigue, que el mensaje se traslade a un grupo más amplio o a un individuo concreto. En estas ocasiones la finalidad del grupo terrorista era trasladar a los sujetos señalados las amenazas que caracterizan el modus operandi de la banda, mediante el señalamiento público. Esta acción se producía de forma continuada y mantenida en el tiempo.

4.2. El lenguaje como generador de identidad de grupo

No podemos hablar de cómo se genera la identidad en este grupo terrorista sin entender que el lenguaje es una realidad que influye en el pensamiento, Whorf (1956).

A pesar de todo lo anterior la importancia de los murales generados por los grupos terroristas no versa únicamente en el mensaje que puedan difundir sino en la manera de comunicarlo. En segundo lugar, encontramos el lenguaje escrito, que se presenta de mayor forma que el oral y este también ha sido reconocido como fuente de estructuración de conocimiento. Esto ya era anunciado en el apartado IV del libro Oralidad y Escritura de Walter Ong (1982), la escritura reestructura la conciencia.

No es casualidad que, en intervención social, la terapia dando igual en niños o adultos uno de los mejores aliados sea la escritura para la reestructuración del discurso. Y es que la comunicación escrita presenta características diferentes a la oral como son la durabilidad, ya que el pensamiento es volátil y se difumina en el tiempo, la expresión escrita perdura en el tiempo y permite retomar la lectura un número infinito de veces y por tanto volver al pensamiento inicial o reflexionar sobre el mismo. Otro ejemplo que permite ver la premeditación de estas acciones son los estudios llevados a cabo en otros campos como pueden ser los recogidos por Plaza Velasco (2007), desde su investigación del lenguaje y la violencia de genero aborda esta realidad desde otro campo. Así, la autora explica cómo mediante las palabras una persona puede adoptar una posición de inferioridad y de qué manera el lenguaje es capaz de producir hechos patológicos en un individuo como la indefensión aprendida. Si aplicamos este concepto a los grupos terroristas bajo estudio podemos apreciar cómo éstos durante su existencia han introducido una nueva realidad en la sociedad, reinventando el relato mediante una integración del vocabulario. Podría observarse este vocabulario propio del grupo terrorista ETA como síntoma de cohesión grupal.

El grupo terrorista ETA supuso la llegada al resto del territorio nacional de un vocabulario propio, el nacimiento de palabras con un uso ligado a la jerga militarizada del grupo de origen vasco que poco a poco entro en el inconsciente colectivo de los españoles. Algunos de estos ejemplos son:

- Txakurra: es el término designado para referirse a miembros de fuerzas y cuerpos de seguridad del estado. Siendo la palabra cipayo el elegido cuando se trataba de la policía foral vasca.
- Kale borroka el termino con el que la población conocerá la juventud relacionada con la izquierda abertzale más violenta aquella que realiza acciones de violencia juvenil.
- El termino mugalaris proviene de muga que se traduce como frontera, los colaboradores encargados de ayudar a cruzar la frontera a los terroristas cuya intención era pasar a Francia eran conocidos con ese término.
- Zutabe es traducido como una viga por Ekintzas reciben este nombre las acciones o los atentados perpetrados por el grupo terrorista.

De la misma manera que se observa esta realidad en el grupo terrorista ETA, podemos observar un vocabulario que se extrapola a la sociedad en Colombia en el grupo terrorista de las FARC. Así, expresiones del día a día pasan a formar parte del inconsciente de la población, es el caso de palabra como pueden ser: tutela, traqueto, narcomico, mula, Yidispolítica, el cartel de las tres letras (DAS), las chuzadas, los PEPES, la catedral, el proceso 8.000, los extraditables, los paras, los desmovilizados, los desplazados, zona de despeje y muchas más, han sido incorporadas paulatinamente al repertorio del vocabulario de muchos colombianos durante los últimos años gracias a los diferentes momentos políticos y sociales.

No obstante, desde el inicio de este capítulo hemos hablado de grupos terroristas, sin explicar cómo se generan los grupos. Fue Tajfel quien desarrolla la idea de la identidad tan necesaria en los grupos terroristas, la tesis del autor se centra en función del propio autoconcepto de las personas que los integraran, es decir el autor entiende que los seres humanos realizan inferencias acerca de los motivos, las intenciones, las emociones y las características de los demás se debe en parte a la utilización de categorías las cuales facilitarán las relaciones interpersonales y sociales.

Las categorías sociales que el autor describe aluden a conjuntos de casos que tienen un parecido familiar o que podrían compartir difusamente ciertos atributos. Los casos de una categoría son más o menos típicos dependiendo de su cercanía a un caso muy típico que se denomina prototipo, con respecto al cual se evalúa su parecido o se decide acerca de su inclusión en la categoría. Henry Tafjel (1974, 1981, 1982) propuso el principio de acentuación en los procesos de categorización para referirse a la acentuación de las similitudes dentro de la categoría y de las diferencias entre las categorías en aquellas dimensiones que se consideran correlacionadas con la categorización. El efecto de acentuación se incrementa cuando la categorización tiene importancia, relevancia, o valor para la persona que la realiza y también cuando los individuos no se sienten seguros acerca de la dimensión valorada es decir están poco familiarizados con ella. Los procesos de categorización social constituyen la base no solo de la percepción de personas sino también de la utilización de estereotipos y prejuicios de los juicios sociales o de la percepción de la pertenencia grupal y de la identificación de otros grupos, lo que representa el núcleo de las relaciones intergrupales.

Se ha asumido generalmente que la información acerca de categorías se procesa de forma automática al menos en ciertas dimensiones como la raza la edad o el género a partir de las cuales las personas se forman impresiones de otras de una forma básica, aunque no exclusiva. Ello provoca que en buena medida las personas no sean conscientes de que mecanismo operan y que tipo de información utilizan al formarse impresiones de los demás. En el estudio de estos procesos los investigadores suelen basarse en información indirecta utilizando el hecho de que un estereotipo se activa o un perjuicio se manifiesta como evidencia de que ha tenido lugar un proceso de categorización interno o suelen utilizar medidas de latencia de respuesta cuando las personas realizan categorizaciones explicitas. Esta información importante para comprender los procesos de categorización social no permite valorar otros aspectos tales como las decisiones relacionadas con categorizaciones explicitas o la información relacionada con las primeras impresiones.

No obstante, y quizá para finalizar este pequeño escrito es necesario hacer referencia a quien fue el primer autor en estudiar el que no es otro fenómeno que como ya hemos hecho alusión la identidad grupal, Freud (1921) podría explicar el proceso de la identidad grupal, de manera que el individuo cuando entra en la masa pierda la identidad y absorbe la de la masa. Se crea así una identidad social. Sin embargo, esa identidad de grupo es la suma de las identidades y rompe las dicotomías entre la psicología social y la individual debido a que toda psicología se forma en un entorno social y en todo entorno social se forma la individualidad. En 1896 Le Bon publicó su libro «La Psicología de las masas» en donde quedan plasmados diferentes principios que sirven de explicación para el fenómeno que aquí se desarrolla, siendo la unidad mental que presentan las masas su característica principal. La escasa inteligencia que se puede observar en ellas se explica por el predominio del alma colectiva como se indica a lo largo de estas páginas, debiendo entender que el intelecto del individuo queda eclipsado, predominando el inconsciente, herencia ancestral del alma de la raza. Todo hombre, cuando pertenece a una masa, tiende de forma inevitable a la igualación mental con el resto de los sujetos de la misma, siendo irrelevante el nivel intelectual de la masa. Este sujeto se transforma en un autómata. Le Bonn explica que la masa sólo es capaz de manejar proposiciones simples, tendentes a la emoción, de esta manera le será imposible desarrollar una crítica o un juicio de valor, las masas solamente estarán capacitadas para sostener juicios impuestos de manera externa.

Es importante entender que el fenómeno del terrorismo debe ser estudiado desde diferentes enfoques, el enfoque psicosocial estaría superado por el fenómeno de la globalización es necesario, quizá el terrorismo pueda aparecer en un estado derecho fuerte pero no podemos terminar con este fenómeno sin él.

Los diferentes grupos terroristas necesitan establecer un patrón de funcionamiento que facilite la realización de actividades delictivas a aquellos miembros que los componen. Quizás aquí se encuentra la verdadera dificultad del trabajo de reinserción de aquellas personas que han pasado por un grupo de estas características. Puesto que existe un total abandono de su yo, para de esta manera cederlo al grupo y porque no encontrará un sentido a su vida si el grupo y su enemigo desaparece, se establece un sistema donde uno no tiene sentido sin el otro. Las huellas de estos entramados sistemas dejan rastro en las sociedades donde habitan.

5. CONCLUSIONES

Desde la Primera Guerra Mundial, se han producido por parte de los países que han participado de forma activa en un conflicto bélico, una inversión tanto económica como humana que permita llevar a cabo las acciones de propaganda y cartelería. Mediante esta acción se busca la finalidad de hacer partícipe a la sociedad de los hechos y buscar el apoyo de esta.

En la actualidad el fenómeno del terrorismo es una realidad indiscutible a nivel mundial presentándose como un hecho visible en la Revolución Francesa, dichos actos han evolucionado para así adaptarse a las nuevas realidades de la sociedad y conseguir infundir miedo al resto de la población. Se puede observar cómo esas tácticas mantienen una elaboración y premeditación por parte de las cúpulas para obtener unos resultados anteriormente estudiados, de la misma manera que podemos observar en el grupo terrorista ETA a la luz de registros y diversas sentencias judiciales la aseveración que indica la existencia de directrices a los movimientos sociales los cuales son autores del llamado terrorismo de baja intensidad mientras que el resto del grupo elabora el de alta intensidad. Estos hechos hacen concluir que no existe en estos murales, relación alguna con el arte sino con unos hechos pensados para obtener una finalidad determinada.

Estos hechos han de ser encadenados, a la definición que la Organización Mundial de la Salud realiza sobre que es la violencia, atendiendo a una perspectiva física y psicológica y encontrando en el segundo tipo de la clasificación, las acciones de amenaza y la humillación; hechos realizados para obtener un notable menoscabo de la estabilidad psicológica del sujeto, en este caso de las víctimas, que durante años al amparo de las instituciones han sido revictimizadas bajo el paraguas de la libertad de expresión.

De la misma manera debemos entender que el reparto de responsabilidades no puede ser igualitario en unos movimientos sociales caracterizados por la obligaciones de una fuerte identidad social, la pirámide de MacCauly y Moskalenko describe los diferentes estratos y personas que forman la actividad terrorista, siendo los estratos más bajo los encargados de realizar el terrorismos de baja intensidad y mantenedores de un terrorismo de alta intensidad realizado por los individuos colocados en la cúspide.

A lo largo de estas líneas se pretende diferenciar el arte como la expresión de un pensamiento, desarrollando la idea por la cual los seres humanos por medio de este instrumento han plasmado sus ideas en los diferentes cuadros y murales a lo largo de la historia del hombre, entendiendo la espontaneidad de los artistas y la creación personal de las mismas como un elemento diferenciador entre estos dos hechos mal comparados. Las acciones que esta línea cuestiona es el trabajo de un grupo terrorista como favorecedor del olvido social, puesto que, por medio de la imposición de miedo, el grupo terrorista ETA se hace presente en la sociedad evitando conversaciones donde expresar un sentimiento, una denuncia colectiva por el temor a una consecuencia. El grupo terrorista ETA se hace presente en la sociedad vasca y propicia el olvido social y este hecho no podría entenderse sin los murales que la hacen estar presente en el inconsciente colectivo. El olvido y la memoria social son elementos esenciales en el mantenimiento de la realidad social o la modificación de la misma.

A lo largo de la historia del grupo terrorista ETA, las víctimas han sido despersonalizadas para poder justificar sus acciones, estos hechos se mantienen con graves consecuencias para las víctimas, manteniendo vivo el mensaje del grupo en las calles y la población.

6. BIBLIOGRAFÍA

Audiencia Nacional Sala de lo Penal SAN 4625/2017 Ponente Carmen Paloma González Pastor 11/12/2017.

Bandura, A., y Rivière, Á. (1982). *Teoría del aprendizaje social*. Madrid: Pirámide.

Calduch, R. (2014). *La incidencia de los atentados del 11 de septiembre en el terrorismo internacional*. Madrid: Universidad Complutense de Madrid.

Chomsky, N. (1980). On cognitive structures and their development: a reply to Piaget. En M. Piattelli-Palmarini (Ed.), *Language and Learning: The Debate between Jean Piaget and Noam Chomsky* (pp. 35-54). Cambridge, MA: Harvard University Press.

Cuesta, C. (2013). El reconocimiento de las víctimas del terrorismo a través de la legislación y la jurisprudencia. *Catedra abierta. Fundación profesor Brosseta, Universidad de Valencia.*

Cuesta, C. (9 febrero 2021). La Guardia Civil pide al Papa que acabe con la humillación de la Iglesia Vasca a las víctimas de ETA. *Ok diario*. Recuperado de https://okdiario.com/espana/guardia-civil-pide-papa-que-acabe-humillacion-iglesia-vasca-victimas-eta-6802918

De la Corte, L. (2006). *La lógica del terrorismo.* Madrid: Alianza Editorial.

Freud, S. (1921). Psicología de las masas y análisis del yo. En S. Freud, *Obras completas.* Barcelona: Orbis (Biblioteca Nueva).

Guarini, C. (2002). Memoria Social e Imagen. *Cuadernos de Antropología Social,* 25, 113-123. Vista de Memoria Social e imagen (uba.ar)

Larrère, M. (2021). La comuna de Paris toma los muros. *Le Monde.* « La Comuna de París toma los muros » – Le Monde diplomatique en español (mondiplo.com)

Le Bon, G. (1896 versión original). *Psicología de las masas.* Madrid: Morata.

Lomov, B. F. (1989). *El problema de la comunicación en psicología.* La Habana: Editorial de Ciencias Sociales.

MC Auley, C., y Moskalenko, S. (2008). Mechanisms of Political Radicalization: Pathways Toward Terrorism. *Terrorism and Political Violence,* 20(3): pp. 415-433. Recuperado de https://www.tandfonline.com/doi/pdf/10.1080/09546550802073367?needAccess=true

Ong, W. (1982). *Oralidad y escritura.* México: Fondo de Cultura Económica.

Payer, M (2005). *Teoría del constructivismo social de Lev Vygotsky en comparación con la teoría Jean Piaget.* Caracas, Venezuela: Universidad Central de Venezuela. TEORIA DEL CONSTRUCTIVISMO SOCIAL DE LEV VYGOTSKY EN COMPARACIÓN CON LA TEORIA JEAN PIAGET.pdf (unam.mx)

Plaza Velasco, M. (2007). Sobre el concepto de "violencia de género". Violencia simbólica, lenguaje, representación [artículo en línea] *Extravío, Revista electrónica de literatura comparada,* 2: pp. 132-145. Recuperado de https://www.uv.es/extravio/pdf2/m_plaza.pdf

Ponsby, A. (1928). *La Falsedad en tiempos de Guerra: Las Mentiras de la Propaganda de la Primera guerra mundial.* Editorial Arthendica.

Ponsoby, A. (1928). *Falsehood in war time.* Londres: Allen y Unwin. Tenth Impression.

Regalado, B. (2021). *Murales y Música, arte o instrumentos para grupos terroristas: el caso de ETA.*

Tajfel, H. (1974). Social identity and intergroup behavior. *Social Science Information,* 13: pp. 65-93.

—, (1981). *Human Groups and Social Categories.* Cambridge University Press, Cambridge.

—, (1982). Social psychology of intergroup relations. *Annual Review of Psychology,* 33: pp. 1-39.

Vasco, E. J. G., Vitorica, J. R. I., Asua, G. U., & Torrado, T. L. V. (2021). Informe sobre la injusticia padecida por integrantes de las Fuerzas y cuerpos de Seguridad del Estado, así como sus familiares a consecuencia del terrorismo de ETA.

Whorf, B. L. (1956). *Language, thought, and reality: selected writings.* Technology Press of Massachusetts Institute of Technology: Cambridge, Mass.